세상은 인연이드라

세상은 인연이드라

2025년 6월 20일 초판 1쇄 인쇄 발행

지 은 이 | 김영승
펴 낸 이 | 박종래
펴 낸 곳 | 도서출판 명성서림

등록번호 | 301-2014-013
주   소 | 04625 서울시 중구 필동로 6 (2, 3층)
대표전화 | 02)2277-2800
팩   스 | 02)2277-8945
이 메 일 | msprint8944@naver.com

값 15,000원
ISBN 979-11-7439-005-9

이 책자는 대한민국 문화도시 조성사업의 일환으로, 진도군문화도시센터의
「2025 예술 人 진도」 공모사업 지원을 받아 제작되었습니다

※ 잘못된 책은 교환해 드립니다.
※ 이 책 내용의 일부 또는 전부를 재사용하려면 반드시 저작권자의 동의를 얻어야 합니다.

세상은 인연이드라

김영승

도서
출판 명성서림

책머리에서

문학이 뭔지도 모르면서 문학에 입문하여 시를 38년 동안 쓰면서 지금까지 왔다.

1985년 아버님께서 갑작스러운 병고로 직장생활을 접고 고향 진도로 들어와 아버님의 사업을 물려받으면서 책과 가까워졌고, 1987년부터 예술인들과 함께하면서 글을 한 자 한 자 독학하면서 걸음마로 시를 쓰기 시작한 것이 계기가 되어 지금의 나를 여기에 있게 한 것이다.

저는 항상 입버릇처럼 말했듯이 누구에게 글을 배워 본 적이 없고 저 혼자 독학으로 터득했으니, 누구 앞에 저의 작품을 내놓는 것처럼 창피한 적이 없었다. 그래서 될 수 있으면 작품을 출품하지 않고 원고청탁을 받지도 않고 혼자 글만 써왔다. 그래서 저는 "대한민국에서 가장 시를 못 쓰는 시인입니다. 그러나 가장 부지런한 시인으로는 남고 싶습니다"라는 슬로건 아래 38년 동안 부지런히 쉬지 않고 시를 써오면서 글을 배우고 싶은 사람들에게 글을 쓰도록 지도해주는 창작 교실을 운영하기도 했다.

저는 문학에 입문하면서 오직 한길로 가면서 시집을 평생 30권을 써서 출판하는데 도전 해보겠다는 신념을 갖고 부지런히 쓰다 보니, 올해까지 28권의 개인 시집을 출판하였고, 에세이집을 3권 출판했으며, 문학 기초이론집을 1권을 출판하면서, 지금은 언론인으로서 진도혁신일보 발행인 겸 대표이사로 신문사를 운영하고 있다. 저는 지금도 매일 기사를 쓰고 한 줄의 시라도 쓰게 된 것이 습관처럼 이어져 현실을 직시하면서 칼럼 글을 쓰다 보니, 이번 에세이 칼럼집 "세상은 인연이더라"라는 책을 출판하게 되었다. 독자님들께서 많이 사랑해 주셨으면 한다.

보배섬 진도에서
저자 김영승 씀

차 례

책머리에서

제1부
진도홍주는 원래 호랑주라 불렀다

- 15 진도아리랑 유래
- 18 진도 홍주에 얽힌 이야기
- 21 고려 삼별초의 진도 용장성 연잎 주먹밥
- 24 진도 유자. 탱자잎으로 빚은 찰떡
- 26 명품으로 알려진 진도석곽 돌미역
- 28 진도 울금차. 울금떡
- 30 진도에 대표 먹거리는 무엇인가?
- 33 진도에는 밥 사고 차 안 사면 무효다
- 36 세계의 중심은 대한민국 진도이다
- 38 진도 홍주에 빠지다
- 41 진도는 어촌이 살아야 진도가 산다
- 44 〈잃어버린 이름을 찾아서〉 첨철산
- 47 선비정신으로 살아온 김영승 시인, 정계 은퇴 선언
- 50 마로해역 대법원에서 승소 판결 받고도 쩔쩔매는 이유는?

53 울돌목 주말장터를 살려야 한다

56 고향사랑기부제는 지역경제를 살리는 제도이다

58 고군면 용호마을 정월대보름 바다 용왕제 지내

61 환장하겄소

64 완마 저수지가 터져부렀소

66 마을 경노잔치 한담시로라

68 진도는 예술문화가 답이다

73 말하지 못했던 진실 그 이유

제2부

순리에 순응하자

81 역사문제는 도전하면 안된다

84 왜덕산의 진실 이대로 좋은가?

86 순리順理에 순응順應하자

89 묵묵히 행하는 선행 "버려진 공병" 주워 9년째 기부한 천사

92 물음표를 느낌표로 바꾸면

95 인재를 버리면 재앙이다

98	자신을 갖고, 가고 싶은 길을 가라
101	작가(시인)가 생각하는 용산 대통령실은?
105	인생에 힘이 되는 말
108	3가지 질문법(what. why. how)
111	융통성을 가지는 삶
114	우리 곁에 점차 사라져 가는 직업들
117	좋은 관계를 유지하려면
120	인생은 공수래 공수거로 참 허무하다
122	뒤로 물러나야 이기고 승리하는 길
125	언론인의 역할이란?
128	공정과 상식
131	인지부조화
134	반지성反知性의 사회
137	중우정치란 떼거리 정치를 말한다
139	최선을 다하는 삶은 행복이다
142	죄는 지은 자에게 가고, 공은 닦은 자에게 간다
145	늙어간다는 것은 슬픈 일만은 아니다
148	당산나무
152	어느 지관의 풍수 이야기
156	벌초伐草들 하셨습니까?

159   추석 보름달을 보며 빚는 송편이 왜 반달 모양일까요?

162   개모차를 아십니까?

제3부

세상은 인연이드라

167   세상을 사랑할 줄 아는 사람

170   그대만 보면 항상 마음이 설렌다

173   인생이란

176   운명은 하늘에 뜻입니다

179   송강 정철의 아름다운 사랑이야기

184   매화꽃에 얽힌 이야기

188   박청길 시조시인

191   진도홍주 세계를 가다

197   진도군민들이 기억해야 할 인물, 小箕 박윤규朴胤奎 지사

204   진도 김혜자 시인의 시를 접하고 나서

215   장애를 딛고 일어서 30년만에 첫시집 "민들레꽃" 발간 평론

219   아주 보통의 하루를 만드는

226	"말해주면 안되나요" 노래 가사 주인공에게
230	평생 잊지 못해 기다리는 사람
238	사랑이 없는 삶을 이어가야 하는가?
242	우리는 필연이었다
246	밤에 걷는 남자
249	선배의 어느 묘한 인연
254	어머니라는 말만 들어도 눈물이 난다

제4부

우리 지금 어디로 가고 있는가?

261	우리 지금 어디로 가고 있는가?
264	요즘은 태극기를 달지 않는다
267	우리가 제사를 지내는 마지막 세대
270	조. 율. 이. 시
273	경남 양산 문학기행
277	어린이의 인권에 대한 존중
281	선택적 복지와 보편적 복지에 대하여

284	공무원의 자세, 품위와 품격
287	새로운 대한민국이란 어떤 대한민국인가?
289	양심이 있기 때문에 사람이다
292	민주당은 달라져야 한다
295	탄핵, 자신있게 말할 수 있다
298	탄핵으로 멈췄던 봄, 산불로 멈췄던 봄이 다시 온다
301	중국은 대한민국을 넘보고 있다
304	대한민국은 한 사람을 위한 법인가?
307	꿩 대가리 숨기듯 한다
310	세상은 이치대로 흘러간다
313	SNS에 의존하며 책을 외면하는 현실
315	가스라이팅에 대한 병적인 현상
318	디지털 성범죄 처벌이 쉽지 않다
321	익숙하지 않은 회전교차로 통행 방법
323	겨울철 교통사고의 주범 블랙아이스, 포트홀 주의
326	국민과 함께하는 대통령, 안전한 대한민국을 바란다.

진도아리랑 유래

진도는 유배문화의 깊은 뿌리가 묻힌 고장이다.
그러다보니 한을 노래하고 사랑을 노래한 것이 아리랑이 되었지 않을까 한다.
아리랑은 누구나 즐겨 부르는 노래요 민요입니다. 논밭에서 일을 하다가도 부르고 아이를 업고 달래면서도 부르고 깊은 시름에 빠져 울먹이면서도 부르고 때로는 신명나게 춤추면서도 부르는데 그러고 나면 마음 한구석에 쌓였던 모든 것을 잊어버리고 마음이 후련해지면서 가슴 먹먹한 것이 터져 나오며 부르는 것이 아리랑이라고 하겠다.

아리랑은 민요라기보다는 우리민족의 공동체 의식을 대변하는 백성들의 소리가 아니었을까 다시 한 번 생각한다. 아리랑에는 그 지역의 정서와 시대적인 민족적인 상황이 담겨져 있으며 부르는 사람에 따라 감정과 풍류에 따라 즐겁거나 슬프거나 해학적으로 그 감정이 드러나는 것 같다. 그래서 아리랑은 우리민족에게 꼭 맞는 정서이기에 남녀노소 가릴 것 없이 모두가 즐겨 부르는 민요였기에 그 맥은 지금까지 이어져 오고 있으며 영원하리라 본다.

우리나라의 아리랑은 약 50여종이 있는 것으로 아는데, 그러니 각 지역마다 아리랑이 존재한다고 봐도 과언이 아니다. 아리랑을 구별하기 위해서 그 지역 그 지방의 이름 뒤에 아리랑이 붙어 진도는 진도아리랑 이렇게 부르게 되었던 것입니다. 일제 강점기 때에는 일본과 싸우던 광복군은 아리랑을 개사하여 부르기도 하고 러시아 블라디보스톡 중국 등지로 떠났다가 전쟁으로 인하여 돌아오지 못한 동포들이 그 실정에 맞게 아리랑을 만들어 부르게 되었던 것이지요. 우리 진도는 유배 온 유배인들이 고향을 그리워하고 가족을 그리면서 한을 노래했던 아리랑으로서 그 어느 지역보다 구슬프다는 생각이 든다.

진도 아리랑 속으로 들어가 보자!
유배 오면서 강을 넘고 산을 넘어오는데 그 고개는 험악하고 끝이 없으며 자신의 초라함을 생각하면서 한발 한발 걸으며 부르는 아리랑을 한번 보도록 합니다. "문경세제는 왠 고개인가 구부야 구부구부가 눈물이로 구나". 아리 아리랑 쓰리 쓰리랑 아라리가 났네, 아리랑 응 응 응 아라리가 났네. 구불구불한 산 고개를 힘들게 넘어가는 그 모습이 눈에 선하고 처연하게 느껴진다. "청천하늘에 잔별도 많고 이내 가슴엔 수심도 많네". 아리 아리랑 쓰리 쓰리랑 아라리가 났네, 응 응 응 아라리가 났네. 혼자 외롭게 지내면서 밖에 나와 밤하늘을 쳐다보니 밤하늘에 빛나는 수 많은 별들은 저렇게 자유스러운데 나는 어찌 이 고장 진도에서 유배와 지내고 있으니 외로움과 그리움으로 수심이 꽉 차 있어서 하늘의 별을 보고 부르는 그 모습도 눈에 선하다. 또 한 대목을 보면 "만경창파에 둥둥 떠가는 저 배야 저기 저 닻 주거라 말이나 물어보자" 아리아리랑 쓰리 쓰리랑 아라리가 났네 응 응 응 아라리가 났네. 바다가 보이는 바닷가 오두막에 갖혀서 바깥세상을 보려 문을 열어보니 돛단배가 지나가는데, 고향 소식이 궁금해 사공을 불러 고향소식에 가족들의 평안을 묻고 싶은 애닳은 심정이 그대로 묻어나는 대목이다. 진도아리랑은 기쁨보다는 한을 노래한 구슬픈 아리랑으로 우리나라에서 가장 잘 표현한 아리랑이 아닐까 생각한다.

진도 홍주에 얽힌 이야기

홍주는 원래 호랑 주라 불렀다

진도홍주는 진도에 대표하는 토속 주이다.

홍주가 혈액순환에도 좋고 이제는 세계속으로 자리 잡고 유명세를 치르고 있지만 홍주에 대한 비하인드 스토리나 전설을 아는 사람은 극히 드물다. 홍주는 왜 어떻게 생겨났는지 이제는 진도 사람이라면 알아두고 기억해 두도록 하자.

진도는 삼국시대와 통일신라시대를 거쳐오면서 자연 숙성되는 풀을 뜯어 술을 담고 치료 약으로 쓰는 그런 일들이 많았었다. 그러면서 백제시대 때 진도에는 사람들도 많이 살지는 않았다. 호랑이가 득실거리고 또한 섬이라 먹을 것도 그리 넉넉하지 않아 사람들이 그리 선호하는 섬도 아니었다.

진도 산골에 젊은 부부가 살면서 약초를 캐어 육지로 나가 약재상에 팔아 끼니를 이어가며 살고 있었는데, 언제부턴가 남편은 육지에만 나갔다 오면 설사를 달고 살면서 기침을 하면 목에서 각혈이 쏟아지면서 시름시름 앓게 되어 기력이 쇠진해진 탓에 일어서지도 못하는 신세가 되어 방안에 눕게 되자 남편의 병을 고쳐보려고 백방으로 약을 구하러 다녀 봤지만, 어떠한 약으로도 효과를 보지못했다. 밖에는 호랑이들이 득실거리고 사람들을 잡아먹으려고 민가를 덮쳐오기도 하는데, 그날은 호랑이가 약재상의 집에 나타나 창문을 뚫고 부부를 잡아먹으려고 뛰어들어갔는데도, 부인은 남편 옆에서 간병만을 하면서 호랑이를 보고도 무서워하지 않고 누워있는 자기 남편만을 보살피고 있어서 호랑이는 그 광경을 가만히 쭉~ 지켜보다가 부인의 정성에 고개를 끄덕이며 그냥 홀연히 그 집을 나와 뒷산 대나무밭으로 올라갔다. 그리고서 며칠이 흘러갔는데 또다시 호랑이가 나타나 창문을 발톱으로 긁으면서 으르렁거려 부인은 호랑이가 전에도 헤치지 않아서 다시 문을 열어주면서 호랑이를 들어오라고 했는데, 그런데 호랑이가 이름 모를 풀(지초)을 물고 들어와 방에 놓으면서 이 풀을 불 짐을 세서(달여서) 먹이면 병이 낫는다고 하면서 달여 먹이라고 하고 떠나갔다.

그래서 부인은 물을 붓고 몇 시간을 달여서 보니 붉디붉은 물이 먹음직스러워 큼직한 그릇에 담아 방안으로 가져가 윗목에 놓고 조금씩 남편을 먹여보니 차도가 보이기 시작하였다. 그런데 그 물이 떨어져 버릴까 아껴서 놔두고 먹으면 하루하루 그 물맛이 다르면서 취기가 오르는 듯 몸이 따뜻해져 가면서 조금씩 기력을 찾아가고 있는데, 그 물이 떨어질쯤이면 또다시 호랑이가 그 풀을 물고 오는데 이번에는 뿌리까지 캐어 물고 와 방에 놔두고 가면 부인은 그 풀을 깨끗하게 달여서 먹이고, 또 호랑이가 10여 일 만에 가져오고 또 10여 일 만에 가져오곤 하면서 부인은 달이는 방법도 이렇게 해 보고 저렇게 해 보면서 정성스레 남편을 보살피니 남편은 언제 아팠나 하듯 깨끗하게 나아가고 있었다.

 부인은 여러 방법으로 그 풀을 달여서 남편에게 드렸는데, 가장 효과를 본 것은 약을 끓이면서 모락모락 피어오르는 김을 대나무 대롱을 만들어 이슬처럼 떨어지는 수증기를 모아 드리는 방법으로 드리는 물이 최고의 약이 되었다고 한다. 달여서 만든 약물을 부뚜막에 올려놓으면 숙성이 되는지 약물을 마시면 취기가 오르는지 몸은 훨씬 가벼워지고 설사도 멈추고 기침도 멈추고 각혈도 싹 사라졌는데 남편은 부인에게 어떻게 나를 치료했느냐고 물어오니 부인은 웃으면서 호랑이가 물어다 준 그 풀을 보여주면서 호랑이가 가져다준 약술이라고 하면서 호랑 주라고 하였는데, 호랑 주라는 말이 변천되어 내려오면서 홍주라고 불렀으며 남편은 몸이 다 나아서 호랑이가 물어다 준 그 풀을 찾아서 온산을 살피면서 약초를 캐어왔는데 그게 오늘날에 지초라는 약재이다.

 진도의 홍주는 삼국시대와 백제시대를 거쳐오면서 활성화되었으나, 백제 제2대 다루왕 11년(기원후 38년) 시대 때부터 증류주가 다양화되면서 만들어져 내려왔다고 하는데 그 어원은 정확하지는 않다. 진도는 시서화 창의 고장으로, 예술가들의 척박한 현실을 홍주로 위로받으며 또 예술로서 홍주를 위로하고 격려하며 서로 힘이 되어주고 있다.

고려 삼별초의 진도 용장성 연잎 주먹밥

삼별초는 몽골 침입 이후 근거지를 강화도로 옮기며 외적을 막는 군사 조직체로 변신하여 무신정권의 사병조직인 삼별초가 대몽 항쟁의 일선에 나선 것이다.

삼별초가 1270년 5월 23일 삼별초가 무기고를 털었다는 소식이 전해지자, 원종은 상장군 정자여를 강화도에 보내며 이들을 타이르게 했으나 아무런 효과를 보지 못했다.

그러자 삼별초 명부를 몽골에 전하여 자신들을 처벌할 것이라 판단한 장군 배중손과 지유·노영희는 반란을 일으켰다. 배중손은 몽골군이 다시 쳐들어와서 백성을 마구 죽이려 한다며 나라를 구할 생각이 있는 자는 자신을 따르라며 배중손은 군사들에게 무기를 나누어 주며 강화도 방비를 굳히고, 온을 왕으로 옹립하며 관부를 설치했다.

몽골군을 피해 강화도를 떠난 삼별초는 서해 일대의 섬들을 거쳐 남쪽으로 내려가다가 80여 일 만에 진도에 도착 되는데, 그해 8월 19일이었다. 이것은 원종이 몽골에 굴종하기 때문에 그들의 공세를 피하여 멀리 남쪽 해상으로 옮겨 간 것이다.

배중손이 남하하여 진도에 상륙한 것은 남쪽 섬 중에서 상당히 면적이 넓고 풍부한 자원과 사면이 바다여서 외부 침입하는 것을 한눈에 볼 수 있는 해로의 요충지여서 관군을 막는 데 좋았다. 삼별초는 주변의 30여 도를 휘하에 두고 일대 해상 왕국을 이루었다.

삼별초의 사기는 하늘을 찌르듯이 드높았으며 고려·몽골 연합군과 싸워 번번이 승리로 장식했고 그들을 대수롭지 않게 여겼다. 원종 12년 5월15일 삼별초 군을 3면으로 공격해 들어갔다. 방심하고 있던 삼별초 군은 잘 싸웠으나 연합군의 신무기로 패주하고 말았다.

연합군 사령관이던 김방경은 새로운 몽골군 지휘관으로 임명된 좌군의 홍다구는 총공세를 감행하여 진도를 함락시켰다. 진도를 함락한 홍다구는 승화후 온과 그의 아들 환을 잡아 죽였고 배중손도 김통정과 제주도로 가던 중 배중손은 굴포 뻘밭에서 최후를 맞았다.

배중손은 진도군 임회면 굴포 바닷가에서 뻘밭에서 살해되었으며, 삼별초의 나머지 군사들은 김통정의 인솔로 탐라(제주도)로 내려갔다. 여기서 삼별초는 제2의 항전을 계속하다 원종 14년(1273) 4월 김통정의

자살과 함께 3년에 걸친 대몽 항전의 막을 내렸다.

 삼별초군은 끊이지 않는 전쟁의 연속으로 군사들의 식사가 문제가 되어 아낙네들은 군사들이 쉽게 먹을 수 있는 주먹밥을 만들어 주곤 했는데, 전투 중에 주먹밥을 가지고 다닐 수 없어 삼별초 성터 안에 넓은 연밭이 있어 주먹밥을 연잎으로 싸서 전투 중에 움직이면서도 먹을 수 있도록 연잎에 주먹밥을 싸주었는데, 연잎으로 싼 주먹밥은 쉽게 상하지 않고 오랜 시간 동안 가지고 다닐 수 있어 군사들의 주식으로 아주 인기 좋은 식단이었다고 한다.

 지금도 진도군 고군면 연동리에서는 해마다 삼별초 상륙기념제를 실시하는데 거기에 오시는 모든 분께 삼별초의 기억을 되살리기 위해 연잎 주먹밥을 나누어 주면서 시식하게 한다.

진도 유자. 탱자잎으로 빚은 찰떡

　진도는 사면이 바다로 둘러싸여 바다에서 나온 고기와 톳을 채취하여 톳밥을 지어 먹기도 하면서 산에서 나오는 산나물을 주식으로 하면서 살았다.

　진도는 섬이다 보니 옛 진도는 탱자나무가 많아 집 울타리로 많이 사용하면서 탱자잎을 채취하여 말려서 절구통에 갈거나 맷돌로 갈아서 가루로 만들고 또한 유자나무 이파리를 따서 말려 갈아서 가루를 만들어 유자와 탱자잎 가루와 콩가루를 버무려서 찰떡을 만들어 먹는 전통적인 음식으로 지금도 가끔 만들어 먹곤 한다고 한다.

　특히 마을에서 잔치할 때면 유자와 탱자나무 잎으로 만든 찹쌀떡은 단골 메뉴로 올라왔다고 한다. 그러니 지금의 쑥떡 같은 그런 종류의 음식이었지 않을까 하면서 옛날에는 모두가 못 먹고 못사는 시대라 쌀이 귀하여 귀족들의 음식이었지 가난한 사람들이 흔히 해 먹는 음식은 아니었다.

그러면서 동네 아이들은 마을에 잔칫집이 있을 때는 우르르 몰려가 잔칫집을 기웃거리며 손을 벌리고 있으면 콩나물을 삶아서 손으로 한 주먹씩 주면서 거기에 유자 탱자잎 찰떡을 하나씩 주곤 하였으니 귀한 음식이었으리라 생각한다.

특히 진도에서도 바닷가 쪽 사람들은 농토가 없어 바다에서 나오는 톳밥을 주식으로 삼았고, 바닷가가 아닌 안쪽 중앙의 사람들이 손님을 맞이할 때나 잔치할 때 만드는 음식으로 진도에서도 대단히 인기 있는 음식이었을 것으로 생각된다.

그러면서 진도는 섬이라 바람과 태풍이 자주 불어와 바람을 막아주는 방패막이로 집마다 유자나무와 탱자나무를 선호했던 것으로 생각되며 또한 못 먹고 못사는 시대라 해적대와 도둑들이 자주 출몰해서 자기 집을 보호하는 방패막으로 유자와 탱자나무를 심었던 것으로 생각하면서 그러면서 푸른 잎에서 나오는 향기를 느끼기 위해 유자와 탱자잎을 갈아서 아마 찰떡으로 만들어 먹었지않았나 하는 생각이 든다.

명품으로 알려진 진도석곽 돌미역

　진도 돌미역은 임금님께도 진상되어 극찬받은 해초로 전국적으로 유명하다.
　진도는 지리적으로도 한반도 최남단에 자리 잡고 있으며 파도의 주류가 육지에 둘러싸여 있지 않은 청정해역에서 서식하기 때문에 그 맛과 향이 독특하고 특출난 품질로 사랑받고 있다 하겠다.

　진도 석곽은 함부로 손쉽게 구할 수 있는 미역이 아니다. 일반 미역은 미역귀가 없는데 진도의 돌미역은 미역귀가 붙어있다. 미역귀가 들어있어 꼬들꼬들하면서 식감이 감기는 미역이면서 오랜 시간을 끓여도 일반 미역처럼 퍼지거나 물러지지 않고 끓이면 끓일수록 쫀득쫀득한 맛을 느낄 수 있는 부드러운 식감이라 하겠다.
　진도 돌미역은 시간을 두고 사골을 고듯이 끓이는데 진한 맛이 나면서 입맛을 끌어당기는 묘한 힘이 있다고 한다. 그래서 입맛 없는 산모들에게 최고의 영양제 역할을 하고 있으며, 건강을 챙겨주는 효자 돌미역은 혈액순환에도 좋고 특히 현대인들의 다이어트에도 최고의 효자 먹거리로 그 인기가 대단하다.

진도곽(돌미역)에서도 특히 독거도. 맹골도. 곽도에서 체취되는 돌미역이 유명하며 가격대도 최고로 쳐준다. 그것은 독거도나 곽도에는 옛날에는 사람들이 살았으나 지금은 무인도로 변했다. 독거도와 곽도에는 돌미역을 채취하기 위해서는 겨울부터 봄까지는 섬으로 들어와 개닦기(바위를 깨끗이 청소하는 것)하고 육지로 돌아간다.

여름철 미역 체취 시기가 되면 다시 섬으로 들어와 체취가 끝날 때까지 섬에 남아 작업을 하는데 바닷물이 아주 많이 빠질때면 돌미역이 햇볕에 오래 노출되어 마르는 경우가 있어 미역을 마르지않게 바닷물을 뿌려주기도하면서 관리한다.

진도석곽은 칼슘, 마그네슘, 칼륨 등이 들어 있어 암예방에도 도움이 되는 무기질 성분이 풍부하며, 청정해역에 자리잡고있고 얕은 수심에서 햇볕을 골고루받고 자라 충분한 광합성을 통해서 영양 만점이라고 한다. 산모의 자궁수축 촉진작용이 있고 산후조리의 시간을 단축할 뿐 아니라 유즙분비 촉진작용이 있어 산모 젓이 잘 나오도록하고 있어 임신부와 산모에게는 필수적인 식품으로 알려져 있다. 또한 진도석곽은 수용성 식이섬유인 알긴산이 많이 들어있어 변비예방. 혈당조절. 콜레스테롤 제거에도 아주 특출 난다.

진도 울금차. 울금떡

　울금과 강황은 고려시대부터 중국과 인도 등지에서 전통적으로 사용되어 온 허브로, 많은 사람들의 건강에 도움이 되었을 것으로 전해진다.

　울금과 강황의 성질은 울금은 찬 성질을 가지고 있고, 강황은 따뜻한 성질을 가지고 있다. 울금의 맛은 맵고 쓰지만 독은 없는 것으로 안다. 혈액을 무르게 하며 기를 내리게 한다고 한다. 울금은 피의 순환을 활발히 하여 통증을 없애주는 효능이 있다.

　울금은 항산화 작용이 있어 우리 몸속에서 생존하는 황성산소를 없애주는 역할을 하며 면역력을 발전시키고 세포손상을 막아준다고 알려져 있다. 또한 울금은 항염증 작용을 갖고 있어 염증성 질환 등을 완화시켜주며 관절 건강에도 좋으며 관절의 통증을 감소 시켜준다고 전해져 오고 있다.

그 밖에도 뇌 손상을 억제함으로써 치매 예방과 노인성 질환에도 좋다고 알려졌으며 소화 개선, 함암 효과, 혈관 청소등 울금의 효능은 만병통치약처럼 그 효능이 뛰어나다. 그러나 울금은 복용하기가 거북하여 환으로 만들어 복용하거나 차를 만들어서 마시기도하고 밥을 할 때 티 스푼으로 한 스푼씩 넣어 밥을 하면 그 맛이 좋다고 한다.

전국적으로 울금을 조금씩 재배하기는 하나 진도군에서는 수백 년 동안 내려오는 특산품 효자 농작물로 고소득을 올리고 있다 하겠다. 농업기술센터 연구원들은 여러 가지 상품을 개발하고 있으나 그중에서도 울금차가 거부감없이 마시기 좋았으며 진도에서는 행사나 잔치 날에는 울금 떡을 올려 모두가 즐겨 먹는 음식이기도 하다. 진도 사람들은 만병통치약으로 불리는 울금을 먹어서 그런지 모두가 건강미가 넘치면서 장수하고 있으니, 장수 상품인 것은 모두가 인정하고 있다 하겠다.

그러나 울금이 몸에 좋다하여 너무 과하게 복용하는 것은 삼가야 한다고 전한다. 아무리 좋은 것도 욕심내면 탈이 나듯이 울금도 마찬가지 적당하게 복용해야만 그 효능이 제대로 나타나는데 너무 과하게 복용하게 되면 오히려 독이 되어 돌아올 수 있다 하겠다.

진도에 대표 먹거리는 무엇인가?

 어느 지역에 가면 그 지역의 대표 먹거리가 있다.
 그렇다면 우리 진도는 대표 먹거리가 무엇이 있느냐고 관광객이 물어본다면 무엇을 추천할 것인가? 선뜻 생각이 나지 않는다.

 진도라고 한다면 특산품으로 해산물로는 진도석곽. 진도김. 진도전복. 서촌간재미라 할 수 있고, 농산물로는 양배추. 진도대파. 진도구기자. 울금. 유자가 있으며, 가공품으로는 진도홍주. 울금막걸리. 소량으로 가내공업으로 만드는 간장이나 식초 이정도가 진도를 대표하는 특산품들이다. 그렇다면 관광객이 현지에서 먹을 수 있는 음식과 진도군민들이 추천할 수 있는 대표적인 음식은 어떤 것이 있을까 했을 때. 생각하고 머뭇거려진다. 진도를 대표할 수 있는 음식이 없기 때문이다. 그게 문제라고 생각한다.

최소한 5가지 정도는 진도군민들이 알고 있고 바로바로 추천하는 음식이 되어야 할 것이다. 진도의 특산품을 이용하여 만드는 명품 음식을 발굴하고 육성시키는 작업이 늦었지만, 지금이라도 진도군에서 시작한다면 그게 빠른 것이다. 저도 이번에 전주에서 예술인들이 진도를 방문하였는데, 전주는 음식문화가 발달된 우리나라 대표적인 음식문화의 도시다. 전주에는 어떤 음식은 어디 식당. 어떤 음식은 어디 식당 시민들이 바로 추천이 가능하도록 교육이 참 잘 되어 있었다.

　그래서 전주에서 오신 예술인들이 진도에 점심 대표 먹거리는 무엇이 있냐 고 물었을 때 어~어~ 하다가 생각이 나지않아 백반을 참 잘해서 진도의 대표먹거리입니다 해서 진도읍 xx식당을 선택했고, 거기에서 그런대로 점수를 받았지요. 그리고 오후 관광으로 세방낙조까지 갔다가 진도에 저녁 대표식사는 어떤 것이 있나요? 했을 때, 또 한번 한참을 생각해야만 했다. 뚜렷하게 떠오르지않아 생각하다가 아~ 갈치찜을 참 잘합니다. 진도읍에 xx식당으로 가서 그런대로 점수를 또받았다. 숙소는 바닷가가 있는 곳을 원해서 녹진에 7080이 있는 호텔로 숙소를 정하고 7080에서 간단한 음주와 노래로 저녁시간을 보냈다.

　다음날 아침에 제가 먼저 여기 녹진에 진도를 대표할 수 있는 식사로 장어탕이 있습니다. 그래서 녹진에 xx횟집으로 가서 아침식사로 장어탕을 시켰더니 아주 좋아하고 맛있다고 칭찬했다. 이제는 그냥 음식이 아니라 그지역에 특산품과 연계하는 종합적인 음식으로 먹거리에 대한 빅데이터 분석자료를 만들고 진도군의 음식점 전수조사나 실태조사를 거처 음식문화를 발굴하는 작업을 진도군에서는 서둘러야 할 것이다.

예를 든다면 진도특산품 이름이 음식 앞에 무조건 들어 가도록 장어탕을 하더라도 "울금먹은 장어탕"이라든가 "진도홍주와 결혼한 전복치즈구이". "진도양배추불고기양념구이". "울금으로 목욕한 갈치구이". "구기자 사돈과 울금 사돈이 만든 떡". 이런 식품을 만들어 지역을 정해서 관광객이 음식을 찾으면 바로 가르쳐주고 드실 수 있도록 군민들에게 철저한 교육을 시켜야 한다. 그런데 가장 중요한 것은 관광객들은 전국을 다니면서 모든 음식을 먹고다니는 사람들이라 절대 비싸면 안 된다. 바가지요금은 그 지역을 망하게 한다. 합리적인 가격을 진도군에서 제시해 주고 그 가격에 따르고 맛을 내도록 노력해서 진도에 대표적인 먹거리를 개발해서 자신있게 내 놓아아야 할 것이다.

진도에는 밥 사고 차 안 사면 무효다

    진도는 대한민국의 민속문화예술특구 그야말로 문화수도라 할 수 있다.
    누구나 자기가 태어난 곳 자기가 살아가고 있는 곳이 고향이라 하지만 진도는 정이 살아 숨 쉬는 곳이다. 나는 진도에서 태어난 것을 부모님께 그리고 조상님께 참 많이 감사함을 느끼면서 자부심을 가지고 산다.

    진도는 아주 특이한 정이 아니 무언의 풍습이 있다. 어디나 있을 수도 있지만 진도는 습관처럼 관례처럼 이어져 내려오고 있는데 대한민국 어디에도 없고 세계에도 없는 미풍양속으로 정말 자랑스런 풍습이다. 그건 "밥 사고 차 안 사면 무효다"라는 것이 남녀노소 모두에게 통한다. 그래서 으레 식사 약속을 하고 밥을 산 사람은 찻집으로 옮겨 차까지 대접해야 밥을 산 것으로 인식된다.

우리 진도는 유난히 더 심하다고 해야 하나 아니면 선비들이 살아가는 섬으로서 이왕 모시려면 차 대접까지 해야 그날 손님 대접의 시간이 끝난다고 생각한다. 나는 항상 이런 모습을 보면서 진도의 특수성 때문인지는 모르지만 참 좋은 문화라고 생각하고 계속해서 그 전통이 이어져 가길 바란다.

우리 진도 사람들은 일상화 되어있어서 밥을 먹고 찻집에 가도 다른 사람들이 차를 사려고 하지 않고 그날 밥을 산 사람이 차 주문을 받고 차를 시키고 계산하는 것을 외부인들은 밥을 산 사람에게 끝까지 뜯어 먹으려고 한다는 인식을 심어주는 것도 있지만 진도의 오래된 생활 방식이라는 것을 모르기 때문이다.

그런 모습에 진도 사람들은 절대 미안한 마음을 가지지 않고 모두가 그렇게 하고 내려오는 진도만의 풍습이기에 아주 자연스러운 현상으로 진도만의 정이라고 생각하면서 끈끈한 정이 묻어나는 선비와 예술인들이 느끼고 살아가는 아름다운 고장의 참맛을 보는 것이다.

진도 특유의 전통스런 풍습은 영원히 이어져야 한다고 생각한다. 정말 좋은 문화이다. 손님 대접하는데, 이왕 모신다면 밥을 사고 차까지 대접하는 것이 손님에 대한 예의가 아니겠는가? 집에서 식사하더라도 식사가 끝나면 차를 내오듯 밖에서도 이어지는 이런 모습은 정말 아름다운 모습이요. 우리 진도만의 독특한 문화로서 보배섬사람들의 미덕이요 정이라 할 것이다.

그러다 보니 다른 문제들도 그런 정 때문에 치우치기 쉬운 일들이 발생하는데 꼭 고쳐야 할 문제들이다. 우리 진도는 선거풍토만 선진화된다면 더 이상 고칠게 없는 곳이 우리 진도라고 할 수 있다. 민속문화가 숨쉬고 있어 멋과 흥이 있고 글과 그림이 있어 타지방 사람들에게 무시당할 일 없고 대접받으면서 살아갈 수 있는 우리 자랑스런 진도라고 나는 항상 자부한다.

남이 잘되면 박수를 쳐주는 미덕이 있어야 하는데 특히 유배 사상이 뿌리내리고 있는 지역은 그런 면이 조금 인색하다. 특히 전라도 서남 지방으로 내려오면 남에게 지기 싫어하는 성격이 아주 짙다. 남이 땅사면 자기도 땅을 사고 남이 좋은 차를 사면 자기는 그 사람보다 더 좋은 차를 사야 만이 지지 않는 것 같다는 생각이 든다.

그래서 진도는 전남 22개 시군에서 가장 좋은 차들이 몰려있는 곳이라고 한다. 다른 지역에 가면 20대 정도 지나가야 외제차 한 대 보일까 말까 하는데 진도는 10대 지나가면 그중에 3~4대는 외제차라 할 정도이다. 진도는 정은 많지만 남에게 싫어하는 그런 근성도 유배 문화의 뿌리로 아직 남아있는 곳이다.

세계의 중심은 대한민국 진도이다

IT시대 인터넷이 발달하면서 세계가 하나로 움직이고 있다. 그러면서 가장 지역적인 것이 가장 세계적인 것이 된 것이다.

조그만 산골에서 흘러내리는 시냇물이 끊임없이 흐르고 흘러 강이 되고 그게 바다로 흘러 망망대해를 이룰 수 있듯이 우리도 자기가 맡은 일에 투철한 사명감과 천직사상을 가지고 몰두하는 사람만이 성공할 수 있으며 가장 행복한 사람이라 할 수 있을 것이다.

인생에 대해서 세익스피어는 이런 말을 남겼다. "삶의 무대에서 잠시 거들먹 거리다가 퇴장하는 시시한 배우 같다" 여러분의 생각은 어떻습니까? 자기의 명예와 욕구 충족을 위하여 이리저리 빈둥대다가 생을 마감하는 사람 보다는 진실된 역사를 창조하고 동참하는 사람으로 사리사욕을 떠나 과감히 일어나서는 사람이 지금 필요할 때이다.

세계에서 가장 IQ가 높은 나라가 아시아권이라고 한다. 그 아시아권에서도 대한민국 대한민국에서도 전라도 전라도에서도 나는 당당히 진도라고 이야기 할 수 있다. 괴테가 말했듯이 "가장 지역적인 것이 가장 세계적인 것이다" 세계를 움직이는 중심은 미국의 워싱턴이 아니고, 중국의 북경도 아니고, 일본의 동경도 아니고, 대한민국의 서울도 아닌 세계의 중심은 대한민국 진도라고 나는 자신있게 말 할 수 있다.

가장 우수한 머리를 가지고 있는 우리 진도 사람들은 세계를 이끌어 가는 문화 예술의 고장이다. 진도는 앞으로도 무한한 문화예술의 자산이 풍부한 곳이다. 다른 모든 것은 보고 배울 수 있지만 진도 사람들의 머리는 따라가지 못하고 뺏지 못할 것이다. 우리는 그 머리를 써서 문화예술을 전 세계에 알리고 거기에 관광은 저절로 따라오게 만들어야 한다.

을사년 새해와 함께 세계속에 우뚝 서기 위해서는 지방소멸로 하루하루가 다르게 줄어드는 우리 진도를 살려야 할 것이다. 그러기 위해서는 우리 모두가 힘을 합치고 머리를 써서 걱정하고 지켜야 하는 방법을 강구해야 하는데, 저는 이런 제안을 올린다. 우리 진도의 향우들이 전국적으로 50만명이 넘는다고 한다. 향우님들의 가족 중 한 사람씩만 주민등록을 옮기거나 고향으로 들어와 살게 된다면 진도는 다시한번 70년대에 12만이 넘는 군민이 살던 그날로 되돌려 놓을 것이라고 생각한다.

이제 우리 진도는 그 옛날 진도가 아니다. 교육 의료 경제 모든 것이 대도시와 대등해졌고, 서울도 하루에 갔다 올 수 있는 1일 생활권으로 대단히 살기좋은 곳으로 발전해있다. 지금 이대로라면 우리 진도는 2030년을 넘기지 못하고 해남으로 합병이 현실화 되어 가고 있다. 해남군 진도읍이 되지 않기 위해서도 우리는 단단히 대비해야 할 것이다.

진도 홍주에 빠지다

　선홍색 고운 빛깔은 술을 잘하지 못하는 나에게도 아주 묘한 매력을 느끼게 한다. 나는 항상 차량 뒤 트렁크에 대대로 홍주(아라리) 한 박스는 늘 실려져 있다.
　나는 활동이 잦은 탓에 많은 사람을 만나게 되는데 그럴 때면 으레 차량에서 홍주를 꺼내 한 병은 선물로 한 병은 접대하면서 사이다에 혼합시켜 마시는 것이 늘 일상화되어 있다.

　나는 술을 좋아하지 않으면서도 홍주만큼은 악착같이 홍보하고 대한민국의 최고 술이고 그 홍주는 주인을 만나기 위해 천년을 기다렸다는 메인 문구가 나를 이렇게 홍주의 마니아가 되게 만들었는지 모른다. 천년을 기다렸다면 천 년이 된 술로서 전 세계에도 유일하게 진도 홍주밖에 없다고 본다.

홍주는 호랑 주가 변천되어 내려오면서 홍주가 되었다. 처음에는 약으로 사용하면서 점차 진행되면서 홍주가 빚어지게 된 것은 삼국시대에 홍주의 원형인 증류주가 아랍에서 들어오면서 백제 제2대 다루왕 11년 (기원후 38년) 시대 때 증류주가 다양화하면서 그 맥을 이어 오고 있다고 한다. 그 이유는 백제의 무덤에서 출토된 부장품 중에 몸통에 구멍이 뚫린 단지(고조리와 비슷함)에서 엿볼 수 있었다.

증류주는 진도를 중심으로 주로 생산되었는데, 홍주를 내리게 하는 필수적인 그릇과 가마솥이 있어야 하고 곡물을 적당히 누룩으로 만드는 기술도 있어야 하면서 땔감과 적당한 불 조절로 홍주를 내리는데, 밤낮을 가리지 않고 적당한 온도를 유지하면서 도자기로 만든 고조리에서 지초 위로 한 방울씩 똑똑 떨어지게 하면서 홍주를 완성한다.

초기 얻어진 홍주는 100도 수 가까이 내려 마실 수가 없을 정도로 진하여 두 번째 세 번째 홍주를 내려 희석하면 보통 5~60도 수의 홍주가 나온다. 홍주에서는 약간의 눌은 탄 냄새와 불 냄새가 나는데 그것이 전통 홍주의 맛이다. 탄 냄새와 불 냄새가 나지 않는 것은 완전한 홍주가 이루어지지 않았다는 증거이다. 그리고 홍주는 묵히면 묵힐수록 빨간 홍주에서 검붉은 홍주로 변하면서 30년산 정도의 홍주는 밤색에 가까운 색을 유지하게 된다.

진도의 홍주는 피를 맑게 하고 가벼운 감기와 몸살 배탈 설사 등은 홍주가 삭여주는 효능이 있다고 하였으며, 저녁에 잠자기 전 한잔씩하고 나면 불면증과 같은 질병들이 사라지고 머리가 맑아진다고 하면서 요즘 현대병인 치매 예방에도 효과가 있다해서 그런지, 진도 사람들은 타 시도 사람들과 비교하면 치매 환자가 적은 것으로 드러났다고 한다.

 진도 홍주는 삼별초 군인들도 홍주를 즐겨 마셨으며, 명량해전에서 이순신 장군이 거느린 장군과 병사들도 좋아하여 군민들은 홍주를 빚어 병사들에게 갖다주곤 했는데 홍주의 힘이었는지는 모르나 12척 배로 330척의 왜군을 물리쳤다는 전설이 내려오면서 진도 사람들은 어떠한 술보다도 나라를 구하고 우리 진도를 있게 한 술이 홍주라고 하면서 너나 나나 홍주 홍주 하면서 찾는다. 그러다 보니 나도 홍주 마니아가 되었지 않았을까 생각한다.

진도는 어촌이 살아야 진도가 산다

진도는 약 40%의 인구가 어촌에 종사하며 살아왔다. 그런데 최근 어촌인구가 급속도록 줄어들면서 어업기반이 심각한 위기에 직면하고 있다. 특히 우리 진도는 어선의 조업으로 어획고를 올리기도 하지만 전복과 해태(김)생산으로 진도의 경제를 책임지고 있다 해도 과언이 아니다. 올해에도 진도수협의 통계로 김생산이 2,284억의 매출을 올렸다고 한다.

그러나 어촌인구의 고령화로 하나둘 어촌을 떠나고 있으며 바다의 모든 일들은 외국인 노동자들이 맡고 있는 실정이다. 이제는 외국인 노동자들도 조금 힘든 일은 하지않으려고 하면서 임금 타령을 한다. 그러면서 어촌은 심각한 위기에 직면해 있다. 어민들도 너무 힘들어 언제 놓을까 생각하면서 기회만 보고 있는 실정이다. 그래도 올해는 물김 값이 좋아 힘든 줄 모르고 견뎌 왔다.

진도가 70. 80년대 초에는 어가인구가 3~4만명에 육박했으나 지금은 5천명에도 못 미치는 심각한 현실로 결국 어촌이 무너지고 있다고 할 수 있다. 현재 상태로 소멸되어 무너진다면 앞으로 20년 후에는 어촌인구의 80%가 소멸되어 고위험 지역으로 갈 수 있다는 것이다. 어촌인구의 소멸을 막을 수 있는 유일한 길은 어촌지역의 삶의 질을 향상 시키기 위한 특단의 조치가 필요하다는 것이다.

해양수산부는 낙후되고 소외되었던 소규모 어촌과 어항의 현대화를 증가시키고 어민들의 일터나 삶터 쉼터 문제를 해 나가는 사업으로 어촌현장의 변화를 가져오려고 노력한다. 진도군에서도 미루지말고 어촌정책의 틀을 전면적으로 재검토하여 구조를 재편해야 할 것이다. 어촌현장에서 변화의 움직임으로 보이고 있는 부족한 역량과 지속성의 문제를 해결하는 방안으로 리빙랩(Living lab)이 주목을 받고 있는데 삶의 현장에서 다양한 이해관계자들이 참여해 혁신적인 변화를 끌어내려는 방법과 절차적인 과정으로 시도 된다.

진도는 사면이 바다이다. 바다에 희망을 걸어야 한다. 진도군 과 수협 그리고 어업전문가들이 머리를 맞대고 시민참여와 워크숍 등을 통해 어민들이 체감하는 어촌지역 문제 인식 지역문제를 해결하기 위해 기술서비스 검토 및 도출, 해결책 구체화하기 등의 활동을 펼치고 어촌의 교통편의 시설. 해양안전. 환경으로는 불법 쓰레기 무단투기 등을 해소 할 수 있는 방안을 제안한다.

어촌지역의 삶의 질을 향상 시켜야만 진도 어민들에게 희망이 생기고 그러므로 진도의 경제는 피어오른다. 힘든 어촌을 떠나므로 해서 소멸 위기에 처한 어촌을 내실 있는 특단의 정책으로 그들을 붙잡을 수 있는 진도군의 어촌 리빙랩을 바탕으로 발달 된 정보 통신 기술을 활용하여 사용자가 직접 참여하는 방식으로 지역 문제를 해결해 가는 실험적인 공간으로 리빙랩은 시민이 모든 과정에 참여하고 주도적인 역할을 하며 혁신을 해 나가기 때문에 자연스럽게 수요자 중심의 자치적 사회 문제 해결 방식이 된다.

〈잃어버린 이름을 찾아서〉 첨철산

尖凸山(첨철산)인가? 尖察山(첨찰산)인가?

몇 년 전에 진도 지역신문에 실었던 글이다.

진도의 명산인 산 하나를 놓고 부르는 山名이 두 가지로 분분하다. 서로 이것이 맞다 저것이 맞다 팽팽하다. 우리나라에도 백두산이 그렇다. 우리나라에서는 백두산이라고 부르고 중국에서는 장백산이라고 부른다. 백두산의 3/2를 차지하고 있는 우리에 명산을 중국 측이 따라 부르지 않으려고 장백산이라는 또 다른 이름을 갖다 붙여서 부르는 것 같다.

우리 진도에도 고군과 의신 쪽에서는 첨철산으로 부르고 진도읍 쪽에서는 첨찰산이라고 부르는 것으로 알고 있다. 첨尖:뾰쪽할 첨. 첨자는 똑같이 쓴다.

철凸: 볼록할 철. 철은 가운데가 볼록하다. 튀어 나오다. 솟아올랐다는 데서 쓰였으며, 찰察은 살피다 조사하다 생각하여 보다. 에서 쓰이는 말이다.

독자인 저는 첨철산으로 지금까지 부르고 있으며 첨철산은 뾰쪽하게 제일 높게 진도에 시작된 산이며, 꼭데기 가운데가 돌로 쌓여 우뚝 솟아 올랐다 해서 첨철산으로 부르기 시작하였다고 생각하는데, 역사적으로 증명이 가능하다. 먼저 첨찰산으로 부르는 이유는 뾰쪽한 높은 산에 올라가서 주위를 살핀다 해서 첨찰산으로 부르는데 첨찰산이라고 부르는 것은 단지 그 이유에서이다.

　먼저 고군면에 자리잡은 고성초등학교(고성보통학교. 고성국민학교 전신)는 2023년으로 해서 100주년을 맞게 되었다. 100년이 넘은 학교 교가인데 "백두산에 줄기 받은 첨철산 아래 남쪽바다 옛 성터에 우뚝 솟아서"......이렇게 시작된다. 한세기가 넘어가는 학교 교가가 첨철인지 첨찰인지 모르고 지었을리 없다고 본다. 고성중학교 교가도 "첨철산 정기 받은 고성 한 벌에 드높은 이상과 희망을 안고"...... 이렇게 시작되는데, 고성중학교의 역사도 80년이 넘어 간다. 교가는 특히 단어의 깊은 뜻과 지명을 소홀히 하지않고 신중하게 짓는 것이다. 다른 것은 몰라도 교육의 현장에서 철과 찰의 발음을 모르고 교가를 지었을 리가 없다.

　6.25 한국 전쟁 때에 미군들의 독도법 지도에는 상세하고 정확하게 기록하고 작전을 실행하는데, 독도법 지도에도 첨철산으로 분명하게 기록되어 있다는 것으로 확인 하였다. 그리고 찰察은 원래 산 이름에는 들어가지 않는 이름이라고 전해져온다. 찰察은 사찰(절)을 표기하거나 가리킬 때 쓰는 글자이다. 그런데 철자가 변천되고 부르기 쉬운 글자가 아니다 보니 철이 찰로 변천되어 첨찰산으로 부르는데, 분명 본 이름은 진도

에 처음으로 생긴 가장 높은 산이며 우뚝 솟아오른 산이라고 하면서 지금도 산의 정상에 뾰쪽하게 볼록 솟아오르도록 돌탑을 쌓은 것도 이름을 가르키는 하나의 전설스런 첨철산의 유래이기도 하다. 이제는 본래의 이름인 첨철산尖凸山으로 돌려놓아서 우리들의 기억속에서 사라져가는 진도 명산의 기운을 받고 일어설 수 있도록 다함께 올바른 산의 이름을 불러야 할 때라고 할 것이다.

진도는 선비의 고장이다. 진도는 대부분 유배의 후손들이 살아가는 고장으로 깨끗하게 정직하게 살며 어떤 일에 휩쓸리지 않으려고 한다. 모든 것을 좋게 좋게만 생각하고 어떤 일에 끼어들지 않으려고 하는 진도인들의 심성으로 그러려니 하고 고개를 끄덕이며 좋은 방향으로 하자는 선비정신으로 살다보니, 우리 진도의 명산 중에 명산도 첨철산에서 변천되어 첨찰산으로 불러지고 있으니 이제라도 다시한번 똑바로 이름을 찾아주고자 노력한다. 정확한 이름으로 불러지는 첨尖 철凸 산山이 되길 바란다.

선비정신으로 살아온 김영승 시인, 정계 은퇴 선언
젊고 청렴한 후배들에게 일할 기회 주고, 언론인의 길을 가겠다

김영승 시인이 정계 은퇴를 선언했다. 만37세에 지방선거(진도군의원)에 출마하면서 진도의 선거개혁의 바람을 일으켰던 김영승 시인이 이제 67세의 나이로 모든 것을 내려놓고 진도의 진정한 언론인의 길을 걷기로 하면서 정계를 은퇴한다.

지금도 진도군의회의 개혁과 혁신을 위해 진도 군민들을 위해 주위에서 출마를 권하고 있으나 60대 후반의 나이에 출마한다는 것은 개인적인 욕심으로 생각한다면서 "군의회는 젊고 화이트한 머리로 지방 발전을 이끌어가야 한다고 생각한다". "우리는 뒤에서 그들을 위해 잘 할 수 있도록 뒤에서 써포트만 해주면 된다"얼마든지 잘 할 수 있는 젊고 깨끗한 후배들이 준비하고 있어 그들의 길을 터주는 것이 선배로서 할 일이라고 생각하고 계속해서 지켜보고 있다고 말한다.

김영승 시인은 문인으로서 누구보다도 정확하고 정직과 정의로운 길을 선택하면서 살아왔다고 생각한다. 힘없고 가난한 사람과 서민, 장애인들을 위해 앞장서 왔으며 8번의 선거를 치르면서도 비굴하게 양심을 팔지 않았으며, 군청에 들어가서 단 100원짜리 공사 한 건 가져와 시공하거나 커미션을 받고 건설회사에다 넘겨주는 부정한 일을 하지 않는 깨끗하고 정직한 정치인이라고 진도군민들은 진즉부터 인정해 주는 그런 정치인이었다.

　　김영승 시인은 항상 입버릇처럼 말했듯이 "시인이 거짓말하면 나라가 망한다"면서 어떠한 경우에도 정직해야 한다. "아무리 배가 고파도 구걸하지 않고 손을 벌리지 않는 것이 선비요 문인 정신이다"라고 했다. 현재 고군면에 군의원이 2번에 걸쳐 없다보니 지역발전에 많은 애로사항이 있어 김영승 시인을 강력하게 출마를 권하면서 밀고 있으나 이제는 물러나야 할 때라고 강력하게 말하면서 조금이라도 일찍 본인의 거취를 밝혀주는 것이 후배들을 위하는 길이라고 생각하고 1년이 조금 더 남았으나 군민들 앞에 은퇴를 선언했다.

　　의회에 입성해서 개혁하는 길도 있지만 밖에서 보는 것이 훨씬 넓은 범위의 일을 할 수 있어 언론인의 길을 걷기로 하였다고 했다. 그러면서 진도는 예술의 고장이면서 뚜렷한 문인 하나 배출하지 못해 진도를 대표하는 문인의 길을 가고자 한다면서 꾸준히 창작 생활을 하면서 후배들을 배출하는 창작 교실을 운영하는 등 진도 예술인으로 문인으로 30권이 넘는 시집과 수필집 이론집 출간하면서 진도문단을 이끌어가고 있는데, 문단을 이끌어가는 지도자의 길과 개인시집 30권(현재 개인시집27집 발간), 개인 에세이수필집 5권(현재 2권 발간), 기타 이론집1권 발간 등, 꾸준히 창작 생활을 하고 있는 것으로 드러났다.

정계 은퇴하는데 섭섭함은 없는지 묻는 말에는 "아무 미련도 원망도 없다. 군민들의 사랑을 많이 받았다. 변치 않고 지지해 준 고정 유권자들에게 감사와 미안함 그리고 용서로 많은 봉사를 해야겠다는 것이 나의 바람이다. 이제는 우리 진도군민들이 좀 변하고 유권자들이 돈 선거를 배척하고 일할 수 있는 일꾼들을 뽑는 선거가 되었으면 한다. 내가 찍은 한 표가 후회가 없었으면 한다.

마로해역 대법원에서 승소 판결 받고도 쩔쩔매는 이유는?

2030년까지 해남 80% 진도 20% 멍청이 합의 중인 수협대표회의

참으로 한심스런 일이 벌어지고 있다.

30년이 넘는 동안 싸워 오면서 작년에야 대법원판결로 진도가 승소하였다. 그러면 진도 것이다. 아니 진도군의 재산이라고 봐야 한다. 그런데 지난 3월21일 해남군수. 진도군수. 해남수협장. 진도수협장 4명이 모여 마로 해역 영토에 대한 확약서를 공증하면서 조건부 협약서를 작성하였다고 하는데, 승소 판결이 난 사항으로 군민들은 합의 대상이 안 된다고 말했다.

진도군 수협에서는 어민과 민간인으로 결성된 TF를 조직하여 합의를 도출하려고 8차에 걸쳐서 회의를 했으나 서로의 의견이 팽팽해 진도군 수협장이 나서 TF위원들에게 조합장인 저에게 위임을 해주면 해남과 협의를 해보겠다고 하면서 위임를 해줄 것을 요구해 위원들은 협의하는데 위임을 했지 합의서에 싸인을 위임하지 않았는데, 모든 것을 위임받은 것처럼 결국 2030년까지 해남이 80% 가져가 사용하고 진도가 20% 찾아 사용하는 조건으로 합의 중이라고 한다. 국가에서 대법원에서 그럴려면 뭐하러 판결을 받았을까 하는 생각이 든다. 또한 설령 2030년이 되었다고 하자. 해남에서 순순히 내놓을 것인가 100% 1,000% 또 싸움이 또 시작되고 결국 이번과 같은 협의는 다시 이루어진다고 생각하는 사람이 대부분이다.

하루아침에 내놓으라고 하면 해남 어란 사람들의 생계에도 문제가 있기 때문에 1년에 10%로씩 진도에서 가져가는 방안으로 하면 해남 어란 사람들도 다른 업종으로 바꿔가면서 삶의 터전을 대비해 가면서 물려주니까 좋은 해결의 방법이라고 생각한다. 지금 진도 20% 대 해남 80%로 했다 하더라도 내년에 10% 찾아오면 진도 30% 대 해남 70%. 이런 식으로 하면 7,8년이 걸려서라도 완전히 깨끗하게 밀어내는 방법으로 해결되는 방안이었다고 생각하는데, 그런 걸 도출해 내지 못하고 그냥 2030년까지 20% 대 80%는 진도를 진도군민을 무시한 합의라고 생각하고 전면 백지화해야 한다.

지금 진도 어민들은 합의 내용에 반대하며 부글부글 끓고 있으며, 수협과 진도군에 항의 시위를 계획하고 있다고 한다. 도저히 있을 수 없는 일이다면서 처음부터 어민 대표라는 사람이 해남을 넘어 다니면서 20여 차례나 회의를 하였다고 했는데, 공식적인 기구가 아닌 자체적인 어민대표라는 O모씨, Y모씨는 20여 차례 어떤 회의를 하였고 어떤 협상의 조건을 제시했는지도 최대 이슈가 된다 하겠다. 이제는 그 대표라는 사람들이 현재는 쏙 빠져버렸다. 이런저런 루머가 나돌고 있는데 거기에 대한 해명도 해야 할 것 같다. 지금 현재의 조건이라면 2030년이 돌아오면 지금보다 더 큰 분쟁이 일어날 소지가 다분하다 하겠다.

그리고 확약서를 살펴본 결과 단어의 어휘에 대해서도 절대 다시들고 나오지 못하도록 평생 또는 영원히 라는 단어대신 장래라는 애모한 단어가 들어가있고 또한 현재 협의 중인 사항인데 먼저 확약서가 작성되어 "확약서 작성 후 양군 수협과 어업인 간 어업권의 구체적인 이용 및 상생발전을 위한 합의사항을 존중하고 인정된다"라고 되어있었다. 군민과 어민들은 이리저리 당하기만 하면서 세월은 흘러갈 것이다. 이번에 분명히 짚고 넘어가야 할 일이다.

진도군 수산과 관계자는 "진도군수와 해남군수가 영토 부분에 대한 부분은 진도군의 영토라는 것을 인정해 주면서 어떠한 권한쟁의도 제기할 수 없다는 협약서를 작성한 것은 매우 잘한 일이라고 생각하고 어업권 사용에 대해서는 진도군수협으로 넘어갔으니, 수협에서 협의를 해야할 것으로 본다"고 했다. 마로해역 어장 사용에 관한 건은 양식어업권자인 진도군수협 대의원총회를 거쳐 승인되어야 할 사항으로 김 양식 어업인들의 지속적인 협의를 통해 원만하게 추진돼야 할 것으로 판단된다.

진도군수협 관계자는 "TF팀이 결성되어 있고 해서 회의를 거치면서 진도군의 어민들의 입장을 최대한 받아들여서 협상해 보겠다"고 말했다.

결과적으로는 마로 해역은 진도군민과 진도 어민들의 재산이다. 전라남도. 진도군. 해남군. 어느 누구도 잣대를 대어서도 안 된다. 대법원 판결 승소 원안대로 흘러가야 한다.

울돌목 주말장터를 살려야 한다

요즘은 옛날 같지 않고 모두가 살만한 세상이 되었다. 그러다 보니 아무리 시골 사람들이라도 1년에 몇 번씩은 관광버스를 타고 여행을 다닌다.

우리 진도는 문화유산이 널려있고 어딜 가더라도 예술인들을 만나볼 수 있는 곳이며 대한민국 최초로 민속문화예술특구를 지정해 놓은 것이다. 그래서 전국의 관광객들이 진도를 찾고 여기저기를 둘러보면서 감탄하는 진도의 비경을 보고 나면 진도를 다시 찾아오지 않을 수 없다고 한다. 그런 관광객들을 맞이할 수 있는 곳이 울돌목 주말장터라고 생각한다. 평일에는 관광객이 얼마 안 되지만 주말에는 수십 대의 버스가 진도에 들어오는데도 주말장터의 홍보가 되지않아 그냥 지나치기 일쑤라 한다.

울돌목 주말장터는 우리 진도 사람들이 관심을 갖고 사랑해야 한다. 내가 가지않으면서 남이 오기를 바라는 것은 욕심일 뿐이다. 주말장터가 점점 알려지면서 군민들과 해남군민들이 자주 찾아오는데, 이것으로 만족하면 안 된다. 진도군에서도 관광객들이 버스로 찾아오면 해설사들이 한 사람씩 탑승하여 안내하는데, 그 해설사들은 주말이면 무조건 주말장터를 거치도록 진도군에서 교육을 철저히 하여 관광코스로 이용하도록 해야 한다. 또한 주말장터를 상설화 시키는 방안도 생각해 봐야 한다. 계 모임이나 동창회 등을 개최하는 장소로는 더이 좋은 장소는 없다고 본다.

울돌목 주말장터는 적지 않는 예산으로 만들어져 운영되고 있는데, 찾는 사람이 없어 항상 많은 아쉬움을 낳는다. 축제건 행사건 홍보가 잘 되면 사람들이 찾아오는 법이다. 이웃 장흥에 주말장터는 성공한 주말장터이다. 먹거리부터 특산품까지 특히 장흥한우를 잡아서 주말장터에서 저렴하게 구입할 수 있게 하면서 관광객들이 몰려든다고 한다. 울돌목 주말장터에도 다양한 상품과 상점들이 들어서고 첫째 바가지요금은 절대적으로 근절시켜야 한다.

녹진 울돌목 주말장터는 정말 멋진 명품공연들이 펼쳐진다. 무료이면서 인기가수부터 지역 가수들까지 출연하여 멋진 노래로 함께하고. 국악 난타. 중국마술. 진도아리랑을 비롯해 진도북춤. 한춤 등 멋진 공연들이 펼쳐지면서 중간중간에 관광객과 군민들을 상대로 나도 가수다 라는 프로그램에서는 어느 누구라도 상관없이 노래를 신청해 무대에 올라가 부를 수 있는 시간이 주어진다.

　군민들과 관광객이 어우러져 함께 춤을 추면서 독특한 춤을 춘다 던지 노래를 잘 부르면 즉석에서 진도 주말장터 상품권을 받을 수도 있으며, 세계적인 명주로 발돋움하고 있는 진도대대로 홍주 김애란 대표는 매주 참여하면서 주말장터 활성화를 위해 관광객들에게 홍주를 무료로 선물하고 있는데, 그 비용도 만만치 않아 주말장터 관계자들은 모두들 감사하고 있다.

　진도군민들 모두의 관심 속에 또 하나의 관광명소가 되길 바란다.

고향사랑기부제는 지역경제를 살리는 제도이다

우리 진도는 저출산 초고령화 사회로 진입하여 지방소멸의 위험군으로 위기에 처해 있다 하겠다.

삼라만상은 아무것도 모르게 봄이면 온천지에 꽃피고 여름이면 빨간 장미가 정열적이다. 벌써 5월의 가정의 달을 맞이하면서 가정의 따뜻한 온기를 느끼고 사랑하는 사람들의 가슴이 설레게 하는 여름의 길목에 서 있다.

고향을 사랑하고 고향을 생각하면서 고향사랑 기부제에 참여하는 사람들이 갈수록 늘고 있어 마음을 따뜻하게 하고 있다. 고향사랑 기부제는 2023년 1월부터 시행되면서 고향을 떠난 향우들이 고향을 생각하면서 함께하고 있는데, 고향사랑기부제는 10만원을 고향을 위해 기부를 하면 10만원까지는 전액 세액공제 혜택을 받을 수 있으며 3만원 상당의 답례품도 받는다고 한다. 그러니 실질적으로 13만원의 혜택이 주어진다고 생각하면 된다.

고향사랑기부제는 본인이 현재 주소지 이외의 고향이나 자기가 기부하고 싶어하는 지역에 기부를 하게 되면 그 지자체 단체에서는 고향사랑 기부자에게 세액공제 혜택을 받으면서 그 지역의 특산품 등을 답례품으로 제공하고 있으니, 지역의 경제도 살리는 효자상품이 되고 있다. 고향사랑 기부제 세액공제 한도를 최고 500만원에서 2,000만원으로 상향한다고 한다. 10만원 초과분에 한해서는 16.5%를 세액공제를 해 준다.

기부금의 30%의 답례품을 제공하는데, 관할 지자체에서 안에서 생산하는 특산품과 제조된 물품 농산물 등으로 최대 100만원에 상당하는 지역상품권을 제공함으로서 지역경제의 활성화를 이루는 선순환이 이루어진다는 것이다. 그러므로 많은 사람들이 참여하면 할수록 지역경제는 되살아나 효자상품이 되기 때문에 특히 고향 향우들이 참여도를 높여줌으로 고향은 그만큼 발전한다고 생각하면 된다. 소득이 낮아서 부과된 세금이 없거나 내야 할 세금이 있더라도 부양가족 등 각종 공제 혜택을 받아 공제해 줄 세금이 없는 경우는 제외된다.

고향사랑기부제는 홈페이지를 이용하거나 지자체를 선택한 후 지자체에 연락해서 기부액 기부날짜 선택하면 된다. 답례품 제공 여부도 선택하면 된다고 한다. 또한 기부 후에 제공되는 30%의 포인트로 그 지역에서 생산하는 특산품이나 농산물 지역 상품권 답례품의 주문도 가능하다고 한다. 온라인 기부가 어려우신 분은 전국 농협지점에서 문의하여 기부하면 된다. 고향을 살리고 지역경제를 살리는 고향사랑기부제의 따뜻한 마음으로 동참을 권유해 본다. 기부를 하는 사람도 기부를 받는 지자체도 서로 혜택을 보는 지역경제 살리는 효자상품의 제도여서 고향사랑기부제를 적극 추천해 본다.

고군면 용호마을 정월대보름 바다 용왕제 지내

용호마을의 안녕과 진도군의 번영을 빌면서 풍어와 풍년을 소망

　예로부터 바닷가 마을에서는 정월대보름을 맞아 마을 사람들이 모두 나와 정성스런 용왕제와 풍어제를 올리는 것이 관례로 전해 내려오고 있다.
　이번 용호리 정월대보름 용왕제는 제54회째 이어져 내려고 있는데, 이번 용왕제는 봄비가 계속 끝이지 않고 내리는 가운데 용호리 마을 청년들을 비롯해 많은 어르신들이 지켜보는 가운데 용왕제와 풍어제를 올렸다.

　용왕제를 지내는데도 물때를 맞추어지내는데, 썰물 때에는 모든 것을 쓸고가버린다고 해서 들물 시간대를 기다리다가 저녁7시가 다되어가는 시간에 용왕제를 올렸다. 4명의 제관이 정해지는데 거기에 제관 좌장에는 김병철, 이동술 노인회장, 김병삼 마을어촌계장, 양승택 마을이장이 제관으로 참석해 정성스럽게 제를 지냈다.

고군면 용호리는 전형적인 바닷가 마을로서 150호 정도가 현재 살고 있으며 젊은 청년들이 고향을 지키고 살아가는데 진도에서 마을 청년들이 가장 많다고 봐야 할 것 같다. 지역소멸에 인구소멸이 가장 심각한 진도군에 한마을에 3~40대 청년이 50명이 넘는다고 한다. 용호마을의 주 어촌사업으로는 전복양식. 해태(김). 미역. 다시마. 활어잡이로 생활하는 마을로 진도의 바닷가 마을로서는 어느 마을 부럽지 않게 부촌으로 알려져 있으며, 마을 단합도 똘똘 뭉쳐져있다고 한다.

  용호리에서는 매년 정월 대보름을 전후로 열리는 정례 행사로서 마을 사람들이 바다를 보고 살아가기 때문에 용왕제를 어느 마을보다도 엄숙하고 정성스럽게 지내는데, 한치 앞을 모를 바다의 시시각각 변하여 언제 어느 때 해상사고가 날 수 있고 풍어의 만선을 위하여 용왕님께서 마을 모든 사람들을 지켜주면서 평안을 가져오면서 풍어와 풍년을 기원하는데 정성을 다하여 지내고 있다고 한다.

  원래 용왕제는 정초가 되면 마을 주민 중에서 生氣福德(생기복덕)을 가려서 제관을 선정하는데, 제관이 정해지면 그 제관은 술 담배를 금하고 냉수로 목욕 제기를 하며 바깥출입과 부부관계의 합방도 금하면서 부정한 사람의 출입도 철저하게 제한시키며 근신하고 있다가 용왕제에 임하게 된다. 부정을 타지 않도록 마을에서 제관의 집에 금줄을 쳐 놓고 부정한 사람들의 출입을 금지 시키고 막는다고 하는데, 요즘은 많은 세월이 흐르다 보니 용왕제도 현대식으로 간소하게 지내는데, 그래도 제관들은 개고기를 먹는다거나 상가집 문상 같은 것은 철저하게 피한다고 한다.

용왕제의 제물로는 예전에는 돼지를 통째로 잡아 올렸으나 시대 흐름에 따라 요즘에는 돼지머리를 삶아 올리면서 주, 과, 포, 탕 등을 진설하고 술을 올리고 제관은 축문으로 고하면서 마을의 평안과 풍어를 기원하는 용왕제를 올린다. 제가 끝나면 음식은 제에 참석한 주민들이 음복을 하고 마무리한다. 이번에는 용왕제를 용호리 어촌계(계장 김병삼)와 용호마을(이장 양승택)이 추최하고 용호리 노인회(회장 이동술)와 개발위원회(회장 김병철)의 후원하는 방식으로 제를 지내오고 있다고 한다.

환장하것소

 촌에서 살다봉께 시한에는 그케 하는 일도 없고 해서 친구들이랑 쇠죽 끓이는 방에 들어 앉아각꼬 삼봉치다가 젤로 깨토난 사람은 놈의 밭에 가서 쫙 갈라진 배추를 서리해각꼬 오면 모다 모여서 배추치럼을 하고 살았제라.

 그날도 나는 맬겁시 방에서 자빠져 잠이나 잘건디 심심하다봉께 배 까테를 내다본다고 내다봉께 겨울비도 찌적찌적 내림시로 눈발도 희끗희끗 내리는데, 쩌그 길가세를 봉께 누가 자빠져각꼬 덜덜 떰시롱 있응께, 원매 나는 큰일 났다고 하고 문을 박차고 뗘와각꼬 얼릉 일켜 세움시로 내 등에 어찌께어찌께 엎혀서 쇠죽 끓이던 방이 노골노골 하니께 거그다가 내려놓고 골연초냄사가 찍찍나는 이불을 꺼내각꼬 덮어중께, 인자사 정신이 든가 물 한잔 주라고 하던께라.

보기에는 나보다 한두 살 적게 먹었으까 할 정도로 얼굴은 이뻐각꼬 생겨부런는디, 어찌께 뭔술을 먹어각꼬 질가에가 뉘부런는지 짠하기도 합디다. 그래서 자초지종 물어봉께 읍에 어뜬 새끼하고 선을 봐각꼬 결혼할라고 맘을 먹어불고 만나고 있었는디, 그 새끼가 말을 들어봉께 사기꾼이라고 소문이 파다하게 났뿌러서 도저히 이 결혼 못 하것다고 하고 파혼을 선언하고 옴시롱 견딜 수가 없응께 술을 먹어부렀다고 안하요. 만약 내가 안봐 부렀으믄 땡땡 얼어서 아마 죽었으꺼요.

　그란디 일은 인쟈부터 일어났뿌렇당께요. 벌벌 떨길래 등에 업고 쇠죽 끓인 방에 내려놓고 냄새나는 이불을 덮어주고 옆에서 한정없이 지켜보다봉께 나도 살짝 잠이 오길래 그 옆에서 이불을 째끔 덮고 잠을 잤는디, 아가씨가 잠에서 깨면서 나보고 겁탈했다고 소리소리 지름시롱 책임지라고 하는디 어짤줄을 모르것어라. 나는 정말 애먼디, 진짜 털끝하나 안 건들었당께요.

　하기사 나도 시골에서 살다봉께 여자도 없음시로 머시매 새끼들하고만 모여각꼬 골연초담배나 뿍뿍 피우고 있었응께 한심했지라. 그란디 카만히 생각해봉께 나보고 책임지라고 하는디, 그케 내가 별 손해가 없을 것 같터서 깜짝 놀래는 시늉하면서 나는 안 건들었는디 너무 애먼디 나보고 책임지라고 하요. 그람시로 다시 생각했지라, 시집간 사람도 아니고 약혼만 했다가 파혼 했응께 깨끗한 처녀 아니것소.

　그람시로 우덜 둘이는 만나기 시작했제라, 그란디 만나면 만날수록

이 아가씨가 긴이 찍찍흐르요. 얼굴도 이쁘지라 못하는 일도 없고 반찬을 기눈감추데끼 후딱 맹그는데도 참말로 맛있어 분당께라. 그래각꼬 그 아가씨한테 이 시골에서 농사짓고 살것냐고 물어봉께 "아이고 어디는 다르다요. 차라리 시골에서 농사짐시로 맴 편하게 사는 것이 훨씬 좋지라". 이쁜 것이 이쁜 말만 안하요. 아주 미치것소. 그람시로 나보고 항상 하는소리로 생명의 은인이라고 하제라. 그라고 시골에서 삼시롱 아들딸 다섯 낳아각꼬 놈 보란 듯이 이라고 살제라.

나는 그래각꼬 우리동네에서 젤먼저 결혼을 해붕께 나쌀은 먹어각꼬 장개 못간 동네 행님들하고 친구덜이 날마다 우리 집을 댕김시로 제수씨 친구하나 소개해 주쇼 하는 바람에 우리 각씨는 중매쟁이 댜부렀소.

해설 깨토 : 꼴찌 / 맬겁시 : 그냥 / 배까테 : 밖에 / 떠와서 : 뛰어와서 / 골연초냄사 : 담배냄새 / 꺼내각꼬 : 꺼내가지고 / 덮어중께 : 덮어주니까 / 뭔술 : 무슨 술 / 났뿌렀당께요 : 나버렸다니까요 / 한정없이 : 시간가는줄모르고 / 생각해봉께 : 생각해보니까 / 그케 : 그렇게 / 그람시로 : 그러면서 / 에먼디 : 억울한데 / 기눈감추데끼 : 금방 후딱 / 맛있어분당께라 : 맛있다니까요. 나쌀 : 나이살. 행님 : 형님

완마 저수지가 터져부렀소

우덜이 한 15살이나 먹었으까 어째스까?

중학교 댕길 때잉께 그렇게 되것지라. 우리 동네는 진도에서도 겁나게 큰마을로 들어갔당께라.

그랑께 한 70년도 초쯤 됐으꺼요. 여름방학을 하고 집에서 놀고 있는디 마을회관 마이코소리가 왱왱하면서 이장 아잡씨가 숨넘어가는 소리로 "웜매 우리마을 저수지가 터져부렀소. 마을사람들 빨리빨리 피하쇼잉!"

그라고 봉께 냇갓테는 노랑흙탕물로 사람 잡아 먹을땍기 무자게 빨리 흘러와붕께 사람들은 깜짝 놀래각꼬 모두들 공회당앞으로 모여듬시로 서로를 걱정해뿌요. 시간이 엄마나 흘러갔으까 인자는 냇갓테물도 째깐 자자들고 항께 모두들 집으로 들어갔어쩨라.

동네는 큰데다가 저수지 물이 없어불면 농사를 당장 못지게된께 또

이장은 마이코에다 대고 내일부터 저수지를 막을랑께 한집에 한사람씩 꼭 나와각꼬 부역합시다. 그라고 해서 우덜친구들이 동네에서 겁나게 많아각꼬 공회당에서 회의를 해서 우덜이 앞장서기로 했재라. 나쌀은 열대여섯 밖에 안댔지만 덩치들이 다들 좋았재라.

 어른 아그덜 할 것 없이 모두 밥만 먹어불면 윗마을 저수지로 올라각꼬 우덜은 큼직한 돌들을 지게에 지고 나르고 엄매들은 매꼬리에 흙을 담아각꼬 날라불면 어른들은 저수지 터진데를 맥꿔가면서 돌하나 놓고 흙을 붓고 함시롱 한 열흘동안 하다봉께 동네사람들이 한몸 한뜻이께 저수지가 깨끗하게 고쳐지더랑께라.

 그런 때는 정부에서 밀가루도 주고 고생했다고 면사무소에서 돈을 몇푼씩 나눠준께 우덜 친구들은 모두 그 돈을 모테각꼬 모새미 해수욕장에 가서 깨벗고 매욕하면서 얼매나 즐겁게 놀아부렀는지 칠순을 바라보는 나쌀을 먹었는데도 그때 생각이 나부러라, 암만 생각해도 아무리 시상이 발달했다하드래도 그때 배고프고 서러왔던 보릿고개 시절이 이웃간에 정도 더 있어불고 훨씬 압다 좋아부럿재라.

마을 경노잔치 한담시로라

우리 동네는 고군 새견(석현)이라고 부른데라.
동네가 겁나게 커각꼬 사람덜이 뜩글뜩글하제라. 그랑께 잔치를 할라믄 커나큰 댜지를 사각꼬 와서 김씨네 큰까끔 산지기한테 댜지를 때려잡으라항께 아주 무작스럽게 우함마로 대갈통을 깨불더랑께라. 그랑께 댜지가 팩 꼬부라져붑디다.
동네 엄매들은 크만솥에다 물을 폴폴 끓여각꼬 댜지 털비끼는데다가 뜨건물을 한쪼박씩 붓으면 어른들은 서넛이서 복게로 뜩뜩 긁어불면 댜지가 매끈하게 털이 비껴져불어라. 그람 댜지 배를 갈라각꼬 창시를 꺼내면서 댜지 간은 뚜벅뚜벅 짤라주면 굵은 소금에다가 찍어서 아주 기눈 감추댓끼 먹어 없어져불제라.
댜지 내장은 비땅같은 막대기에다가 껴각꼬 창시를 디집어불면 술술 술 똥이 떨어짐시롱 굵은 소금에다가 밀가루를 뿌려각꼬 냇갓테서 깨끗하게 씻어불면 한나도 냄새도 안나재라. 경노잔치 준비하는 어른들하고 부녀회 사람들은 내장을 삶아각꼬 맛있게 먹음시롱 댜지도 삶고 음석들도 맨듬시롱 잔치가 준비되제라.

아그덜은 반갱일이라 학교가 얼른 파했는디 아그덜하고 다마치기하는 것도 빼먹어불고 얼른 집으로 달려옹께 동네사람들이 점심을 먹을라고 하는디 댜지개기부터 시작해서 아주 상다리가 뿌라져불라고 합디다. 우덜은 애기들이라 한삐쪽에다 다시 상을 차려주는디 아주 겁나게 잘 먹어부렀제라.

점심으로 경노잔치를 벌여놓고 공회당 앞에서는 들독들기 대회도 함시롱 노래자랑도 하는디 사동에사는 맹준씨가 나와서 얼마나 웃겨부는지 아주 동네사람들이 배꼽잡고 굴러댕김시롱 웃엇당께라. 보통 경노잔치는 오유월 모내기끝나고 째끔 한가할 때 함께 다들 좋아하제라. 경노잔치하는 날은 동네사람덜이 모두 나와야제 만약에 안나와각꼬 일하는 사람덜은 벌금이 있고 밖에 출타하는 사람덜도 벌금을 냉께 무조건 참석하는 것이 원칙이제라.

팬남태 공회당앞에서는 맬겁시 지나가는 사람들을 건들어각꼬 때려패붐시롱 울려서 보내는데 그것이 우리 새견에 내려오는 전통이였다고 함시롱, 어디 나갔다가 들어올라고 해도 우리 새견마을을 안지끼고는 갈 수가 없승께 할 수 없이 새견사람들 말을 안들을 수 없엇당께요. 그라고 새견 사람들이 덩치도 크고 사람들이 우락부락해각꼬 아주 무서웠어라. 그렇게 패불고 나서는 경노잔치 했옹께 음석을 먹고 가라고 걸게 한상 차려주면 울면서도 우구적우구적 쳐먹으면서 또 고맙다고 잘먹었다고 인사하고 간당께라.

진도는 예술문화가 답이다

　우리 보통 사람들은 말할 때 문화와 예술이라고 말을 한다. 그러나 진도에서 예술을 하는 예술인들은 예술문화라고 말하며 예술문화가 제대로 자리 잡고 섰을 때 진도는 발전되고 경제도 살아난다고 역설한다. 1차 산업인 농업이나 어업으로는 절대 우리 진도군민들이 행복한 삶을 누릴 수가 없다고 생각한다. 지금은 모든 것이 대형화되어 가고 있어 농사를 지어도 대형으로 짓는 몇 사람만이 잘 살 수 있는 길이고 나머지 사람들은 자기 식구들이 먹고 지낼 만큼만 농사를 짓다 보니 항상 제자리걸음이나 후퇴하는 삶을 살아갈 수밖에 없다는 것이다. 더욱이 진도는 초고령화 사회가 되다 보니 더욱 그렇다. 물론 진도의 농산물의 양量은 군민 전체가 지으나 몇 사람이 지으나 같고 거기에서 나오는 경제적인 소득도 거의 같겠지만 더 이상의 큰 비전은 보이지 않는다고 본다.

　우리 진도는 이제는 돈을 들이지 않고 경제를 살릴 수 있는 관광과

예술문화를 돈벌이로 하기 위해 적극적으로 개발하고 홍보해야 하는 시대에 들어와 있다고 본다.

관광객을 끌어 올 수 있는 아이템 속에 프로그램을 적극적으로 연구하고 개발하고 거기에 따른 부수적인 예술자원을 투자하여 머무는 관광이 이루어지도록 하는 것이야말로 부강한 진도를 만드는 길이라 생각한다. 가장 먼저 들어서야할 곳이 문학관이다. 문학관은 우리 문인들만의 공간은 아니다. 요즘 관광객들은 가장 먼저 들리는 곳이 그 지역의 문화와 역사를 알기위하여 문학관을 관광 1번지로 꼽는다. 거기에서 그 지역의 역사와 배경 문화적 교류가 이루어지고 보고 듣는 체험적 학습이 관광객의 흥미를 돋아주므로 우리진도의 관광은 문학관부터 빨리 들어서고 손님 맞을 준비를 끝내야 한다. 문학이 없는 예술은 존재하지 않는다. 모든 예술의 기초가 되는 문학을 배척할 때 그 지역은 관광객을 맞이할 준비가 전혀 되어 있지 않다고 우리는 힘주어 말하는 이유이기도 하다. 진도는 유배문학과 현대문학이 동시에 살아 숨 쉬는 예술의 고장이라는 것을 더욱 널리 알려야 하는 임무는 우리 군민 모두에게 있다.

또한 우리 진도는 세계지도를 손으로 꽉 쥐었다가 펴놓은 것처럼 지구촌 곳곳이 다 존재한다. 고군면 원포가 우리나라 지도라 말 할 수 있으며 고군면 벌포는 중국 청도라 말 할 수 있으며 고군면과 의신 돈지까지가 중국 땅과 같으며 임회면은 러시아로 볼 수 있다. 가사도는 영국영토와 흡사하며 진도대교 울돌목을 중심으로 남해와 북해로 보면 될 것 같다. 의신면 군포와 송군은 싱가폴이며, 고군면 금계리는 베트남, 의신면 초상 초중 연주리는 라오스 태국 캄보디아이며 수품항은 인도라 할 수 있다. 지산면 소포호는 파나마운하 지산면 금노는 폴란드 이렇듯 전 세계에 어느 나라를 가도 우리 진도 같은 지구본 같은 곳은 없다. 하늘이 내려준 천하명당인 우리 진도를 아직도 모르는 군민들이 많으므로 우리 진도 군민부터 진도에 대한 철저한 해설과 교육을 통해서 전 군민이 언제 어디서나 관광 가이드가 될 수 있도록 진도군의 행정관청에서 앞장서야 할 것이라고 감히 말씀드리고 싶다.

진도의 축제에서도 머리만 잘 쓴다면 얼마든지 2박3일 할 수 있는 좋은 관광코스를 만들 수 있다. 예를 들어 신비의 바닷길 축제를 가지고도 모든 관광객이 뽕 할머니 가족들이 모도로 호랑이를 피해 건너갔을 때 또한 돌아올 때 그냥 맨발로 다녀오지 않았을 것이다. 최소한 짚새기 신발을 신었다고 가정한다면 모든 관광객이 신비의 바닷길 축제장을 걸을 때 짚새기 신발을 신고 들어가게 만드는데, 짚새기 신발은 진도 전 경로당에서 할머니들은 짚을 가지런하게 다듬어주면 할아버지들이 짚새기를 엮어서 한 컬레 당 천오백원정도 하면 경로당에서 할아버지 할머니들이 위험한 일자리를 안 해도 될 것이다. 그렇게 해서 만든 짚새기를 진도군에서는 경로당을 돌며 모두 모아 와서 관광객들에게 5천원 정도 입장료 대신 팔면 된다. 그리하여 3일째 되는 날 짚새기를 버리고 가는 관광객들에게 짚신을 한곳에 모두 쌓아놓고 짚신 태우기 소원 빌기를 한다면 모두가 진도를 관광하다가도 짚신을 태우는 시간이 되면 그야말로 장관을 이룰 것이라고 저는 생각한다.

관광객들 중에 서울이나 인천 경기도 경상도 등 전국에서 내려와 소원을 빌었더니 그 소원이 만약 이루어졌다면 그다음 해에는 그 지역사람들은 너나 나나 할 것 없이 진도를 찾고 짚신 소원 빌기에 참여하리라고 나는 확신한다. 그렇다면 우리 진도에 소득은 얼마나 떨어질까? 만약 관광객이 40만명이 왔다면 오천원씩 하는 짚새기 신발 하나로 20억원이 진도에 순수익으로 떨어진다. 관광객들이 버스로 그냥 내려왔다가 바닷길만 구경하고 그날 빠져나가는 것을 붙잡기 위한 너무나 좋은 아이디어는 아닐까 저는 그렇게 생각하면서 만약 관광객들이 진도에서 하루 밤을 묵고 간다면 숙박비와 식사비 술과 음료 등 진도는 그야말로 수억 수 천 만원의 많은 돈들이 진도에 뿌려질 것이라고 저는 또 한 번 확신한다. 거기에 맞춰 진도예총에서는 한술 더 떠서 문인협회에서는 전국 즉석 시낭송대회를 열고 미술협회에서 사생대회를 열고 국악협회에서 전국 경창대회를 열어 행사를 치른다면 과연 그 좋은 행사를 놔두고 진도를 떠날 사람이 과연 몇 사람이나 있겠는가 말이다. 생각 하건대 한 사람도 빠져나가지 않고 진도의 매력에 빠져 헤어나지 못할 것이다. 우리 진도는 예술문화가 빛을 볼 때 진도는 더욱 발전되고 빛나지 않을까 생각하면서 진도는 예술문화가 답이다! 라는 명제를 드린다.

한 가지 더 말씀드린다면 지금 전국적으로 인구소멸이 급격하게 이루어져 몇 년 안 가서 읍면이 없어지고 군과 군이 통합되는 시기가 곧 돌아올 것이라고 생각한다. 우리 진도는 얼마든지 인구를 늘려갈 수 있는 좋은 조건이 있다. 그건 곧 예술이라는 것이다. 대한민국에 아무리 예술을 논한다 해도 누가 뭐래도 진도는 예술의 모태요 예술의 본향이다. 전국 유일의 민속문화예술 특구로 지정되어있는 지역이다. 인구 유입 정책에 전국의 예술인들이 편하게 쉬면서 맑은 공기 속에 시.서.화.창 등을 할 수 있는 공간을 마련해 준다면 서로 진도로 이사 오고 싶어 줄을 설 것이다. 진도의 각 면에 10호에서 15호 정도의 예술인 마을을 만들어주는 것이다. 예를 들어 고군면 시인의 마을. 군내면 시인의 마을. 의신면 화가의 마을. 임회면 국악의 마을 이런 식으로 만들어 준다면 진도 인구는 절대 줄어들지 않고 늘어나겠다는 확신을 갖는다. 도시의 예술인들은 텁텁한 공기와 매연에 찌들려 어디론가 떠나고 싶어한다. 그런 예술인들을 빨리 우리 진도가 받아들이고 보듬어 예술과 문화관광 도시로 만들어야 우리 진도가 부강해지고 살길이라고 감히 생각한다.

말하지 못했던 진실 그 이유

저희 어머니는 1949년 19살에 저의 아버지와 결혼하였다.
결혼하여 1년만에 첫딸(큰누님)낳고 한국전쟁이 3일후에 일어났으니, 신혼생활도 제대로 하지 못하고 6.25를 만났고 그리하여 아버지는 전쟁통에 군대 입영 통지를 받고 군대에 갔다. 아버지는 제주도 야외훈련장에서 군사교육을 받자마자 전쟁이 치열했던 전방으로 배치받아 생사가 넘나드는 전장에서 군대생활을 하면서 군대 오기 전에 아들을 낳았다면 어쩌면 죽었을지 몰랐을 것이다 란 말을 훗날 우리에게 들려주었는데, 전쟁 중에서도 둘째 아이를 갖게 되어 둘째를 낳았다는 전선에서의 소식은 또 딸(둘째누님)이라는 소식을 전해 듣고 어떠한 일이 있드라도 살아야 한다. 그리고 고향에 가서 대를 이을 아들을 낳아야 한다는 각오아래 비처럼 쏟아지는 포탄 속에서 온몸이 찢기고 피투성이가 되면서도 휴전을 맞아 제대하고 돌아왔다는 것이다.

지금부터는 제가 이야기하고 싶은 팩트를 말하고 싶다. 이 이야기는 참 가슴아픈 외갓집 이야기다. 아버지가 막 결혼하여 신혼생활을 하고 있던 때 그냥 앞만 보고 열심히 살았다. 그러나 외갓집은 어느 정도 재력적으로도 있는 집안이어서 많은 여유는 없지만, 어느 정도의 여유가 있었고 마을에서도 유지라고 할수 있는 터라 어머니가 작은딸이라 작은 사위가 워낙 성실하고 똑똑하고 예의범절이 갖춰진 사람이라 처가집에서 인정해 주는 그런 사위여서 아버지의 부탁 한번쯤은 들어줄 수 있는 집안이었다. 그러던 차에 아버지의 형제는 5남2녀의 7남매로서 아버지는 4남인데다 6번째였다. 제일 큰아버지는 살몰이라는 군내 전두(지금은 진도읍으로 편입되었음)에서 살고 계셨지간 그리 넉넉하지 못하여 동생들에게 도움을 청하곤 했다 했는데, 아버지가 막 결혼하여 세등 외갓집이 조금 잘 산다고 말을 들었는지 제일 큰아버지께서 아버지한테 와서 집 근처에 좋은 밭이 하나 나왔는데, 동생이 처갓집에 말을 해서 밭을 살 수 있도록 돈을 빌려달라고 하면 어떻겠냐고 딱한 사정을 하는데, 더욱이 제일 장손인 형님인지라 거절을 못하고 알겠습니다 형님, 한번 가서 사정해봅시다. 하면서 큰아버지나 아버지는 절대 어머니께는 비밀로 하자고 하고 나서 세등 외가집에 제일 큰아버지와 아버지는 자초지종을 말하면서 장인 장모님 만약 형님이 못갚으면 제가라도 꼭 갚겠으니 이번 한 번만 사정을 봐달라고 해서 그때 돈으로 300만원(지금 70년이 넘었으니 거의 5천에서 1억원쯤)정도를 빌려와서 큰아버지는 실제로 밭을 8마지기인가 300만원 주고 샀다고 했다. 그러고 나니 셋째 큰아버지는 어렴풋이 아버지네 장인 장모가 빌려주어 제일 큰아버지가 밭을 샀다는 걸 알고 셋째 큰아버지도 전답을 사겠으니 처갓집에 가서 돈을 좀 구해달라고 아버지에게 닦달하였으나 결국 빌려주지 못하고 말았다. 그러다가 아버지는 큰딸 길심이를 낳고 군대를 가게되었고 전쟁 중에 군대를 가지않으려고 피해다니는 젊은 청년들은 좌익 우익으로 나누어져 서로 동족 간의 혈투가 벌어지고 있는데. 저의 제일 큰아버지와 셋째 큰아버지는 좌익활동의 조직에 들어가 활동하고 둘째 큰아버지는 제주도로 일찍 들어가 버리고 넷째인 아버지는 군대 영장을 받고 군대에 가고 다섯째인 작은 아버지는 국가에 몸을 던지는 군대에 자원 입대를 하며 군대를 가서 전쟁에 참여하였다.

우리가 듣기로는 인민군 사령부가 군내면 세등에 차려지고 나서 큰아버지 두분은 좌익활동을 하며 우리나라 경찰이 들어온다는 정보를 입수하고 외갓집 식구들은 죽이기 아깝다며 살려두었다가 결국 경찰이 들어오기 하루 전에 외갓집 식구 모두를 몰살시키는데 거기에는 제일 큰아버지도 셋째 큰아버지도 주범 격인 석현 박씨랑이 합세하여 외할아버지 외할머니 삼촌 이모를 몽둥이와 죽창으로 죽이고 도망가면서 석현에 어머니께 들려 세등을 가보라고 하면서 바람과 같이 떠나버렸다고 했다. 경찰이 상륙하고 평온을 되찾아가면서 장례를 지내고 왔으나 소문으로는 큰아버지들은 지리산으로 들어갔다는 말만 무성할 뿐 아직까지 소식을 접하지는 못했다 한다. 아버지도 전쟁이 끝나 고향에 돌아와 보니 외갓집은 몰살당하여 흔적이 없이 사라져버렸고 간신히 살아있는 건 임회면 죽림으로 시집간 큰이모 한 분만 살아 있었다고 한다. 친정에 가서 들은 소문으로 알고나서 어머니께서는 자기 부모와 오빠 여동생들을 친 시숙님들이 합세하여 죽였다는 기막힌 소문을 듣고 난 후부터는 제일 큰아버지네 가족은 원수처럼 생각하고 살아왔는데 거기에 또다시 아버지가 보증을 서고 외할아버지한테 돈을 빌려와 밭을 사준 은인을 죽였다는 기막힌 사연을 듣고는 돈을 갚지 않으려고 일부러 죽이지 않았나 하는 마음이 들어 그때부터 제일 큰어머니와 사촌 형제들도 모두 원수처럼 생각하지 않을 수 없었다고 한다. 결국 밭을 사기 위해 빌려 간 큰아버지도 행방불명이 되고 빌려준 외갓집 식구들은 몰살당하고 없으니 돈을 갚으라는 사람도 없고 주라고 하는 사람도 결국 없게 되니, 그런 문제로 어머니와 큰어머니는 가끔 감정 문제로 싸우면서 원수처럼 지내게 되었다는 것을 우리는 어머니를 통해 너희들도 죽을 때까지 꼭 기억하라는 당부를 수없이 듣고 살아왔으나 6.25 한국전쟁의 모든 피해자들이라 생각하고 살아오고 있다. 20여년 전에 큰어머니가 돌아가셨다는 소식을 접하자 어머니께서는 만약에 너희들이 큰어머니 장례식에 가면 부모 자식 간의 인연도 끊어버리겠다는 간곡한 요청으로 평생을 가슴아파 하며 살아오는 어머니의 부탁으로 큰어머니고 상을 치르는 사촌 형이지만 참석하지 않았던 것이 한편으로는 가슴이 아프면서 얼마나 억울하고 분했으면 어머니께서 부모 자식 간의 인연을 끊자고 했겠냐 하는 마음도 이해할 만하다. 사촌 형도 어려서 몰랐을 수 도 있었겠지만 자라고 성인이 되어서는 큰어머님께서 어느 정도 이야기를 했을 수 있다고 생각하고 알고 있을 거라 어머니도 그렇게 생각하고 우리들도 직접적인 당사자가 아니어서 말은 못 했지만 저희 어머니 돌아가시기 전에 조금이라도 큰아버지가 지은 죄값 이라는 형식으로 용서를 빌었다면 서로 어느 정도 마음이 풀리지 않았을까 하는 마음이다. 이제는 한 세대가 모두 끝나고 아무도 계시지 않는다. 그러나 지금도 사촌형을 보면 정말 모르고 살아가는 걸까 아니면 큰아버지가 빌려 가서 밭을 산 그 밭을 알면서도 혹시 모른 척 하는걸까 하는 생각으로 가깝고도 먼 사촌으로 살아가는 것이 솔직한 심정이다. 이글을 몇 번이고 제가 써놓고 이 세상에 알린다면 우리 집안을 어떻게 생각할까 하고 지금까지 망설이고 있는 중이며, 솔직히 저의 어릴적 꿈은 군인이나 경찰이었으나 큰아버지들의 연좌제 때문에 아무 것도 할 수 없어 포기하고 살아왔었다는 것도 이쯤에서 푸념처럼 늘어놓는다. 너무너무 가슴 아픈 일이다. 모두 다 그렇다.

역사문제는 도전하면 안된다

　지역의 향토 사학자들은 역사문제를 정확하게 다루어야 한다. 자기가 알고 있는 역사의 상식이 모두 맞는 것처럼 생각으로 이끌어 간다면 그건 도전하는 것인데 역사문제는 도전하면 안된다. 역사를 어떻게 바꿀 수가 있는가? 그건 속도 조절을 잘해야 한다. 군민들을 앞질러서 계몽시키려고 하면 절대 안된다. 그러면 분명히 역풍을 맞는다.

　우리 진도는 향토 사학자들 사이에서도 특수성을 가지고 있다.
　자기 아니면 안 된다든가, 자기가 제일 잘 알고 있다든가 식으로 보이지 않는 알력 다툼이 있는 곳이 우리 진도이다. 군민들이 알고 있는 상식으로는 도저히 이해가 안 되는 역사와 전통과 유래들도 접하게 된다. 그건 역사가 아니고 만들어낸 이야기일 뿐이고 소설일 뿐이다. 어떤 사학자는 명량해전의 울돌목을 울두목이라고 우겨대면서 자기가 맞다고 하면서 역사적인 사실을 바꾸고 지명을 바꾸려고 한다. 왜 그러냐고 물으면 울돌목이 좁아지므로 사람으로 치면 턱에서 목으로 넘어가는 울대처럼 생겼다고 하면서 울두목이라고 한다. 그건 누가봐도 억지로 만들어 놓은 이야기라고 생각한다.

향토사학자들이 진도의 역사를 자기들의 입맛으로 바꾸고 거기에 군민들을 길들이는 식으로 이끌어가고 있다.
첨철산尖凸山- 첨찰산尖察山으로 오래전에 변천되었고. 용장산성 -용장성으로, 남도석성 -남도진성으로 몇 년 전부터 불러지게 되었다. 삼별초의 배중손 장수가 마지막 최후를 맞이한 곳이 임회면 굴포의 뻘밭이라고 하여 임회면 굴포마을 입구에 배중손장군의 비를 세우고 사당을 만들어 놓았는데, 사학자들이 배중손은 삼별초와 연관있으니 군내면 용장으로 모셔야 하는게 맞다는 식으로 해서 배중손장군의 사당이 굴포에서 용장으로 옮겨지게 되었다는 게 과연 맞는 상식인가. 그렇다면 윤선도 사당도 해남으로 보내던지 보길도로 보내야 하지 않는가? 말이다.

요즘은 모든 것이 공정과 상식이 무너지는 세상이 되다 보니 역사도 변하고 뜯어고쳐지는 비정상이 정상으로 비치는 세상이 되어간다. 가장 상식적이고 가장 정확하게 바로잡아 줄 사람들이 그 지역의 사학자들이다. 어떤 문제에 접근했을 때 모든 사학자들의 공통된 의견이나 상식이 통일되게 일관성이 있어야 한다. 왜덕산의 유해 발굴도 빠른 시일내에 실시하여 과연 거기에 묻혀있는 유골들이 일본 왜놈들의 수군의 유골인지 우리나라 수군들의 유골인지 아니면 그 지역의 무연고 묘인지 파헤쳐서 조사를 해서 밝혀야 한다고 생각한다. 지역 한 사람의 말을 듣고 거기가 왜놈들의 묘라고 하면서 닥나무밭이 왜덕산으로 불러지는 그런 일은 멈추어야 한다. 사실이 아니라면 아니 만들어낸 이야기라면 그건 역사에 죄를 짓는 일이고 진도군이나 일본의 임진왜란 수군들의 유가족에게도 씻을 수 없는 죄를 짓는 일이라고 생각한다.

 진도에 활동하는 사학자들의 부단한 노력으로 모든 역사를 바로잡고 바로 세우는 그날이 우리 진도를 발전시키고 일깨우는 일이라고 생각하면서 사학자들이 짊어지고 갈 임무라고 생각한다.

왜덕산의 진실 이대로 좋은가?

일본의 반성과 사과 없는 화해는 거짓, 평화제는 인제 그만

국민 혈세를 유용하는 왜놈들의 제사는 인제 그만 지내고, 진도군은 전면 중단해주길 바란다.

때아닌 요즘 진도군에 왜덕산에 대해 논쟁이 분분하다.

고군면 내동리 산 162번지의 무덤으로 1597년 9월16일 명량해전 때 전사한 주로 왜군들의 시체를 묻은 곳이라고 일컫고 있는데, 과연 일본 수군들의 무덤인지 역사적으로 증명이 필요하다. 명량해전 때 300여 척의 2만 4천여 명의 일본 수군을 이순신 장군은 불과 13척으로 격퇴 시키면서 2천500여 명의 왜군이 전사하였다고 한다.

왜군 전사자들이 바다에 떠다니다가 밀물(들물)에 따라 밀려오면 내동 마산 오산 지수 지막 하율 황조리 주민들은 떠다니는 그 시체들을 수습하여 묻어주었다는 곳이 와덕밭(닥나무밭)이다. 와덕밭이 둔갑하여 왜덕산이 되었는데, 왜덕산이라는 이름도 개인 한 사람의 사학자가

만들어 지어낸 소설 같은 이야기이다. 그 이유도 참 그럴싸하다. "왜군들에게 덕을 베풀었다" 하여 왜덕산으로 불렀다고 한다는 것이다. 이 모든 것은 역사적인 고찰과 증명, 과학적 검토가 필요하다. 만에 하나라도 왜곡 날조해서 사람들을 속이는 일이라면 당장 멈추어야 한다.

정말 일본 왜놈들의 구루시마 미치후사 수군들의 무덤인지 발굴작업을 벌여서 그 실체를 밝히는 것이 가장 시급한 문제로 남는다. 없는 역사를 만들어서 그럴싸하게 포장하여 관광 상품화를 만드려고 생각했다면 씻을 수 없는 죄를 짓는 일이고 군민들께 사죄하고 용서받아야 한다. 그 무덤이 일본 왜군들의 무덤이 아니라면 일본 수군의 유가족들까지도 기망하는 자세로 더 이상 멈추어야 할 것이다. 그러고 나서 모든 것이 밝혀져 설령 왜군들의 무덤이라 할지라도 일본의 후손들이 찾아와서 위령제를 지내던지 제사를 지내야 하는 것이며, 또한 일본에서 진도까지 오지 못할 경우에는 진도군에 의뢰해서 제사 비용을 얼마 보내드릴 테니, 저희 선조들의 제사를 지내주시면 고맙겠습니다. 하면 제사를 지내주도록 해야 할 것이다.

그리고 작년에 하시모토 전 일본총리가 참여하여 사죄를 한 것을 가지고 일본이 우리나라에게 사죄한 것처럼 비화하고 있는데 착각하지 말아야 한다. 그건 분명히 하시모토 전 총리의 일개 개인이 한 사과에 불과할 뿐이다.

진도군에서는 국민의 혈세를 들여 위령제를 지내는 것은 친일파들이나 하는 매국 행위라고 생각하고 강력하게 반대한다. 더 이상의 평화제라는 이름으로 국민의 혈세를 쓰는 일은 없어야 한다.

순리順理에 순응順應하자

　우리는 흔히 순리에 따라야 하고 순리대로 살아야 한다는 둥, 일상생활에서 순리라는 말을 자주 쓴다. 순리라는 뜻은 무엇일까? 대체로 자연이 있는 그대로 순리이며 이치에 따르는 것을 말한다. 우리는 주위에서 순리에 역행하여 엄청난 일들이 일어나는 것을 볼 수 있었다.

　미꾸라지 한 마리가 한강을 다 흐리게 한다는 말이 있다. 손바닥으로 하늘을 가릴 수 없듯이 순리를 거스르면 그 대가는 분명히 치르게 된다. 이번에 우리는 똑똑히 보고 배웠다. 대통령 한 사람 잘 못 뽑은 대가가 이렇게 끌 줄을 누가 알았겠는가? 국격은 떨어지고 경제는 무너져 이곳저곳에서 아우성이 들려오는 것을 보면 순리에 역행하며 사적인 감정을 앞세워 정부를 운영했기 때문이다. 사람이 살면서 나도 모르게 순리에 역행하는 경우가 있지만 알면서 역행하는 경우는 윤석열 같은 경우를 지적할 수 있다. 대통령이면 대통령다운 행동을 하고 국민을 이끌어

가야 할 책임과 의무가 있는데, 오로지 자기 부인하나 지키기 위해 모든 것을 거부하고 자기 마음대로 하고 싶은 대로 하면서 자기 뜻대로 되지 않으니, 비상계엄이라는 미친 짓을 벌이고 말았다.

순리에 거스른 윤석열 대통령은 뼈저리게 후회하고 있을지 모른다. 국민은 힘들고 고통스러웠지만 그냥 포기하고 그의 임기만 조용히 끝나기를 바라고 있었음에도 더 많은 욕심을 부려 자기 손에 넣으려다가 비참한 결말을 맞이하여 이제는 얄팍한 경호 속에 숨어 목숨을 유지하고 있는 것을 볼 때 비참하기 짝이 없다. 자기 스스로 자기 무덤을 파고 운명을 단축하는 원인제공을 했으면 그 죗값도 스스로 책임져야 한다. 우리 국민은 위대하다. 그렇게 만만한 상대는 아니라는 것을 똑똑히 알아야 한다. 그렇다면 짚어도 한참을 잘못 짚었다. 순리라는 뜻을 알지 못했다. 현실에서 시간의 흐름에 따라 그 원인과 결과가 절대로 뒤바뀌지 않고 나타난다는 진리를 모른 것이다. 윤석열은 순리를 거스르는 계엄을 발동함으로써 스스로 운명을 단축하고 말았다. 어떤 모든 잘못을 저질러도 대통령의 임기 때는 형사의 소추를 받지 않는다고 법으로 정해졌으나 한가지만큼은 예외로 되어 있어 처벌받게 만들어 놓았다. 그게 내란죄와 외환죄에 해당한다. 그 범죄를 저질렀을 때는 처벌의 범위는 무기징역과 사형밖에 없다.

물론 대통령은 계엄을 발동할 수 있도록 헌법에 명시되어 있다. 대통령은 전시. 사변 또는 이에 준하는 국가비상사태에 있어서 군사상의 병력이 필요로 할 때 적과의 교전 상태에 있거나 사회질서가 극도로 교란되어 공공의 안녕질서를 유지하기 위해서는 선포할 수 있다고 규정되어 있다. 그러나 이번 비상계엄은 어느 조항에도 해당하지 않았는데, 조건을 만들기 위해 무리하게 대북 긴장을 조성하여 북한의 교전을 유도했다. 망상적 욕망이 순리를 역행하는 행동을 한 것이다. 그건 절대 성공할 수가 없는 자기만의 욕망이었다. 우리 국민은 위대했다. 순리에 역행하지 않고 역사 앞에 순리에 따랐고 몸으로 막아냈다. 이제 윤석열은 준엄한 심판을 받아야 한다. 그리고 역사 앞에 사죄해야 한다. 그게 순리에 순응이다.

묵묵히 행하는 선행 "버려진 공병" 주워 9년째 기부한 천사

진도낚시 대표 김원식 씨 진도군과 전남사회복지모금회 기부해

진도읍에서 진도낚시점을 운영하는 김원식씨가 그 주인공이다.

김원식씨는 매일 아침 진도 전체의 마을을 돌면서 버려진 공병과 가정에서 보관 중인 공병들을 수거하면서 보이지 않는 선행을 8년 동안 해오고 있으며 지금까지 약 30만 병의 공병을 수거해 진도군과 전남사회복지모금회(사랑의 열매)에 기탁한 돈이 1,000만원 정도 되었다고 한다.

이제는 많은 지인들이 공병을 모아놓고 수거해 가라고 전화할 정도로 많이 알려져 있다고 한다. 주변에서는 이제 나이도 있고 건강을 생각해서 그만두라고 권유도 많았지만, 하나하나 모아지는 공병이 환경 오염도 줄이고 주변을 깨끗이 하면서 어려운 이웃에게 따뜻한 희망의 나눔으로 작게나마 도움이 될 수 있다고 생각해 멈출 수가 없다는 것이다.

김원식 진도낚시점 대표는 2016년부터 시작해 공병을 모아 1년에 한

번씩 기탁해 오고 있으며, 작년에도 1년 동안 모은 금액(200여만원) 전액을 전남사회복지모금회(사랑의 열매)에 전달했다고 한다. 김씨의 아내께서는 "나이도 있고 건강도 좀 생각해서 그만두면 좋겠다고 간곡히 부탁하지만 소용없었다"고 한다. 김원식씨는 나이 먹어서 일부러 운동할 필요없이 마을들을 돌면서 공병을 줍는 것이 그 어떤 운동보다도 훨씬 값진 운동이 된다면서 입가에 환한 웃음을 짓는다.

김대표의 선행이 알려지면서 이제는 마을에 들어가면 가정에 있는 공병들을 기다렸듯이 모두 가져 나와 자동차에 실어 준다고 하면서 좋은 일 하는데 하찮은 공병이라도 모아서 주는 것이 우리들도 기쁘다고 마을사람들이 전한다. 김대표는 마을 곳곳에 버려지는 공병들을 보면 보물을 보는 것처럼 눈이 확 떠지면서 반갑기까지 한다고 한다. 누군가에 의해서 버려지는 쓰레기처럼 보일지 몰라도 김대표에게는 그게 나눔의 실천을 이룰 수 있게 하는 귀한 존재라며, 기부뿐만 아니라 환경까지 정화할 수 있으니 바로 그게 일석이조가 아니겠느냔 말한다.

지금은 김대표와 함께 봉사를 실천하는 사람들이 많아졌는데, 대표로 지중해펜션. 낙조펜션. 해변비취펜션. 진도힐링펜션. 굿모닝펜션. 동력마을. 동양어업조합법인. 노미순마을지기가든. 진도바다. 동해수산. 선일씨푸드. 바닷가풍경 등 12개 업체가 함께하는 사람들이다. 지금 함께하는 사장님들도 처음에는 별 관심이 없었는데, 김대표의 성실한 선행봉사에 매료되어 그때부터 관심을 두면서 함께하게 되었다고 한다. 그러면서 김 대표는 "처음 시작할 때는 혼자였는데 꾸준히 하다 보니 주변에서 함께하는 사람들이 불어나서 더욱 의미가 깊고 누군가에게는 이 정성이 밝은 희망이 되길 바란다"라고 했다.

　김원식 대표가 처음 시작하는 2016년도에는 공병이 20원 했고 지금은 100원 하니, 세월도 많이 흘렀다. 움직일 힘만 있다면 지속해서 공병을 주어 봉사하겠다고 다짐했다. 진도읍 진도 낚시점은 전남 사랑의 열매의 "착한 가게" 회원으로 가입하여 매월 일정 금액을 기탁하고 있다고 한다.

물음표를 느낌표로 바꾸면

　세익스피어는 우리에게 이런 말을 던졌다.
　"신체에 가해지는 물질적인 폭력보다 말의 폭력은 그 상처도 훨씬 깊고 휴우증도 심하다"고 했습니다. 그렇습니다. 말의 폭력이라는 것은 한 번 뱉으면 주워 담을 수 없으므로 때로는 용기도 줄 수 있있지만 거의 깊은 실망을 줄 수 있는 혀의 끝은 무서운 칼이 되고 독이 되어 목숨도 뺏어가고 한 인간을 매장해버리고 불행에 빠뜨리는 경우가 훨씬 많다고 할 수 있습니다. 말이라는 것이 그렇게 무섭습니다.
　말은 예쁘게 해서 빰을 맞는 경우는 절대 없다고 생각합니다. 말은 그 사람의 인격이고 품격입니다. 그래서 말은 약도 되고 독도 된다고들 많은 사람들이 이야기합니다. 말을 아름답게 또한 조리 있게 잘하는 사람은 직장에서나 사회에서 인정받고 대접받고 살아가는 최고의 비결입니다. 대화를 물음표를 많이 쓰는 것보다 느낌표를 많이 쓰는 사람은 지성을 갖추었다고들 하는 것이 그것 때문입니다.

우리는 한 치의 혀 때문에 영원히 마음을 닫고 살아가는 경우도 종종 보아왔습니다. 한번 뱉은 말은 주워 담을 수 없기에 정말 생각하고 조심스럽게 한마디 한마디를 해야 하고 상대방에게 상처가 될 수 있는 말은 되도록 삼가 해야 합니다. 세상이 가면 갈수록 각박해져 가면서 이웃이 없어지고 가족과도 마음이 안 맞아 멀어지는 세상이지만, 직장에서나 사회생활 하면서도 그따위 밖에 못하겠어? 보다 그래도 많이 발전했네! 앞으로 충분히 잘할 수 있겠네! 한다면 그 부하는 더욱 느끼고 나를 인정해주는구나 하면서 더 열심히 해야겠다는 생각으로 모든 일에 긍정적으로 최선을 다하리라 생각합니다.

　말에는 그 사람의 인격이고 인간적인 향기가 품어 나온다고 합니다. 불행을 초래하는 것은 거친 말투에서 오는 결과이고 행복에는 아름답고 부드러운 말투에서 온다는 것을 우리는 가슴에 꼭 새겨야 할 것입니다. 학교에서 학생을 가르치는 선생이 문제를 일으키는 문제아 한 학생을 계속해서 너는 잘 할 수 있어! 하면서 매일 쓰다듬어 준다면 그 학생은 많은 변화를 가져 올 것이며 학업에 충실하지 않던 공부도 열심히 하면서 학생들과도 같이 어울리는 것도 게을리 하지 않고 보다 적극적으로 학교생활에 흥미를 갖고 그 학생은 참 많은 것을 느껴 가리라 하는 생각이 듭니다.

　특히 친구 간에는 허물없는 사이라 해서 함부로 앞뒤생각 없이 내뱉은 말들을 하고 있는데, 요즘은 친구 간에 멀어지고 상처받는 일들이 다른 사람들보다 더 비일비재 하는데, 아무리 친한 친구라 하여도 보이지 않는 경쟁심이 있고 배움에서도 차이가 있어 정말 신중하게 한마디 한마디를 해야 할 것이다. 다른 사람은 몰라도 친구 간에 의리가 끊어지면 그 어떤 사람보다도 더 원수처럼 변해버리고 돌아올 수 없는 다리를 건너는 경우를 요즘 많이 보아왔습니다. 우리친구는 시골에서 태어나 고향을 지키면서 농사를 열심히 짓고 사는 친구라 시골에서 실고(농고)를 졸업하고 그냥 농사를 천직으로 살고 있는데 다른 한 친구는 대학을 졸업했다고 하는 친구와 이야기하면서 무슨 이야기를 하다가 대학 나온 친구가 하는 말 "얌마 그것도 못 알아 듣냐? 좀 배워라 배워?"라고 했을 때 대학 나온 친구는 아무 생각없이 일상적인 말로 할 수 있었겠지만 고등학교 나온 친구는 자신의 못 배운 아킬레스건을 건드려 얼마나 많은 자존심을 상했는지 지금까지 몇 년 동안 말 한마디 하지 않고 친구 간에 원수가 되듯이 살아가는 것을 보아왔습니다. 가는 말이 고와야 오는 말이 곱다는 것이 이런데서 쓰는 말이지 않을까요?

요즘은 세상이 각박해져 가면서 사람들의 혀가 더 거칠어지고 조그만 일에도 신경질 적으로 변해 가는데, 참 안타까운 현상이다. 우리나라 뿐만 아니라 세계경제가 위태로워지니 이웃이 없어지는 세상이 되고 친한 친구나 가까운 이웃에게도 말이 거칠어지고 믿음을 잃게 되는 한 치 혀의 결과는 무섭게 변해가는 게 아닌가? 심히 걱정되는 세상이다. 이럴수록 물음표 보다는 따뜻한 느낌표가 많은 말들로 세상과 융합하며 살아갔으면 하는 바람입니다.

인재를 버리면 재앙이다

지금은 물질 만능시대이다.

특히 우리 진도는 기름진 옥토가 있고 사면이 바다인 진도는 말 그대로 보배섬이다. 진도에서 자라나는 모든 농산물은 약이다 할 정도로 명품으로 인정받는 쌀과 보리 콩 수수 그리고 구기자 울금 대파 양배추 마늘 등 수많은 농산물은 진도를 대표할 수 있는 농산물이요. 사면인 바다에서는 질 좋은 해태(김) 미역 다시마 전복 수많은 어종의 수산물들은 전국에서 알아주는 진도의 특산물들이다. 그러다 보니 어느 지역보다 쏨쏨이가 크고 스케줄이 크다고 하겠다. 또한 진도는 유배사상이 뿌리가 깊은 고장이라 남에게 지기 싫어하는 경쟁의식이 뚜렷한 개성을 가진 사람들이라고 생각한다.

진도는 유배인들이 많이 내려와 뿌리를 내린 곳이다. 유배인들이 거의 선비들이고 국가를 책임진 행정가들이 정권이 바뀌면서 모략에 의해 유배를 내려왔으니 무인보다는 문인들이 진도는 대거 유배와 기거했던 곳이라 그래서 유배온 선비들에게 배우고 익힌 후학들이 살아가면서 글을 쓰는 문인들이 많이 배출되고 서예가나 화가들이 주를 이루면서 진도는 예술의 고장이라는 명성을 갖게 되었다고 할 것이다. 진도인들의 본 심성은 참 착하다고 할 수 있다.

진도는 수많은 인재들이 많다. 공부를 잘해서 인재라기보다는 자기가 맡은 분야에 최선을 다하는 사람이고 그 분야의 전문가라면 그게 곧 인재라고 생각한다. 인재는 지켜주고 키워주어야 한다. 그 우수한 인재들을 밀어내고 인정하지 않는다면 우리 진도는 앞날도 없고 비전도 없으며 암울할 것이라 믿는다. 우리 진도는 인재를 키워 줄 줄을 모른다. 인정하지 않으려고 하고 자격지심을 느끼면서 모든 것을 돈으로 해결하려고 하고 어떤 직을 뽑을 때도 인재를 알아주지 않고 인정하지 않는 경향이 짙다. 누가 해도 괜찮다는 자기와 무슨 상관이냐며 안이한 생각이 팽배하고 있어 진도는 발전이 멈춰있고 비전은 보이지 않는 가장 큰 병폐이다.

우리가 익히 알고 있는 스웨덴이라는 나라는 1인당 국민소득이 무려 5만달러가 넘는 아마 세계 최고의 복지국가 일 것입니다. 그것은 한 지도자를 잘 만났고 인재를 알아주었기에 가능했다. "타게 알렌데르"라는 정치가인데요. 스웨덴에서 가장 존경받는 정치가로 국가와 국민을 위해 일 할 수 있도록 만들어주고 밀어주었기에 가능했다. 그는 상대의견을 경청하고 문제해결을 위한 끝없이 노력하는 진정성을 믿어주었기 때문에 가능했었습니다. 스웨덴 국민들이 인재를 알아보지 못하고 그의 말을 믿어주지 않았더라면 지금의 스웨덴은 7~80년 전의 가난과 실업에 시달리며 빈부의 격차는 더욱 심화되어 그야말로 절망의 나라가 되어있었을지도 모른다.

우리고장 진도는 특별히 어떤 차별이나 무시하는 그런 경향이 없는데도 엄청 차별받은 것처럼 무시당한 것처럼 아무런 이유 없이 정부나 어떤 당의 방침에 휩쓸려가는 경우가 많은데, 이제는 그런 틀에서 벗어나야 한다. 진도에서 선거가 있을 때면 그 분야의 전문가인 인재를 알아주고 뽑아야 하는데 이상하게도 사람을 뽑는 게 아니고 당을 뽑고 진도와 아무 상관없는 사람들의 말을 들어가며 일할 수 있는 인재들을 밀쳐내며 밟아버리는 경우가 많다. 그러고 나서 뽑고 난 바로 그 순간부터 후회하기 시작한다. 뽑아준 자기 손을 잘라버리고 싶다느니 정말 저분이 인재고 우리 진도를 일할 사람이었는데 잘 못 뽑았다느니 하면서 후회하는데 이미 때는 늦어버린 후이다.

인재는 화려하지 않는다. 잘 보이려고도 하지 않는다. 인재는 조용히 또한 묵묵히 자기 할 일을 향해 걸어갈 뿐이다. 앞으로는 어떤 선거든 당을 뽑지 말고 사람을 뽑아야 한다. 인재들을 많이 등용하여 우리 진도를 발전시켜야 한다. 인재를 밀어내면 분명한 것은 그에 따른 재앙이 뒤따르고 희망이 보이지 않는다.

진도는 많은 인재들이 존재한다. 고향을 지키고 살아가는 그것만으로도 우리는 위안을 삼아야 한다.

자신을 갖고, 가고 싶은 길을 가라

세상에는 천재 아닌 사람이 하나도 없다. 모두가 태어날 때는 천재로 태어납니다. 그러면서 그 사람만이 할 수 있는 일이 있는 것입니다.

그런데도 그 천재성을 이 세상을 살다 보면 남들이 덮어버리는 경우가 많습니다.

학교 가면 학교 선생이 덮어버리고 직장에 가면 직장 상사가 덮어버리고 자기 천재성을 전부가 싹 덮어버리고 가려버리는 것이 일상화되어 버렸습니다.

그래서 제가 늘 하는 얘기지만 360명이, 뛰는 방향을 한 방향으로 경주를 한다면은 아무리 잘 뛰어도 1등부터 360등까지 있을 겁니다. 그런데 남들이 뛴다고 뛰는 것이 아니라 자기가 뛰고 싶은 방향으로 각자가 뛰어간다면 360명 모두 다 1등이 될 수 있을 것입니다.

베스트원 대사의 말에 의하면 "하나밖에 없는 사람이 되라" 자기는 하나밖에 없는데 남하고 똑같이 살아가지 말라고 말합니다. 왜 남의 인생 남의 생각을 따라 살아가냐고요. 남들이 와~ 하고 가는 길은 내가 가고 싶은 길이 아닙니다. 그랬을 때는 대담하게 내가 가고 싶은 길은 가다가 쓰러져 죽더라도 내가 요구하는 삶을 위해서 그곳으로 가라는 것입니다. 왜? 자기 삶은 자기 것이기 때문에... 남이 어떻게 할 수가 없어요. 그런거를 늙어서 깨달으면 큰 일납니다. 아니 끝장 나지요. 왜냐 인생이 끝나버리니까요.

저는 문학을 접할 때도 항상 자신감, 작가의 고집과 욕심으로 창작에 몰두합니다. 아무리 많은 글이 쏟아져 나와도 내 글은 나에게서 밖에 나오지 않습니다. 그건 곧 나의 글을 다른 사람이 나와 똑같은 마음으로 생각으로 쓸 수 없다는 것입니다. 그러므로 나에게서 나오는 한 자 한 자의 창작 글들은 이 세상의 최고의 글이 되고 또한 최고의 글이 되기 위해 부단히 노력하고 매일 글과 시름하고 있다는 것입니다.

저는 남의 글을 잘 평가하지 않습니다. 왜냐구요. 그 작가가 자신이 표현할 수 있는 최고의 글 구성으로 만들어 놓은 글이기 때문에 그 글 속에 저의 생각을 들여놓으면 그 글은 다듬어지는 것이 아니라 많은 혼란이 찾아오기 마련입니다. 작가는 아침의 길을 걷고 있는데 저는 저녁의 석양길을 걷고 있는 글이 되어 버릴 수 있어서 저와 특별한 관계가 아닌 이상은 절대 글을 지도하지 않습니다.

모두 다 천재로 태어났지만 자기의 적성을 찾아내지 못하고 지금도 헤매는 사람이 있다면 그 사람은 이 세상에서 가장 불행한 사람 중의 한 사람인 것이다. 여러분은 지금 주어진 생활에 만족하십니까? 다시 한번 말씀드리지만 무슨 일이든 자신을 갖고 가고 싶은 길을 찾아가시기를 바랍니다.

작가(시인)가 생각하는 용산 대통령실은?

누구나 자기가 사는 집이나 근무하는 사무실은 시끄럽지 않고 아늑한 곳이 좋다 할 것이다.

그러나 지금 현재 우리나라 대통령실이 있는 용산은 하루가 멀다하고 시끄럽고 국민들은 불안해한다. 대통령에 취임하면 보통 초창기에는 못해도 5~60% 넘어가고 국민들을 잘 살필 수 있게 지지해주고 잘 사는 나라 만들어 달라고 하면서 새 대통령에게 국민들은 많은 기대를 한다. 그런데 지금 대통령의 지지율은 30%에 달하고 있으며 하루가 멀다고 싸우고 시끄럽다. 무슨 이유라도 있는가?

먼저 청와대 자리를 설명하고 나서 용산 대통령실에 관해 이야기를 해야 할 것 같다. 청와대는 삼봉 정도전과 무학대사가 자리를 잡아주었다는 설이 있는데, 때는 고려시대로 올라가 보자, 정몽주와 정도전은 친한 친구로 지냈는데 실제로는 정몽주가 정도전보다 나이가 다섯 살이나 많고 과거시험도 정몽주가 2년 빠르지만, 성균관에 입학하여 공부하면서 서로 마음이 잘 통하여 그냥 절친한 친구로 지냈다. 1338년 최영의 요동 정벌 운동에 반발하여 이성계가 위화도에서 회군한 이후 서로 힘을 합쳐 나라 살리는 데 앞장을 섰다. 그리하여 정몽주는 고려왕조를 지키기 위하여 이 한 몸 다 바쳤으나 정도전은 반대로 새 왕조 개창을 위해 동분서주하면서 서로 적이 되는 결과를 갖게 되었습니다. 이성계를 중심으로 한 정몽주 정도전 등의 개혁파는 먼저 관문 세족이 가지고 있던 대토지를 몰수하여 농민에게 골고루 나눠주는 토지개혁을 단행했다. 귀족들의 반대는 심했지만, 토지개혁을 성공리에 완수했으나 그 뒤부터는 정몽주와 정도전은 개혁의 방법과 속도를 놓고 다투기 시작하였고 정도전은 고려왕조는 썩을 대로 썩어서 아무리 개혁을 단행한다고 하여도 결코 건강한 나라가 될 수 없다는 것을 알고 오직 새 나라 개창만이 백성이 살길이라는 것을 알고 이성계를 왕으로 만드는 작업을 하여 조선을 세우고 무학대사에게 수도를 정할 자리를 물으니 한양을 점쳐 주자 정도전은 예로부터 제왕이 머무를 곳은 남향을 향했으나 동향하였다는 말은 못 들어봤다며 이의를 달자 무학대사는 내 말을 듣지 않으면 200년이 지나서는 자기 말을 할 것이라고 하여 조선의 수도를 청와대 자리에 앉히게 되었다. 청와대는 정말 명당자리다. 청와대 자리가 세다거나 터가 나쁜 곳은 아니다. 명당자리라 하여도 건물을 앉히는 곳에 따라 조금씩 차이가 있는데 지금의 청와대 자리는 조금 앞으로 나오던지 뒤로 물러서 앉혔으면 그야말로 좋은 자리였을 것이다. 대통령이라 하면 우리는 흔히 동물로 치면 용으로 비유한다. 용이 들어서서 살아야 하는 자리고 여의주를 물고 하늘로 승천하는 자리이기는 하나 무학대사의 말을 듣지 않고 결과적으로 정도전의 말을 듣고 남향으로 앉히는 바람에 권력다툼이 끊이지 않는 자리라 하겠다.

그러면 지금의 용산 대통령실은 어떠한가? 용산 국방부 자리는 그리 나쁜 자리가 아니고 거기도 명당자리 중에 한자리라 할 것이다. 용산이라 하면 용이 사는 곳이고 바로 앞 여의도가 여의주에 해당하여 용이 승천하는 자리여서 많은 별자리가 나는 무인의 자리이다. 그런데 용이 한 마리 살고 있는 곳에 대통령은 동물로 치면 용이라 했으니 또 다른 용이 자리를 잡고 들어선다면 두 마리 용이 살게 되어 두 마리 용은 날마다 서로 하나의 여의주를 차지하기 위해서 물고 뜯고 싸우는 격이 된다. 그러면 어떻게 되겠는가? 날이면 날마다 조용할 날이 없고 서로 권력다툼에 시끄럽고 결국에는 어떤 용이 한 마리 죽던지 포기해야 할 그런 형국이 나타날 것이다. 그러다 보니 우리 국민은 하루도 편할 날이 없고 불안 불안해하며 살얼음판을 걷는 심정으로 살아가야 할 것이다. 용산에서 수 천 년을 지키며 살아온 용이 인간의 용과는 상대가 안 되므로 결과적으로 인간의 용은 꼬리를 내리고 결국 나오게 되는데 우리가 생각하기에는 불과 1년 안에 다시 나오지 않을까 그렇게 생각한다. 그렇지 않다면 우리 국민에게 큰 화가 따르게 될 것이다. 경제가 무너져 IMF가 다시 온다든지 외교와의 마찰이나 북한과의 사이가 극도로 나빠져 무슨 일이 일어날 줄 모르는 상황이 몰아닥칠 줄 모른다. 천공 스님이라는 돌팔이 중이 나타나서 대통령은 그의 그늘에서 못 벗어나고 있어 우리 국민의 더욱 불행의 길을 걸어갈 것이며, 더욱이 윤핵관이란 간신들이 용의 싸움을 부추기고 있으니 그 시기가 더 빨리 올 줄도 모른다. 대통령을 처음 해 봐서 모르는 게 아니라 주위의 참모들이 모든 칼을 들고 설치는 검사들이 주위를 감싸고 싸움을 걸고 있으니 용산의 용은 그것을 가만 놔두지 않고 모두 쳐 내기 위해서 불을 뿜고 달려들고 있으니 우리나라의 앞날은 절대 밝지만은 않을 것으로 생각되기에 빨리 용산에서 빠져나와야 한다고 충고하는 바이다. 용산은 대통령이 들어가 살 자리가 절대 아니다 는 것을 말하고 싶다. 용과 용은 자기가 지키고 살 자리가 따로 있어서 빨리 용산에서 나와 다시 청와대로 들어가는 길만이 우리 국민을 편안히 지키는 길일 것이다. 톨스토이는 이런 말을 남겼다. "현재의 삶에 만족을 못 하는 것은 엉뚱한 곳에서 행복을 찾고 있기 때문이다" 총칼이 난무하는 용산에서 대한민국의 행복을 찾으려 하니 그게 되겠는가 말이다. 용산 대통령실에 관한 이야기를 작가가 본 입장에서 한번 써 본 것이다. 맞고 안 맞고는 모두 개인의 생각으로 판단하시기 바란다.

인생에 힘이 되는 말

미국의 과학자 알베르트 아이슈타인은 우리에게 이런 말을 남겼다.
"인생을 살아가는데 오직 두 가지 방법밖에 없다. 하나는 아무도 기적이 아닌 것처럼 다른 하나는 모든 기적이 기적인 것처럼 살아가는 것이다." 참 의미 있고 인생에 힘이 되는 말이며 깊이 생각할 수 있는 말이 아닌가 생각한다. 그러면서 아이슈타인은 "한 번도 실수를 해 보지 않는 사람은 한 번도 새로운 것을 시도한 적이 없는 사람이다"라고 말한다. 우리는 매일 어떠한 일이든 도전하는 마음으로 살아가는 것이 우리 인간들의 기본 정신이다.

아이슈타인은 또 이런 말을 우리에게 남겼다. "세상은 악을 행하는 자들 때문에 파괴되는 것이 아니라 악을 보고도 아무것도 하지 않는 사람들 때문에 파괴될 것이다."라고 우리는 살아가면서 악을 보고도 그냥 지나치는 경우가 너무 많다. 모두가 yes라고 대답할 때, no라고 얘기할 수 있는 정의가 필요함에도 불구하고 자기와 직접적인 관계가 없다고 피해 버리고 지나쳐버리는 경우가 너무 흔하게 습관화 되어 있다. 왜냐 모난 돌은 정을 맞기 마련이고 정의가 밥 먹여 주는 것도 아닌데 하고 불의를 보고 못 본 척하며 지나가고 나서는 후회하는 경우가 비일비재하다. 정말 지역에 일꾼을 뽑아야 하는데도 눈앞에 현실만을 보며 불의가 판을 치는 금권에 눈이 멀어 지역을 위해 일할 사람을 뽑지 못하고 술밥 사주고 돈 몇 푼에 표를 팔아버리는 양심들이 너무 많은 세상이라 항상 그대로 발전하지 못하고 있고 선거가 끝나는 바로 그 날부터 후회하기 시작한다.

　우리 인간은 동물과 다른 점이 있다면 생각을 하고 살아가고 있다는 것이다. 우리가 살아가면서 마지막 보루요 힘이 될 수 있는 것은 한 가닥의 양심이 있다는 것이다. 마지막 양심만은 지키고 살아가야 하는 것이 우리 인간이다. 정직하고 정의롭게 살아간다는 것은 참 외로운 것이다. 나는 가지고 태어난 본성이 불의를 보면 못 참는 성격을 가지고 태어났으며 자라면서 부모님께 귀가 따갑도록 듣고 자란 말이다. 그 말은 정직해야 한다는 말이다. 하지만 지금 세상에는 정직해서는 살아갈 수가 없는 세상이다. 정직하게 살아가는 길에는 사람이 적고 권모술수가 많은 세상에는 사람이 들끓는다. 나는 어쩌면 시인이 된 것도 정의로운 삶을 살아가고자 함에서 비롯되었다고 해도 과언이 아니다. 글은 거짓으로 쓸 수 없기 때문이다. 시인이 거짓말을 하면 그 나라는 망한다고 했다. 거짓말을 하는 사람은 거짓 글이 탄생하므로 시인은 정직하고 정의롭게 살아가야 한다. 그래서 나는 항상 외로운지도 모른다.

나는 아이슈타인의 명언을 참 좋아하고 자주 이야기한다. 철학자도 아닌 과학자이면서도 우리의 마음을 훤하게 꿰뚫는 인생의 도움이 되는 명언을 너무 많이 남겼다. 우리도 살아가면서 과학자나 철학자는 아니더라도 자기가 살아가면서 지켜야 하는 철학은 가지고 살아야 한다. 나는 단연코 아무리 힘들고 어렵더라도 정직이요 정의라고 생각한다. 아이슈타인의 말처럼 세상은 악을 행하는 자들 때문에 파괴되는 게 아니라 악을 보고도 그냥 지나치는 사람들 때문에 법과 규율이 파괴된다는 사실을 우리는 명심해야 할 것이다. 사람들이여! 양심이 살아있는 곳에는 아름다운 사랑이 있다는 것을 우리는 교훈으로 삼아야 할 것이다. 마음을 혼란 시키는 내적 갈등은 인생을 통제하고자 하는 욕망과 생각에서 비롯된다는 것을 아는 순간 평화로운 감정이 찾아들어 세상은 밝아지리라고 나는 말하고 싶다.

3가지 질문법(what. why. how)

　상대방과 호흡이 아주 잘 맞아 탁구공이 왔다 갔다 하듯이 손발이 척척 맞으면서 막힘 없는 대화를 하는 것을 일명 티키타카라고 하는데, 그런 대화를 잘하기 위한 아주 쉬운 방법 한 가지 알려 드린다면 말을 잘하는 사람보다 더 중요한 건 대화를 할 수 있는 주제를 상대로부터 잘 끌어내는 사람이 더 인기가 많다고 하겠습니다. 하지만 대화하면서 적절하게 질문을 못 하는 사람은 우리가 생각하는 것보다 훨씬 너무 많습니다. 이런 사람을 위해서 어떻게. 왜. 무엇을 사용하는 질문법을 알려 드리겠습니다.

　대화를 하려면 어느 정도 말솜씨가 있어 가지고 받아치는 능력이 있어야 수월하다는 것은 대화의 원칙에 가깝습니다. 첫째 무엇을 해야돼?. 둘째 어떻게 해야돼?. 셋째 왜 하는거야? 하는 3가지의 질문을 던지는 겁니다. what(무엇)은 구체적인 설명을 끌어낼 때, why(어떻게)는 왜 그렇게 해야 하는지 이유가 궁금할 때, how(왜)는 구체적인 방법을 물을 때 사용하면 됩니다. 아주 사소하지만 이 3가지 질문법을 사용하면 무슨 주제로 대화를 하든 자연스럽게 대화를 이끌어 나갈 수 있다는 것을 꼭 기억하셨으면 좋겠습니다.

대화를 어떻게 하느냐에 따라 상대방과의 관계가 좋아질 수도 있고 나빠질 수도 있는데요. 상대방이 거친 말투로 말을 걸어오면 호의를 기대하기는 어렵듯이 우리가 자주 쓰는 말 중에 이런 말이 있지 않습니까? "가는 말이 고와야 오는 말도 곱다"라는 속담처럼 내가 먼저 고운 말투로 이야기를 해야만이 상대방도 고운 말로 나에게 되돌아온다는 것을 먼저 알아야 합니다. 상대방의 말투를 잡고 지적하거나 불쾌하게 생각 하지말고 자기자신의 언어에 문제가 없는지 또한 상대방에게 나눈 대화로 인해 기분이나 마음을 상하게는 안했는지를 점검해야만 서로 원만한 대화가 이루어지는 법이란걸 명심하기 바랍니다.

탁구공처럼 티키타카의 대화에는 자신이 어떻게 대화를 하느냐에 따라 그 결과는 180도 달라지므로 대화하는 방법 또한 아주 중요하다고 하겠습니다. 위에서 말한 3가지 질문법만 잘 익힌다면 적절하게 잘 대처할 수 있으므로 꼭 기억하길 바라면서 what 무엇을. why 어떻게. how 왜 의 질문법 숙지하면서 대화에 임하면 막힘이 없는 대화가 이루어진다고 할 수 있겠습니다. 사람마다 성격이나 대화하는 다양한 방법에 따라 자기와의 의견이 다 다를 수 있기 때문에 내 의견에 반대한다고 해서 기분이 상하거나 불쾌하게 생각해서는 안 되고 상대방의 다양한 의견에 경청하며 긍정적으로 받아들여야만 대화가 통할 수 있고 대화하는 상대방도 불편하지 않을 것이나 자기 의견이 묵살 되었다고 불쾌하게 생각하면 서로 적대감이 생겨 공격적인 자세로 감정적인 대화로 이어져 좋은 결과는 결코 기대하기 어렵게 된다는 것을 명심해야 할 것입니다.

상대방의 대화를 잘 들어주고 서로의 공감 능력을 넓혀준다는 의미에서 긍정적인 태도는 대화의 아주 중요한 하나의 방법이며 반대의 의견이라 할지라도 반대를 위한 반대보다는 상대방의 의견을 존중해준다는 견해에서 고개를 끄덕이며 수긍하여 준다면 그 상대방은 자신의 말투와 행동에 대한 반성을 느끼면서 더 이상의 반대를 하지 않을 것입니다. 대화란 순간적으로 자기의 습관 때문에 실수를 하므로서 상대방의 마음을 상하게 하거나 마음에 문을 닫을 수 있게 하기 때문에 그런 인상을 주지 않도록 최선을 다해야 하는 마음이 꼭 필요할 것입니다.

융통성을 가지는 삶

하늘을 찌를 만큼 지나치게 곧은 나무는 부러지기 쉽다고 한다.
태풍과 폭우 속에서도 살아남는 것은 고집스레 곧게 뻗은 큰 나무가 아니라 바람에 따라 몸을 이리저리 휠 줄 아는 유연한 나무가 그 세월을 버텨내고 살아남는다.

우리 인생에서도 마찬가지라고 본다. 너무 잘난체하고 너무 똑똑하면 그 사람 주위에는 사람이 없다. 빈틈을 보이면서도 따뜻하게 보듬어 주는 사람 옆에는 사람들이 모여든다. 상황에 맞게 베풀 줄도, 배려할 줄도 아는 사람은 삶의 어느 순간에서도 즐거움과 행복을 찾아낸다. 지금 우리에게는 융통성이 필요하다.

미국은 자유주의를 표방하는 국가임에도 국민의 80%가 넘게 과도한 스트레스에 시달린다고 한다. 그래서 미국의 의사들은 환자가 오면 가장 많이 하는 말로서 "스트레스 받지 말고 마음 편하게 사세요"라고 하는 것이다. 어디서나 경쟁이 갈수록 심화 되는 오늘날에 눈에 보이지도 만져지지도 않는 것이 스트레스라는 괴물은 어디에나 존재하며 사람들을 억누르고 있다.

그래서 우리 현대인들은 스스로 스트레스를 해소하는 법을 배워야 한다. 그대로 방치하다 보면 생각지도 않는 신체적, 정신적으로 엄청난 대가를 치러야 할 때가 있다. 우리나라 사람들도 대부분이 스트레스를 받지않고 살아가는 사람은 없다. 잘사는 사람은 잘사는 대로 스트레스를 받고, 못사는 사람은 못사는 것에 대한 스트레스를 엄청 받으면서 살아간다.

나는 살아가면서 힘들 때면 첨철산을 자주 올라가는 편이다. 산에 가면 모두가 평온하고 순리대로 살아가고 있는 자연이 너무 좋아서다. 진도는 눈이 자주는 내리지는 않지만 한번씩 올 때는 많은 눈이 내릴 때가 있다. 하얗게 눈 내리는 절경은 그야말로 돈을 주고도 못 볼 수 있는 아름다운 설경들이다. 눈이 쌓여가는 나무들을 하나씩 관찰하다 보면 어떤 나무는 눈이 쌓여 눈의 무게 때문에 가지가 툭 하고 부러지는 것을 볼 수 있고, 또 어떤 나무는 눈이 어느 정도 쌓이면 탄성이 있는 듯 아래로 축 늘어지면서 쌓인 눈을 떨쳐 버리는 것을 볼 수 있었다.

눈이 쌓이고, 가지가 아래로 축 휘어지고, 눈이 떨어지는 과정이 반복된 덕에 그 나무는 어느 한 군데 부러진 곳 없이 온전한 모습을 유지할 수 있었다. 그것을 보면서 우리 사람들도 어느 정도 스트레스가 쌓인다면 마음을 비우고 욕심을 내려놓으면 된다는 것을 깨닫게 되면서 스트레스에 짓눌리거나 부러지지 않고 살아가기 위해서는 누구에게나 유들유들한 융통성을 발휘하는 것이 내가 결국 건강하게 살아가는 방법이라는 걸 지켜내는 지혜가 꼭 필요하다고 본다.

우리 곁에 점차 사라져 가는 직업들

　모두가 부러워한 신의 직장이라 불렀으나 미래에 사라질 직업에는 무엇들이 속해 있는지 궁금한데요.
　한국고용정보원이 2022년 4월에 발표한 직업정보 보고서에 따르면 향후 5년 이내 업무의 75% 이상이 사라지고 기계와 장비로 대체되어 갈 것이라고 하면서 가장 먼저 사라질 직업으로는 주유소 주유원이 1위로 나타났으면 2위로는 은행 출납사무원으로 나타났다. 3위로는 인쇄기계 조작원, 4위는 상품기획자, 5위는 컴퓨터시스템 설계 및 분석가 6위는 계기 검침원 가스 점검원, 7위는 검표원, 8위는 영업 및 판매관리자, 9위는 보험대리인이나 중개인, 10위는 계산원이나 매표원, 그 외 순위로는 주차관리원, 대중 무용수, 복권판매원, 방문판매원, 포장원, 안내 및 접수사무원 등으로 나타났다.

　직업 대분류로 살펴보면서 75% 이상이 향후 5년 이내에 기계나 장비로 대체 될 것이라는 응답 비율이 가장 높은 직업으로는 영업 판매 운전 운송직(5.8%) 이었고, 그다음으로는 경영 사무 금융보험 직(3.6%) 이었으며, 여행 숙박 경비 청소직과 판검사, 변호사, 경찰, 소방직, 군인들도 점차 축소되고 사라지는 직업으로 높게 분류되고 있었습니다. 신의 직장이라고 여겨지고 불렀던 은행권 직업이 기계 AI로 대체될 것이라고 분석되고 있었습니다. 또한 출납창구사무원과 금융관리자 업무가 75% 이상이 기계로 대체될 직업 30위 안에 속해져 있다는 것입니다. 출납창구사무원은 일반은행, 우체국 등에서 예금 및 출금 업무를 수행합니다. 2019~2029년 중장기 인력수급 전망(한국고용정보원)에 따르면 출납창구사무원은 2019년 약 6천 명에서 2029년에는 5천 명으로 향후 10년간 6천 명 정도가 감소 될 것으로 전망합니다. 그것은 모바일과 온라인을 통한 금융서비스가 늘어남에 따라 점포 수, 임직원 수가 급격히 감소추세로 갈 것이라고 내다보고 있습니다.

가장 안정적인 직장이라고 여기고 고시라고 불렀던 공무원들도 기피하는 직업 중에 한 직업으로 나타나고 있는데요. 대학을 졸업한 젊은 우수한 실력을 갖춘 사람들이 최소한의 기본급으로 월급을 받고 살아갈 수 없고 평생을 모아도 집 한 채 구할 수 없는 공무원이라는 보기 좋은 직장이었던 현실에서 모두가 사표를 쓰고 다른 일자리를 찾는 것으로 나타나고 있다. 9급 공무원이던 A 씨는 대학을 졸업하면서 서울시 토목직 공무원으로 합격하여 시골에서 부푼 꿈을 안고 서울로 올라갔는데. 조그만 단칸방의 원룸을 7천만 원에 계약하고 지하철로 출퇴근을 하였으나 첫 월급을 타고 나니 국민연금 의료보험 등을 떼고 나서 실제로 받는 돈이 170만 원이었다. 생활비와 보험료 등을 제하고 나니 고작 50여 만 원이 모아질 수 있는 돈이었는데, 부모님께서 대출받아 원룸을 얻어 주어서 대출이자를 보내게 된다면 한 달 동안 근무하고 나서 남은 돈은 없다고 생각하면 된다. 그렇게 4개월을 다니다 보니 직장인 대출을 받게 되면서 빚이 늘게 되자 결국 견디지 못하고 6개월 만에 공무원을 그만두 게 되어 다시 고향으로 발길을 돌려야 했다. 지금은 건설회사에 들어가 현장소장을 하면서 받는 월급을 꼬박꼬박 모으면서 마음 편히 살아가고 있다는 것이다.

젊은 인재들이 결국 직장을 그만두고 건설 현장에 일당제를 선호하 고 자기 개인사업을 하려고 하는 것도 모두 다 일자리는 좁아지고 직장 생활을 해서는 평생을 모아도 집 한 채 구하지 못하는 결론이 따르기 때 문에 그러면서 컴퓨터와 기계에 밀려 직장도 구하는 것도, 하늘의 별 따 기가 되어 젊은 사람들은 갈 곳은 더욱더 없어질 것이다. 청년들은 우리 나라를 앞으로 책임질 중요한 주축이고 미래의 주인이자 이끌고 갈 사 람들이 갈 곳을 잃고 헤맨다면 우리나라는 미래가 없다. 더욱이 앞으로 젊은 사람들이 노인인구의 3명까지 국민연금을 받도록 적잖은 연금보험 료를 내야 하는 것으로 나타났다. 청년의 일자리를 만들고 청년들의 사 업을 적극적으로 지원해 주는 정부의 정책이 절실히 필요한 때라고 생각 한다.

좋은 관계를 유지하려면

우리가 살아가면서 누군가와의 좋은 관계를 유지하려면 먼저 자신의 매너를 살피는 게 중요하다. 보통 하는 말로 예의가 바른 사람은 인간관계도 좋다고들 한다. 상대에게 다가가거나 말을 걸 때는 항상 공손히 예의를 갖추고 밝고 환한 표정으로 다가가는 것을 잊지 말아야 한다. 그건 곧 상대에 대한 배려이고 자신에게는 지켜야 할 매너이기 때문이다.

처음 보는 사람이 너무 경솔하게 웃는다거나 또한 차가운 표정을 짓는다면 왠지 거리감이 느껴지고 선뜻 다가서지 못하고 경계하면서 접근하기 매우 어렵게 느껴질 것이다. 언제 어떤 장소든 간에 첫인상이 매우 중요하다. 처음 만나는 사람이 공손히 인사를 건네고 포근하고 따뜻한 표정을 지으면서 다가온다면 친근감 있고 상대의 마음도 편해져서 처음 보는 사람이라 할지라도 매우 긍정적인 이미지를 주게 되어 거리감이 없어지고 가깝게 느껴지는 상황이 연출된다.

특히 사회생활을 하면서 영업할 때는 그 사람의 몸에 밴 매너가 매우 중요하다. 첫인상 하나로 계약이 이루어지거나 이루어지지 않는 경우가 허다하다. 그만큼 첫인상이 중요하다는 것이다. 대화의 자리에서 비스듬히 몸을 기댄다거나 발을 무릎에 올린다거나 팔짱을 끼고 다리를 흔든다거나 하찮은 목소리 톤으로도 그 계약은 이루어지거나 불발되는 경우가 우리 주위에 흔하다는 것은 분명한 사실이다. 이왕 영업하거나 세일즈맨으로 활동하려면 적극적인 자세로 공손하게 밝게 나온다면 상대는 참 괜찮은 사람이구나 "저런 사람은 도와주어야 해"하는 마음이 스스로 우러나오도록 그리고 예의 바르고 자신감 넘치는 좋은 사람으로 그 여운이 오래 남도록 인상을 주어야 좋은 사람으로 오래 기억될 것이다.

또한 사람을 만날 때는 상대방과의 대화를 나누면서 말솜씨 하나 손짓과 발짓 하나에도 신경을 쓰고 바른 자세로 품위 있고 위풍당당하게 바른 자세를 갖추고 대화에 임해야 한다. 그렇지 않을 때는 대화하는 도중에도 대화에 집중하기보다는 불쾌한 마음으로 대화가 겉돌고 진정한 대화가 이루어지지 않고 아무리 좋은 아이디어로 설득을 한다 해도 건성으로 넘어가고 만다. 그래서 좋은 관계를 유지하려면 좋은 매너가 아주 중요하다고 말한다. 바른 자세로 적극적인 대화를 이루어 낼 때 그 사람을 믿고 성의 있는 사람으로 인식하게 된다.

한마디의 말이 천 냥 빚을 갚는다는 우리나라 속담이 있듯이 좋은 말을 하는 사람에게는 그만큼 대가가 따르게 된다. 매너는 사회생활이나 가정생활에서도 좋은 인간관계를 형성해주는데 가족이나 주변으로부터도 인정받는 데 큰 역할을 하게 된다. 똑같은 말을 하는데도 어떤 사람은 상대를 기분 나쁘게 만드는 사람이 있고 어떤 사람은 상대를 매우 기분 좋게 만드는 사람이 있듯이 전달하는 방법에 따라 상대방의 감정을 들었다 났다 한다. 항상 부드럽고 따뜻한 말씨로 말하는 좋은 습관을 분명히 몸에 지니고 가져가야 한다.

마지막으로 좋은 관계를 유지하려면 자기의 옷차림에서도 상대방에게 영향을 주게 되므로 복장에도 많은 신경을 쓰도록 항상 염두에 두고 깨끗하고, 단정하게 입는 것은 상대방에게 신뢰감을 주게 된다, 자기의 개성도 중요하다고 하지만 상대방과 사적인 장소인지 공적인 장소인지에 따라 이와 같은 상황에 잘 맞는 복장의 예의도 바른 관계를 유지하는데 꼭 필요하다고 봐야 할 것이다.

인생은 공수래 공수거로 참 허무하다

요번 제가 태어나 사는 시골 마을(석현)에 승용차가 서너 대 멈춰 서 있다.

나는 가던 길을 멈추고 차에서 내려 무슨 차이길래 비상들을 켜고 있느냐 무슨 사고라도 난 것이냐 하면서 지켜보면서 지나갔다.

마을 사람들 누구도 나와 있지 않고 차에서 내린 젊은 사람 몇이와 앳된 얼굴에 여자아이들이 산으로 올라가고 있는데, 거기에는 산과 맞물려있는 밭으로 마을 사람의 선산인데 거기로 올라가서 잠시 스치는 이상한 느낌으로 광주 후배들에게 전화를 걸어보았다. 나의 느낌은 적중했다. 광주에서 문흥동 털보네 집 하면 모른 사람이 없을 정도로 장사가 잘되는 고기집으로 아주 유명한 집이다. 후배는 누나가 하던 가계를 인수받아 운영하는데도 워낙 이름이 많이 알려져 광주에서 거의 톱에 가까운 장사가 잘되는 식당이었다고 한다.

그러면서 후배는 문흥동에서 젊은 유지로 활동하면서 많은 봉사를 하고 선후배를 잘 챙기는 예의까지 갖추어 항상 사랑받는 후배였다. 그러다 보니 아는 고객이나 선후배들이 찾아오면 대접하고 대접 받다보면 항상 술에 취해 살아간다고 해도 과언이 아니다. 그러다가 가게가 끝나고 문 닫으면 2차 3차까지 이어지는 술자리를 이겨내는 장사는 없다. 그런 세월을 20년 가까이 하다보니 몸에 이상이 와서 진찰해보니 간암 판정을 받았다. 수술을 하고 나서 어느 정도 완치판정을 받았으나 가게를 접지 않는 이상 술을 피할 수 없어 다시 술을 먹게 되어 결국 암은 재발 되고 시한부 판정을 받고 결국 이번 5월28일 62세의 일기로 세상을 떴다.

후배들 중에서도 제가 아끼는 후배중에 후배이다. 석현리 한마을에서 태어나 초등학교 중학교 그리고 광주로 고등학교를 와서도 숭의실고를 나와 후배들중에서 초중고를 같이 나온 특별한 후배여서 많이 사랑하고 이뻐했던 후배였는데, 너무 이른 나이에 하늘나라에 간 것 같아 무척 안타깝고 아쉬움이 남는다.

인생은 참 허무한 것 같다. 후배의 부모님 두 분 모두 살아계시는데 자식을 가슴에 묻고 얼마나 많은 서글픔과 고통에 시달리는지 짐작이 간다. 아무 티를 내지 않고 오늘도 밭에 나가 후배 부모님은 김을 매고 계시는데 전과 같지 않고 많이 수축해 있다. 어떤 위로의 말도 못 드리고 있다. 아니 다시 자식 이야기를 꺼낼 수가 없었다.

인생은 공수래 공수거인 것 같다. 빈 수레로 왔다가 빈손으로 가는 것이 인생인데 너무 아등바등 살지 말고 좀 편하게 살아갔으면 좋겠다. 저는 친구들에게도 이제 벌 만큼 벌고 살 만큼 살았으니 늙어가는 노후는 고향에서 함께 지내자고 자꾸 말한다. 오늘도 6월의 따거운 태양은 후배의 묘지석을 비추며 서서히 서산을 넘는다. 인생은 참 허무하다.

뒤로 물러나야 이기고 승리하는 길

앞으로 달려 나가서 1등도 하고 승리하는 길도 있지만 뒤로 물러나면서 뒷걸음질 치는 것도 이기는 것이 있다.

여러분은 지금 어리둥절하고 있을지 모른다. 저에게 이상한 사람 아니냐 하면서 손가락질할지도 모르지만, 세상에는 분명히 정해져 있다. 일상적으로는 달리기나 마라톤 같은 모든 경기가 앞으로 달려가서 먼저 테이프를 끊어야 1등이고 이기겠지마는, 딱 한 가지 경기가 있는데 그것은 뒤로 물러나야 결국 이기는 경기가 있다. 그게 바로 줄다리기 경기이다.

줄다리기는 상대에게 이기기 위해서는 죽을힘을 다해 뒤로 계속해서 물러나야 결국 이기는 경기이다. 내가 앞으로 나아가는 것은 결국 상대 팀에게 지는 결과이기 때문에 죽을힘을 다해 뒤로 물러나면서 상대를 우리 쪽으로 끌고 와야만 그 경기는 끝이 난다. 저도 한때는 선거에 나가서 앞으로만 나아가 이기려고만 했었는데 선거를 포기하고 뒤로 물러서서 보니 세상이 보인다. 꼭 앞에 나아가서 당선되는 것만이 이기는 길이 아니었다는 것을 이제야 깨닫게 되었다는 것이다. 신문사를 차려놓고 보니 세상에 안 보이던 모든 것들이 한발 물러서 멈춰서서 보니 제가 할 일이 더 많아지고 잘 보이는 것이다. 잘못된 것들을 하나하나 지적해서 지적기사를 쓰면 기사에 따라 관청에서 고쳐 나아가는 것을 보고 요즘 참 행복함을 느끼고 신문사를 잘 선택했다고 본다.

줄다리기는 거의 힘이 같으면 승부가 잘 갈리지 않고 티키타카처럼 왔다 갔다 하다가 모든 힘이 다 빠져 결국 무승부로 끝날 수도 있는데 그렇게 되면 서로에게 상처로만 남게 된다. 그의 대표적인 예로 보면 가정에서 부부싸움을 하면서 서로 지지 않으려고 부부간에 감정을 드러내어 싸우다 보면 가슴에 담고 살아야 했던 지난 일들과 지금까지의 조그마한 서운한 감정까지 나오게 되면서 험악해지고 육두문자에 폭력도 오고 갈 수가 있다. 그러면 결국 이기는 승자가 누구인가 남편인가 아내인가? 상처뿐이다. 그래서 부부싸움은 칼로 물 베기라고도 하지 않았던가, 부부싸움은 승자나 패자 없이 한발 물러나는 사람이 결국 이기는 것이 아닐까 하여 줄다리기에 비유를 한번 해 보았다.

세상이 삭막해지고 누구에게 지고 살아가려고 하는 사람들이 없다. 많이 배우고 안 배우고의 차이도 없어지고 모두 자기 방식대로 살아가고 지시받거나 아부하지 않고 살아가다 보니 가까운 친구들에게도 서로 자존심 싸움으로 벌어지는 경우가 비일비재하다. 조그만 한 서운함에도 등 돌리고 친구 하나 버린다는 식으로 떠나가는 사람들이 많은데 여기에서도 줄다리기 경기가 작용해야 한다. 서로 조금씩 양보하면서 뒤로 한 발씩 물러서는 미덕은 그 사람을 포용하고 물러서는 게 친구를 지키고 결국 이기는 경기라는 것이다.

그리고 줄다리기도 빨리 이기려고 힘껏 잡아당기면서 뒷걸음질 치려다가 자기 몸이 먼저 뒤로 제쳐져서 넘어지는 수가 있는데 그러면 모든 게 끝나버린다. 넘어지는 순간 상대는 그때를 놓이지 않으려고 잡아당기면 넘어진 상태에서 쉽게 앞으로 빨려 들어가 경기는 지고 만다. 상대의 마음을 읽으면서 서서히 끌어오며 뒷걸음을 한발 한발 물러서는 것도 우리가 배워야 할 솔로몬의지혜이고 세상을 이기는 길이지 않을까 한다. 여러분의 생각은 어떻습니까?

언론인의 역할이란?

　기자란 쉬우면서도 참 어려운 것이 기자라는 직업인 것 같다.
　항상 붙어 다니는 단어가 정론직필이다. 그런데 정론직필로 올바른 기사를 쓰고 싶어도 보이지 않는 장애물이 너무 많은 것 같다. 그럴 때 언론인으로서 후회하는 경우가 여러 번 있었다.

　옳고 바른 신문을 만들겠다고 뛰어든 것도, 진도를 혁신시켜보겠다고 시작한 것도 신문이요. 가까운 이웃보다도 지인보다도 일가친척보다도 군민의 알권리가 첫째로 제일 중요하다고 생각하고 저는 기사를 쓰고 떳떳한 언론인의 길을 걷고자 했다. 벌써 신문을 시작한 지 1년이 다 되어간다. 제가 글을 쓰기 시작한지도 어언 40년이 다 되어가다 보니까 신문 신자도 모르면서 신문을 시작하게 되었고 기사를 쓰면서 지금까지 왔다. 독자들에게 어떨 때는 미안하기도 한다. 기사 제목을 정하기도 힘들고 내용도 어떨 때는 감을 잡지 못하고 읽었을 때도 있었을 것이라고 생각이 든다.

또한 어떨 때는 참 흐뭇할 때도 있는데, 항상 지적기사를 1면에서부터 3면에 자주 써오다 보니, 기사를 보고 시정하고 고치고 어떻게 하면 좋겠냐고 문의하는 경우를 볼 때는 정말 우리 군민들의 대변자로서 역할을 다하고 있다는 자부심도 갖는다. 조금 심한 지적기사를 쓰면 관청에서는 민감한 반응으로 나오는데, 그 이유는 정부에서 청렴도 순위를 측정하는데 불이익을 당한다고 하여 자제해달라고 때로는 엄살을 부리기도 한다. 쉽고도 어려운 것이 언론인의 역할이라고 본다.

제가 신문을 시작하고 느낀 건데, 건설업 면허를 가지고 있는 사람이면 거의가 기자증을 가지고 있는 것으로 드러났다. 조금 특이한 현상인데 우리 진도가 더욱 심한 것 같다는 생각이 든다. 그 이유는 분명히 있고 저도 감은 잡았는데 밝혀서는 안 되는 민감한 문제다. 그렇게 넘어가야 한다. 제가 신문을 한다고 하니까 사람들은 인터넷 신문으로 하지 돈도 많이 들고 경비도 많이 나는 지면으로 하느냐고 하는데, 우리 진도는 진즉 초고령화 사회로 진입한 지도 오래되어 노령의 어르신들은 평생을 신문을 읽고 살아왔기 때문에 인터넷보다는 지면으로 된 신문이 잘 통할 것 같아 그렇게 하고 있다.

신문을 하다 보니 아니 기자라는 언론인으로 살아가다 보니, 좋은 그것보다는 안 좋은 것이 더 눈에 선명하게 들어오고 또한 저의 진도 혁신일보는 정론·직필이라는 언론보도를 하고 있어서 타 신문사보다도 제보가 더 많이 들어오는데 타 신문사에서 싣기 어려운 말썽의 소지가 있거나 관의 눈치를 보아야 하는 기사들은 저의 신문사로 제보가 쏟아져 들어온다. 정말 공무원의 가족들이 한통속이 되어 정직한 군민을 힘없는 군민을 우롱하는 것을 보고 여러 신문에 연속으로 기사가 나와도 끔쩍하지 않는 배짱은 어디에서 나오는지 두고두고 끝까지 지켜볼 것이다. 저는 어떠한 경우에라도 군민의 대변자로서 군민의 알 권리를 제공하고 정의와 정직으로 원칙을 고수하면서 불의와 싸우면서 언론인으로서 역할을 다할 것이라고 마음먹어 본다.

공정과 상식

공정과 상식이란 무엇인가?

지금까지 공부하면서 글을 쓰고 사람들을 만나고 사회생활을 하면서도 나는 아직 공정과 상식이란 말을 모른다. 아니 내가 배워왔던 공정과 상식이 공정과 상식이 아니라는 것이다.

사람이 살아가는 데는 사회의 구성에는 공정과 상식을 앞세워 그 원칙에 맞게 모든 일을 이끌어 가는 게 상식이라고 생각하는데 지금 이 시대의 공정과 상식은 전혀 다른 것이다. 대통령도 공정과 상식을 부르짖으면서도 공정이 없고 장관이나 고위직에 있는 양반들 그리고 정치인들도 모두 다 마찬가지다.

자기가 하는 말은 공정에 맞고 다른 사람들이나 민중들이 하는 말은 가짜고 유언비어이고 공정이 아니라는 것이다. 공정이 먼저냐 상식이 먼저냐. 요즘 총선을 눈앞에 두고 서로들 공천받겠다고 원칙도 무너지고 상식도 무너져 버렸다. 자기에게 공천을 주지 않는다면 중대 결심을 내리겠다고 벼르는 것이 상식이 되어버렸다.

우리는 공정과 상식으로 세상을 바라보아야 한다. 공정이란 우리가 살아가면서 지켜야 할 규칙이나 법칙 그리고 여러 명제가 도출되는 기본 논제를 의미한다. 우리가 살면서 일상생활에서도 수많은 선택을 하게 되는데, 공정은 우리에게 올바른 방향성을 제시해 주고 필요 이상의 욕심으로 복잡해질 때 실질적인 필요한 것만 취할 수 있도록 복잡함을 우리에게 간결하고 명확성을 제공하는 것이 공정이고 원칙이라 한다.

공정은 무조건 따라야 하는 규칙은 아니다. 가치와 신념은 반영하지만, 상황에 따라서는 유연하게 접근하는 것도 하나의 방법이다. 공정은 행동의 기준이며 정부의 결정과 일관성 예측 가능성을 제공하면 국민은 믿고 정부를 신뢰하고 따라야 하는데 오늘날 그게 무너져 정부의 어떤 말이나 정책에도 믿음이 가지 않는다고 한다.

공정과 상식, 상식이란 특정 사회에 속한 구성원이 문화와 지식을 습득하는 것을 상식의 개념으로 두었다. 전문적인 지식이 아닌 일반인들이 지니고 있어야 할 정보와 지식. 이해력. 판단력. 사리 분별 능력들을 상식의 척도로 보는 것이다. 서로 모순이 되는 경우 주로 가치 판단을 할 때 이중잣대를 들이댈 때 상식이 많이 쓰인다. 가능한 공정한 잣대를 가지고 문제가 있다고 생각하는 것은 왜 문제가 있는지를 명확하게 따지는 것도 필요하다.

그런데 요즘은 어떠한가?

검찰 공화국에서는 공정과 상식이 존재하지 않는다는 것을 우리 국민은 알아차린 것이다. 콩으로 메주를 쑨다 해도 믿지 못하는 세상이 되어 버렸다. 한 사람을 잡기 위해서는 인디언 기우제 지내는 식으로 탈탈 털면서 끝까지 물고 늘어지는 악랄함은 대한민국을 공정과 상식이 없는 공포의 세상을 만들고 있다 하겠다.

인지부조화

자기가 어떤 일을 했을 때, 다른 사람들이 옳다고 잘했다고 해 주어야 하는데, 눈짓을 주고 질타했을 때는 자기가 한 일이 잘못되었다고 생각하게 되고 자기가 죄를 지은 것처럼 자기 생각과 일치되지 않은 상황을 만나게 되면 마음이 편하지 않게 되는데, 이렇게 서로 모순되어 양립할 수 없는 불균형 상태가 되는 것을 인지부조화라 한다.

우리는 보통 인지부조화의 상황을 맞게 되면 자기의 생각을 변화시켜야 하는데 변화시키기는커녕 모든 상황을 자기 생각에 맞추려고 한다. 만약에 자기가 대통령을 찍어서 그 사람이 대통령이 되었는데 그 대통령이 형편없이 엉망으로 정부를 이끌면서 모든 국민한테 욕을 먹고 있다면 자기가 대통령을 잘못 뽑은 죄인이 되는데 이런 것을 보고 진짜 인지부조화라고 한다.

인지부조화는 상대를 악마화시키고 나쁜 놈을 만들어야 하고 빨갱이를 만들면서 자기 자신을 정당화시키고 자기가 옳았다고 확정 편향을 만들기 위해서는 그런 생각과 충돌하는 정브는 모두 배척하고, 그리고 조금이라도 자기에게 유리한 정보들은 어마어마하게 부풀리면서 자기에게 불리한 정보는 가짜뉴스라고 하는 경향이 짙다.

마음이 건강한 사람들은 자기 몸을 유지 관리하기 위해 운동을 하면서 자기 자신을 가꾸는 것에 비해, 그렇지 못하는 사람은 힘 자랑을 하고 폭력을 행사하면서 남에게 인정받으려 하는 경향이 많은 데 이것을 인정욕구라고 한다. 세상을 살다 보면 자기가 하는 일이 모두 다 옳은 것만은 아니고 모두 다 맞는 것만은 아니라고 본다. 그렇다고 해서 자기의 존재가 부정당하는 것은 아니다. 틀린 것도 인정할 수 있는 것은 그만큼 성숙한 인간이라고 증명하는 것이다.

개인이 가지는 태도와 행동 간에는 비일관성이 존재하게 되면 인지부조화를 해결하기 위해 행동 및 심리변화가 있어야 하는데, 양립할 수 없는 지각의 한쪽을 수정하는 노력을 취하게 하여 조화와 균형의 조건을 회복해야 한다. 사람들은 자신이 추구하고자 하는 것을 끊임없이 찾고자 하는데 그것을 못 찾을 때는 억지로라도 만들어 내기도 한다.

지금 우리나라가 인지부조화 상태인 것 같다. 정부가 원하지 않는 것은 들으려 하지 않고 마음을 닫고 있다. 정부에서는 인지부조화를 감소시키기 위해 무조건 정부의 결정이 옳다고 이해시키려 한다. 정부는 국민들의 내면의 부조화를 다룰 수 없으므로 정부의 결정이 옳고 믿음을 증명하기 위해서는 나쁜 결과와 대항하여 싸운다. 변명거리를 찾고 그러면서 정부의 정책이나 의견을 정당화할 수 있는 이유를 찾는데 정부는 그러면 안 된다.

자기가 티브이를 아주 좋다고 선전하길래 믿고 비싼 돈을 주고 샀는데 실지 사용해 보니 그렇게 좋지 않았고 서비스도 엉망이었다면 이런 곳에서 인지부조화가 생긴다. 정부에서 일본의 핵폐기 오염수가 괜찮다든지, 대통령이 외국에 수많은 혈세를 썼으면 소득이 있던지 국익에 도움이 되어야 하는데, 아무런 효과를 보지 못한다면 국민은 그래도 박수쳐야 할 것인가? 한번 물어보고 싶다.

반지성反知性의 사회

 쉽게 말해서 반지성은 지성에 반대되는 것. 지성에 반대하거나 어긋나는 것을 말한다.
 내가 왜 이런 글을 쓰는지 모르겠다. 요즘 우리 한국 사회는 반지성 사회 증오의 사회가 되어버렸다. 지성적인 논의나 합리적인 논쟁이 사라지고 서로 편 가르기의 진영논리로 반지성적인 사회가 되어 버리고 말았다. 정말 비극적인 것은 정부를 움직이는 권력의 힘은 더 이상의 지성이 아니라 반지성 증오의 사회 광기의 사회로 전락하고 말았다.

 우리나라의 정치권과 각 분야의 지식인 지식층들이 반지성 증오의 사회가 광기를 부리고 있으면 고치고 제어하기 위해 노력하는 것이 아니라 자기들이 더 앞장서 부추기고 있으면서 자기 진영에 지지를 끌어내면서 SNS 유튜브 펜덤 정치의 시대에 편승하여 있는데 지식인들은 스스로 뒤를 돌아보고 적대 진영에 있어서도 무조건 증오 대신 합리적인 논쟁과 절제를 실천할 수 있도록 주문해야 한다.

　인류문명과 인간의 공동체적 삶의 실천인 정치에서도 격이지 않는 마음이 중요하다. 한국의 정치 현실을 바라보는 상당수 사람의 마음은 철없는 어린애들의 불장난처럼 쓰다 버려져 땅바닥에 나뒹구는 보잘것없는 쓰레기 같은 정치다. 왜냐하면 서로 이 핑계 저 핑계 대면서 헤어질 결심을 하고 균형과 조화는 적대적인 것을 양산하고 증폭시키고 있다. 지성은 개념적으로 사유하는 능력을 감각적 능력에 상대하며 감성은 자극에 대하여 느낌이 일어나는 능력이다.

　반지성적인 행태를 보면서 생각건대, 세상을 함께 살아가기 위해서는 공감 능력이 매우 중요하다. 개인적인 공감에서 사회적 공감으로 확대되는 과정에서 가치와 판단에 충돌을 느끼게 되는 것은 있을 수 있는 일로서 사회적 공감이 확대될수록 사회적 행복도 커지는 방향으로 상황이 바뀌게 된다고 생각하고 있다. 펜덤들의 반지성적인 행태에 비록 사회적 공감이라 하더라도 과거 나치즘이나 파시즘처럼 가장 반동적이고 가장 야수적인 선동은 용납되어서는 안 된다.

　반지성주의 사회에서는 앵커링 효과란 것이 나타나는데 그건 어떤 기준에 얽매이는 심리적 편향을 말하는데, 아무리 증거와 사실을 제시해도 별 소용이 없는 것은 앵커링 효과 때문에 그렇다고 한다. 처음 접한 정보, 가까운 사람이 전해준 정보에 확신을 갖고 믿어버리는 반지성적 앵커링 효과다. 반지성이 판을 치는 세상 모든 여론은 반지성이 주도를 하면서 세상을 이끌어간다. 반지성인은 현재 정부와 같다. 반지성은 거짓말이 뛰어난다. 거짓말하다 걸려도 어떤 변명을 해서라도 그냥 넘어간다. 얼굴에 철판을 깐 사람들이 끝까지 살아남아 사회를 괴롭히고 우리를 괴롭히는데 그게 반지성 주의의 사회의 현상이라 한다.

중우정치란 떼거리 정치를 말한다

어리석은 군중들에 좌우되는 정치를 말하며, 어쨌던 이성보다 일시적인 충동에서 다수결의 원칙을 거치지 않고 어리석은 군중들로 이루어지는 정치를 중우정치라 말한다.

오늘날 민주주의라는 국가에서도 원칙과 법치보다는 다수의 군중들이 이끌어가는 떼법이 우선하는 정치며 난폭한 사람들의 이끄는 폭민정치 빈민정치 라고도 한다. 대중적인 인기에 편승하고 인기에 집중하는 사회적 병리현상으로 무절제로 치닫는 현상으로 떼거리 다중의 정치로 이끌어 시민이 지켜야 할 덕목을 무시하고 중우정치로 변질되어 가고 있다 하겠다.

중우정치를 반대하기 위해서는 지혜와 용기. 절제와 정의라는 덕목을 추구하면서 옳고 그름의 판단을 할 수 있는 민주정치가 주도해야 한다고 생각한다. 요즘 여야의 정치를 보면 서로 심술을 부리고 분노한 입장에서 흠집내기를 매일 일삼고 있는데, 메스미디어라 부르는 정부의 방송 장악에서 국민의 귀를 막아버리는 편파보도로만 일삼고 있다.

　지극히 일반적인 생각을 가진 사람이라 할지라도 언론이나 티비뉴스를 보면 정부의 선전기관이며 권력욕에 빠진 미치광이의 행동으로 국민들을 희생시키고 있다. 멈출 줄 모르고 날뛰는 미치광이 정치는 이제 끝내야 하는데도 정부에서는 느끼지 못한다. 아니 정부가 무너질 것 같아 막무가내로 버티고 있는 것이다. 이건 독재자에게서나 느낄 수 있는 것으로 의롭지 않은 악인들이 떼거리로 모여 어마무시한 음모를 꾸미고 국민을 완전한 바보로 만들어 버린다.

　민주주의가 중우정치에 빠질 때에는 자유와 정의 같은 것도 살아남지 못한다. 떼거리 몰지각한 사람들에 폭거와 폭동이 일어나고 다수의 의사결정도 파행을 겪으면서 민주주의는 위기에 봉착하게 되는데 그런 파행과 모순을 비판한 사람들이 더 어리석게 보이는 것이고, 올바른 판단력을 상실한 대중들이 세상을 좌지우지하는데 그게 말하는 중우정치의 현실인 것이다.

　민심은 천심이라고 한다. 민주주의가 나쁜 방향으로 변질되면 민주주의 체계를 구축해야 하는데, 가장 큰 문제는 리더십의 부재로 이어지기 쉽다. 무관심이나 비이성적인 대중들은 새로운 것에 관심을 갖거나 적극적으로 참여하기보다는 익숙한 정치 행위가 반복되는 우려가 현실로 나타나고 있는데 다수결의 원칙이 꼭 옳다거나 좋은 의견이라고 생각하는 것은 위험한 생각이나 중우정치에서는 지나친 신뢰로 맹신하고 있다.

최선을 다하는 삶은 행복이다

미국의 영화배우 제임스 딘은 이런 말을 남겼다. "영원히 살 것처럼 꿈을 꾸고 내일 당장 죽을 것처럼 오늘을 살자" 이 말은 즉 꿈은 원대하게 갖고 오늘이 마지막이라는 생각으로 삶에 최선을 다하자는 말일 것이다.

요즘 사람들은 특히 젊은 사람들이 꿈이 없다. 원칙과 상식이 없는 세상이 되다 보니 반칙이 날뛰고 학교에서 배운 공정과 상식이 없어져 젊은 사람들의 의욕이 땅에 떨어졌다. 정직하고 착하게 살라고 배운 공부가 필요 없는 세상이 되다 보니 한탕주의가 성행한다. 그게 지금 대한민국의 현실이다.

우리는 행복하기 위해 최선을 다한다. 행복한 사람이 따로 있는 것도 아니요, 행복이 저절로 굴러들어 오는 것도 아니다. 행복은 자기 자신이 행복을 학습하고 행복 하고자 노력할 때 찾아오는 것이다. 그래서 행복은 마음먹기 달려있다고들 하는 것이다. 행복해지고 싶다면 자기의 마음을 들여다보는 시간을 갖고 노력하지 않는다면 행복하기 어렵다고 생각한다.

랄프트라인은 "행복은 마음속에 있다"면서 세상을 밝게 보는 사람도 있고 세상을 어둡게 보는 사람도 있다. 행복은 자기 마음 안에서 찾으라고 강조한다. 열심히 살자. 열심히 사는 것이 지상 최고의 행복일 것이다. 불평불만이 있는 사람은 매사가 불평불만으로서 마음도 변하고 얼굴도 분명히 변하여 첫인상에도 나타난다. 사람은 사람답게 살아야 사람이다. 사람은 양심이 있어야 하고 정직해야 하고 최선을 다해야 사람답게 사는 것이다.

나는 참 좋은 인연을 보았다. 20년 전의 일이다. 정직하고 열심히 살았던 어떤 사람이 주위 사람들의 보증을 서주어 가정이 완전 파탄의 지경에 이르렀을 때, 그의 친구들이 힘든 친구 한 사람 살리자고 하면서 5명의 친구들이 500만원씩 내놓기로 하여 2,500만원을 만들어 그 친구에게 전해주면서 희망을 갖고 꼭 성공하길 바란다. 성공하면 꼭 갚아달라고 주문을 했다. 그렇게 해서 그 사람은 부인과 함께 식당을 차렸다. 식당을 차리고 나니 도움을 주었던 친구들이 와서 먹어주고 주위에 선전을 하면서 식당은 서서히 일어나고 있었다.

어렵던 그 친구를 도와줄 때는 혹시 또다시 잘못될 수도 있을까 봐서 친구 5명은 그냥 포기하고 준 돈이었다. 그러나 경각심을 심어주기 위해서 다음에 꼭 갚아달라고 했지 꼭 받으려고 했던 것은 아니었다. 도움을 받은 그 친구는 정말 새벽에 일어나 시장을 봐와서 아침 식사 준비를 하는 등 개미처럼 일하면서 살았다. 그러다 보니 어느덧 식당은 성공의 가도를 달리고 있었고, 친구들이 빌려준 돈을 갚을 정도의 여력이 생겨 가장 먼저 친구들을 불러 식사자리를 만들었다. 식당을 하는 그 친구는 5명의 친구들의 손을 잡으며 뜨거운 눈물을 흘리면서 내가 일어설 수 있게 도와주어서 그동안 고마웠다고 하면서 이자는 없지만 본전은 드려야 내가 편히 살 것 같아 준다면서 다섯 명의 친구에게 500만원이 든 봉투를 돌리고 있었다. 그러면서 여러분은 저의 생명에 은인으로 죽음의 길목에서 건져주고 다시 희망을 갖고 살아가게 해 준 그 은혜는 내가 눈을 감는 시간까지 그 은혜를 잊지 않겠다고 했다.

참 아름다운 우정이었다. 글을 쓰는 나는 아직 그런 우정이 없다. 그렇다고 세상을 잘 못 산 것은 아니지만 말이다. 열심히 최선을 다하는 사람에게는 "하늘은 스스로 돕는 자를 돕는다"고 했다. 저는 늘 아버지께서 말씀하시던 귀에 익숙하게 박힌 말이다. 지금부터라도 더 열심히 살아야겠다.

죄는 지은 자에게 가고, 공은 닦은 자에게 간다

저는 정치를 하면서 해남경찰서 유치장에서 6개월가량을 살고 나왔다. 해남경찰서 유치장에서는 1심판결을 받을 때까지 유치되어 있는데, 지금은 해남 교도소가 생겨 해남경찰서 유치장이 없어졌다고 한다. 1998년 지방의회 선거를 끝나고 상대 후보에 의해 국회의원과 합작으로 나를 명예훼손, 무고죄로 법정구속을 시켰다.

제가 유치장에 살았다는 게 자랑이 아니라 유치장에 있을 때, 아침저녁 점호시간에는 감방 벽 쪽에 반성문이 붙어있는데, 군대에서 "군인의 길"을 외우듯이 반성문을 달달 외워야 점호가 조용히 끝난다. 만약자기 감방에서 외우지 못했다면 점호가 끝나고 감방장에 의해 두들겨 맞고 얼차려를 몇 시간이고 끌고 가곤 한다. 그래서 시간만 있으면 반성문을 외우고 있는데 반성문의 글귀 속에는 이런 말이 있다. "공은 닦은 자에게 가고 죄는 지은 자에게 간다." 이 말은 내 가슴에 뼛속 깊이 남아

있다. 제가 세상을 살아보니 어쩌면 그렇게 정확하게 표현했을까 하면서 내게 철학으로 남아있다.

이 세상에는 참 좋은 사람들이 많다. 나쁜 사람은 정말 극소수임에도 이사회가 나쁜 사람들로 가득 찼다고 하는데, 거기에는 그럴싸한 답이 내재 되어 있다. 그 말이 무슨 말이냐, 좋은 사람 100명 중에 나쁜 사람이 1명 있는데, 좋은 사람들은 착실하게 조용하게 살아가지만 나쁜 사람 1명이 여기저기에서 설치고 다니고 못된 일을 저지르고 다니니까 나쁜 사람들이 득실거리는 것처럼 보이는 것이다. 나쁜 사람들은 나쁜 일만 찾아다닌다. 그게 자기들은 좋은 일인 것처럼 보이는 모양인가 보다.

저는 신문사를 운영하면서 어느 선거를 집중적으로 취재하는 때가 있었는데, 진도의 선거판을 더럽히는 광경을 보면서 마음이 참참했다. 지역의 조그만 관변단체 수장을 뽑는 선거인지라 공직선관위의 감시나 지도를 받지 않고, 자체적인 선거관리위원들이 운영하는 체제이다. 그러다 보니 한 후보는 선거 3개월을 앞두고 급조된 회원 수백 명을 단기회원으로 가입시켜 선거를 치르게 하였다. 결과는 너무 뻔한 것으로 승부가 났다. 불법 회원을 모집한 후보가 압도적으로 이겼다. 불법 회원이 아니었다면 낙선한 후보가 압도적으로 이기는 선거였다.

그렇게 하여 불법 회원 모집에 관여한 사람들을 경찰에 진정 의뢰했다. 그러면서 조사가 시작되어 참고인조사를 받는 상황이 벌어지고 있었는데, 저는 제가 정말 존경하는 형님이 계셨는데, 그분도 불법 회원 모집에 영문도 모르는 채 추천서인 줄 알고 본문을 읽어보지도 않고 사인을 해 주었는데 나중에 알고 보니 회원으로 가입되었다고 했다. 그런데 그 형님의 가입하는 과정이 가장 중요한 불법성을 띠게 되었는데 그것은 당선되었던 후보가 직접 와서 가입 원서를 받아 갔다는 것이다. 그러면 어떻게 회원이 되었을까? 그분들은 손에 흙이 묻어있어 가입 회비를 줄 수도 없는 상황인 데다가 날씨가 쌀쌀했다고 한다. 그러면 가입비는 누가 냈는가? 가입 원서를 써준 본인들은 내지 않았다고 하는데 말이다.

그래서 저는 존경하는 형님께서 있었던 그대로를 참고인조사 때 말씀해 주신다면 정말 양심 있고 의로운 형님이요, 정의로운 형님으로서 세상을 바꿔 나가는데 모두에게 칭송받지 않을까 생각했는데, 저희 생각은 빗나가고 말았다. 그 형님께서는 제가 자기를 이용해 먹은 것으로 요즘 무척 서운하게 생각하고 계신다고 한다. 저는 추호도 그 형님을 이용했다고 생각하지 않았는데 그렇게 생각하고 있어 저는 요즘 많이 괴롭다. 저는 지금까지 하늘을 두고 맹세하지만 한 점 부끄럼 없이 정의롭게 살아왔다고 자부한다. 그래서 저와 같은 생각으로 정의감에 불타는 정직한 형님이었으리라 믿었다. 맘이 풀리지 않았다면 용서를 빌고 예전처럼 웃고 반가운 형님 동생으로 지내고 싶다.

형님! "죄는 지은 자에게 가고 공은 닦은 자에게 간답니다." 형님께서는 아무 잘못이 없습니다. 형님은 공을 닦은 자입니다.

늙어간다는 것은 슬픈 일만은 아니다

어느 노래 가사에도 있듯이 늙어간다는 것은 창피한 일도 아닌데 지는 석양처럼 느껴져서 너무 서글프다는 것이다.

저도 요즈음 잠자리에서 일어나기 싫어지는 것을 보니, 나이가 먹었구나 하는 생각이 든다. 세월에는 장사 없다고들 하지 않던가? 주위에 지인들이 하나둘 병원 신세를 지는 걸 보니 세상사 모든 것은 오래 쓰면 닳아지고 늙어지는 것인지 우리네 몸도 오래 쓰다 보니 병들고 고장이 잦아지는 것 같아 매우 슬픈 일이다. 세상은 순리에 순응하고 살면 되는 일이다. 그러면서 이 한 몸 오래오래 내 것 인양 잘 쓰고 있다가 반납하고 가면 되지, 늙지 않으려고 발버둥 치면서 주름지우려고 얼굴 당기고 보톡스 넣고 화장 짙게 한다고 해서 늙음이 잠시 감춰질 수 있으나 세월은 속일 수 없는 법이다. 붙잡고 늘어져 봐도 그 감춤이 영원 하지는 않는다. 그런 모습을 보면 오히려 가엾은 생각이 든다.

자연적인 나이에 따라 늙어가는 모습은 오히려 보기좋은 모습인지도 모른다. 나이에 맞게 부드럽게 늙어가는 모습 얼마나 보기좋은가, 괜한 돈 들여서 젊어지려고 하지말고 자연스럽게 살아가는 모습은 행복한 것이다. 살면서 좋은 일 많이 하면 나이보다 훨씬 젊어진다고 한다. 그건 마음이 그만큼 여유롭고 편안하기 때문이다. 우리 인생은 그게 정답이라고 생각한다. 내 주위에 어떤 사람하고 사는게 참 중요하다고 생각하며 어떤 사람과 함께하느냐가 그 사람의 인생까지 달라진다고 생각한다. 좋은 사람을 만나면 좋은 일만 일어난다 그러다보면 꼭 늙어간다는 것이 슬픈 일만은 아니지 않을까, 행복한 사람은 행복한 사람끼리 모여 사니까요.

늙어가는 것에 불안하게 생각할 일은 아니다. 받아들이는 것이 대수다. 그러면서 자기가 즐겁게 사는 일을 찾아서 하면 된다. 즐겁게 사는 일은 옆에 친구가 가장 좋은 것 같다. 그럼 어떤 친구를 만날 것인가. 한 마디로 양심이 있는 친구면 된다. 양심이 나쁜 사람은 절대 나이가 먹을수록 멀리하여야 한다. 언제 어떻게 배신할지 모르는 것이다. 나는 지금까지 많은 사람을 만나고 살아왔다. 그말은 내가 정치인. 문학인(시인). 언론인으로 살다보니 다양한 사람들을 접할 수 있었는데, 비양심적인 사람만 만나지 않으면 된다는 것이 내가 결론을 내린 정의다. 비양심적인 친구나 사람은 결국 사기를 치거나 거짓말로 남에게 피해를 주고 자기 배 속만 채우는 이중적인 사람이었다. 그런 사람은 용서를 해주면 안된다. 한 번 배신한 사람이거나 나에게 피해를 입힌 사람은 결국 언젠가는 다시 한번 배신하는 것은 습관처럼 몸에 배어있는 못된 기질이 있는 악질이라고 봐야 한다.

　우리가 늙어가면서 좋은 사람을 만나면 나이와 관계없이 인생을 참 즐겁게 보낼 수 있다. 맘에 맞는 친구 한 두 명만 있어도 그 인생은 성공한 인생이라 하듯이 마음을 주고받고 나눌 수 있는 좋은 친구가 있다면 늙어가는 것도 결코 슬픈 일만은 아닌 것 같다고 나는 생각한다. 나이들어 이성친구가 있으면 정말 늙을 줄 모르고 맛있는 것 먹고 다니면서 웃고 즐거워 더 좋다고들 이야기한다.

당산나무

　우리 주변에 흔히 당산나무를 많이 들먹인다. 당산나무란 무슨 나무를 말하는가?
　오래된 자연마을에 가면 입구에 서 있거나 동네 한가운데 서 있는 나무로 팽나무도 있고 느티나무가 있는데, 마을에 안 좋은 일들이 생겨나거나 있을 때는 당산나무에 오색천이나 검줄을 치고 마을 사람들이 모두 나와 소원을 빌고 마을의 평안을 비는 곳이라 하겠다.

　보통 마을에 서 있는 당산나무로는 팽나무도 있지만 거의가 느티나무가 주종을 이루고 있으며 몇백 년씩 묵은 나무이다. 거기에는 좋은 전설과 무서운 전설 등이 함께 어우러져 있는데 느티나무나 팽나무는 다른 수종에 비해 가장 오래 사는 나무로 선조님들이 마을을 지켜주는 수호신으로 삼고 마을마다 많이 심었었다. 느티나무는 묘목으로 심을 때는 아주 빈약하고 허약하게 생겼지만 점점 커서 자라면서는 생명력도 강하고 아무리 척박한 땅에서도 잘 자라는 그런 수종이다. 어느 정도 자라고 나면 여름이나 가을에 녹음이 무성할 때는 넓은 그늘을 주고 가을 단풍이 들 때면 그 모양도 예뻐 커다란 분재처럼 그 풍채가 매우 아름다워 사람들에게 평온을 가져다준다고 한다.

느티나무는 지금도 부자집의 정원에는 한그루씩 있을 정도로 인기가 있는 그런 나무로 누구에게나 사랑받는 나무라 하겠다. 느릅나무과에 속하는 낙엽활엽수로 우리나라 모든 지역에서 잘 자라고 있으며 키는 어느 정도 자라면 보통 20~30m 자라는데 그러고 나서는 사방으로 비스듬히 우산처럼 뻗어자라는 것이 특색이다. 5월에 꽃도 피는데 한 나무에서 암꽃과 숫꽃이 따로따로 피는데 그 열매는 견과루 처럼 생겨 잘 썩지도 않고 물에도 잘 견디어 가구나 농기구 자루로도 많이 사용하는 그런 수목리라 하겠다. 느티나무나 팽나무는 보통 수령이 1,000년을 넘게 살아가는 것으로 마을마다 천연기념물이나 보호수로 지정되어 지금도 관리하고 있다고 하겠다. 느티나무는 우리나라가 수많은 외세의 침략에도 불구하고 굴하지않고 굳건하게 나라를 지켜온 우리 민족의 근성과도 많이 닮았다고도 말하곤 한다.

옛날 서민들은 소나무를 베어다가 소나무로 집을 짓고 소나무로 가구를 짜고 소나무로 농기구 자루를 만들고 살다가 소나무 관에 묻혀 왔지만, 팽나무나 느티나무는 양반들의 고급 목재로 가구를 만들거나 집을 짓는데 사용하였으며, 왕이나 양반들은 죽어서도 최고급 관인 느티나무를 사용하는데 쓰이며 잘 썩지 않은 나무로 지금도 옛 왕능이나 있는 사람들의 묘를 이장하기 위해 파헤쳐보면 거의가 느티나무 관을 많이 사용한 것으로 판단 된다. 그만큼 느티나무는 고급스런 목재였다는 것을 증명해주곤 한다. 또한 느티나무는 그 잎과 열매를 약재로도 사용하는데 앞을 보지 못하는 장인의 눈을 뜨게 한다거나 눈이 맑게 하는 효능이 있다고 하였으며 달여서 먹으면 흰머리카락이 검은 머리로 다시 원상복구 된다는 이야기도 심심찮게 전해져 내려오고 있다고 하겠다. 그건 아마도 느티나무가 장수하는 수목으로 사람도 그걸 복용하면 장수하지 않을까 하는 데서 비유하지 않았을까 한다.

지금은 많은 종교의 자유가 있습니다만 옛날에는 우리나라는 유교사상이 뿌리가 강하게 내려왔으며 믿음이라고는 집에서는 아녀자들이 샘가에서나 장독대에 정화수 한 사발 떠 놓고 비손이 가정의 평화와 가정의 화목을 일으켜 달라고 기도하는 것이 최고의 믿음이고 밖에 나와서는 당산나무에 엎드려 두 손 모으고 비손하는 것이 전통이고 관례였다고 말할 수 있겠다. 옛날이나 지금이나 자녀들의 장원급제 시험이나 관직에 오르는 시험 요즘에도 대학 시험이나 공무원 시험을 볼 때면 부모님들은 밤낮으로 마을의 당산나무에 나와 합격을 기원하는 치성을 드리고 하는데 희한하게도 그렇게 정성을 들이면은 마음이 편하고 모든 것이 이루어지는 신통함이 통했다. 느티나무의 끈기와 인내와 관용의 상징성으로 뿌리내리고 숨을 쉬고 살아가는 그런 우리의 문화 속에 가장 애착이 가는 나무라 하겠다.

우리 마을 진도군 고군면 석현리 입구에도 300년~500년으로 추정되는 느티나무와 팽나무가 있는데 지금도 지나가는 사람들이나 자녀들의 시험이 있을 때는 나와서 비손하는 사람들이 종종 있는 것을 보면 분명 느티나무나 팽나무는 우리에게 소원을 들어주는 신비의 효자 나무임에 틀림이 없다고 생각한다. 팽나무 한그루와 느티나무 세 그루가 있었는데 도로를 확장하면서 도로 중앙에 있던 느티나무를 베고 나서부터는 우리 석현리 마을에 사람들은 모든 운이 멈춰버렸다고 지금도 심심찮게 이야기하며 전해져 내려오고 있다.

어느 지관의 풍수 이야기

옛날 아주 옛날에 있었던 이야기 하나 소개하려 합니다.

그러니까 조선시대 초기에 있었던 지관 이야기를 지금 한번 써 보려고 합니다.

산속에 움막을 짓고 살아가는 유명한 지관 한사람 살고 있었습니다. 그 지관은 풍수지리부터 미래까지 기가 막히게 잘 맞추는 사람으로 아주 유명했습니다. 그래서 그 고을에 무슨 일이 일어나거나 초상이 나면 그 지관을 찾아 높은 산 속에 있는 움막으로 찾아와 물어보고 그 지관이 시키는 대로 하면 분명히 좋은 일이 있고 분명한 명당을 잡아주고 해서 그 소문이 경성에 있는 임금님께도 그 소문이 올라왔었다고 하니 대단한 지관임은 틀림없는 것 같습니다. 결혼하는데 규수 감을 찾는다든지, 과거시험에 장원급제를 하려고 한다든지, 나랏일에 무슨 변고가 생긴다느니, 하는 것을 모두 족집게처럼 맞추는 신통력까지 있는 지관이었습니다. 또한 언제 몇 날 몇 시에 누가 자기를 찾아올 거라는 것 까지도 예언해서 적어놓고 기다리기까지 한다는 소문이 나 있을 정도였습니다.

　어느 날 임금님은 그 지관을 만나러 가기 위하여 신분을 위장하고 남루한 거지 옷차림으로 변장하고 그 지관이 살고 있다는 산골을 향해가고 있는데 어느 젊은 청년이 상복을 걸치고 관을 옆에다 놔둔 체 물이 흐르는 냇가 옆을 열심히 파고 있으나 계속해서 자갈과 물이 나서 도저히 사람을 묻을 수 있는 묫자리는 아닌 것으로 보였습니다. 그래서 하도 이상해서 거지 차림으로 변장한 임금님께서는 그 청년에게 다다가 무슨 연유로 이렇게 시냇물이 흐르는 냇가 옆을 파고계신가 하고 물으니 자기 어머니가 돌아가셨는데 소인에게는 땅 한 평도 없어 어머니를 모실 곳을 찾다가 저기 산골에 계시는 지관을 찾아가니 여기 시냇가 옆이 명당이라고 어머니를 여기에 모시라고 해서 묘 쓸 자리를 파고 있던 중입니다 라고 말하자, 듣기로는 아주 유명한 지관이라고 했는데 이런 형편없는 지관이 다 있다면서 어떻게 물이 흐르는 시냇가 옆이 명당이라고 묘자리를 잡아 주었을까 하고 임금님은 아주 괘씸한 마음을 먹고 혼내주기로 하고 우선 그 청년의 어머니부터 물이 나지 않는 좋은 곳으로 모실 것을 부하들에게 연락하여 효심 깊은 그 청년의 갸륵한 마음을 알고 산과 물이 훤히 보이고 병풍같이 펼쳐진 나라의 땅에 묘를 쓰게 하였습니다. 그리고나서 그 지관을 찾아가는 것을 멈추지 않고 물어물어 산속 움막으로 찾아갔습니다. 찾아가서 자관어른 계십니까? 하고 몇 번 부르자 수염이 덥수룩한 그 지관은 기침을 콜록콜록하면서 문을 열고나서 들어오시오! 하고 거지손님을 받고 이야기를 주고받게 되었습니다.

지관 어르신! 여기를 오던 길에 어느 청년을 만났습니다. 그런데 이상한 현장을 보았습니다. 왜 하필이면 시냇물이 흐르는 냇가 옆을 명당이라고 어머니를 거기에 모시라고 하셨습니까, 하고 물으니, 그 지관은 대답을 하지 않고 일어서서 시렁에 있는 종이 하나를 가져와 펼치더니 그 거지에게 넓적 큰절을 올리면서 임금님을 알아보지 못한 죄를 용서하십시오 한다. 그러니 그 거지 손님은 깜짝 놀라면서 아니 어떻게 나를 임금이라는 걸 알아보십니까? 하니 오늘 몇 시(未時미시)에 임금님께서 오시는 날이라고 제가 적어놓았기에 분명 차림은 거지 차림으로 오셨지만은 분명히 임금님이란 걸 저는 직감을 하였습니다 한다. 그래서 그 거지 손님은 하하하 웃으면서 맞소! 내가 이 나라 임금님이요. 그런데 아까 물어보던 그 청년의 어머니 묘는 왜 거기가 명당이라고 말씀 하셨소 하니, 그 지관은 지긋히 웃으면서 임금님! 어떻게 물이 흐르는 시냇가가 명당이 되겠습니까? 거기를 파고 있으면 그 시간에 임금님이 다녀가는 시간이어서 임금님은 그 청년에게 분명히 무슨 연고로 거기를 파고 있느냐 물어볼 것이고 어머니 묘를 쓴다고 하면 그 지관을 괘씸히 여기고 거기에 묻지 말라고 하면서 임금님이 그 청년의 어머니 묘를 써줄테이니 거기를 명당이라고 말을 했다는 것이다.

그래서 임금님은 무릎을 치면서 당신은 과연 명지관이로세! 하니 지금 그 청년의 어머니가 모셔진 곳은 천하의 명당입니다. 그 청년을 임금님의 부하로 쓰셔도 절대 배신하지 않는 충실한 부하가 될 터이니 그 청년을 받아주십시오 하였다. 그래서 어머니를 명당에 모시고 나니 명당이 발복하여 그 청년도 취직이 되어 임금님의 신하가 되었다고 합니다.

임금님은 그 지관을 궁으로 모셔서 큰 잔치를 치르게 하고 나랏일이 어려울 때면 그 지관을 불러 자문을 얻고 했는데, 그 산속의 지관은 그러므로 해서 더욱더 유명한 지관이 되었으나 나이가 많은 노인인지라 얼마 못 가서 세상을 떠났다고 합니다. 정말 재밋고 소름 끼칠 지관의 풍수지리는 지금까지 유명하게 전해 내려오고 있습니다.

벌초伐草들 하셨습니까?

벌초들 하셨습니까?

벌초라는 말은 예로부터 무덤의 풀을 깎아 깨끗이 한다는 뜻으로 우리는 산소를 벌간이라고 했다. 그 벌간에 풀을 제거하는 것을 벌초한다고 하였다. 벌초는 음력 8월15일 추석을 전후로 하여 조상님들의 묘에 자란 풀이나 잡초를 베어 깨끗이 하는 일로 추석 전에 벌초를 마친다.

우리는 보통 처서處暑가 지나고 나면 풀들은 성장이 더디고 멈추어 더 자라지 않기 때문에 이때 벌초를 하면 비교적 오랫동안 깨끗하게 묘를 보전할 수 있기 때문에 추석을 전후로 모두들 산소에 벌초를 한다. 저희 산소는 길가 바로 옆에 있어 1년이면 3번 정도 벌초를 하는데. 조금 관리 잘하면 누구네 산소인지 참 관리 잘했다고 지나가는 사람들이 칭찬하지만 조금 소홀이 벌초를 안 하거나 늦어지면 후손들도 없는가보다 하면서 묘 관리도 안 하고 지낸다 하면서 모두 한마디씩 던지고 지나간다. 그래서 추석까지 3번 정도 벌초를 하게 된다.

　벌초를 깨끗하게 하고 나면 추석에 산소에 성묘하러 가도 그렇게 마음이 홀가분하고 선산에 누워계시는 조상님들도 편안할 것이라는 생각이 들어 마음이 기쁘다 "못난 소나무 선산 지킨다"는 우리나라 속담이 있듯이 저는 차남이면서 장남 역할을 하고 있다 아니 못났는지 고향을 사랑하는지는 몰라도 평생을 고향에서 글을 쓰며 살고 있다. 명절때가 되면 고향을 떠나 객지에서 살던 마을 사람들이 모두 보따리 보따리 들고 내려와 자기 부모님을 뵙는 귀성歸省길은 환한 웃음으로 행복해보인다. 추석날 아침에 집에서 차례를 지내고 성묘에 가면 시골 부모님이 깨끗하게 벌간을 벌초해 놓은 것을 보면 괜시리 미안해진다. 자식들은 상을 차리고 술잔을 따라놓고 모두 조상 묘에 성묘를 하는 것으로 끝난다.

　벌초는 후손들이 행하는 조상님들에 대한 예를 갖추는 일이다. 살아계실 때 다하지 못하고 효도하지 못한 마음에서 예를 다하는 일이라 할 수 있다. 벌초를 함에 있어서 쉬운 일은 아니다. 여름의 뙤약볕에서 풀을 베는 일이 보통 힘든 것이 아니다. 벌초를 하다가 일사병에 쓰러져 죽기도 하고 벌에 쏘여 병원에 입원을 하고 뱀에 물리는 경우도 있다. 우리 선산은 길가 옆에 있기도 하지만 800여평의 산소에 20기의 묘가 자리하고 있어 벌초를 하려면 엄두가 안 나는 곳이다. 그 벌초를 아침저녁으로 4~5일에 걸쳐서 하는데, 그것도 일년에 3번을 하고 있으니 조상님에 대한 공덕은 그런대로 잘 쌓았다고 생각이 든다. 우리가 큰 명절이라 함은 추석과 설로 나뉘는데 설은 겨울이라 벌초할 필요가 없고 한식도 풀이 자라나지 않아 벨 풀이 없다. 다만 한식에는 조상의 묘를 만져도 탈이 없다하여 봉분이 무너진 곳이 있거나 고치고 수리하거나 잡풀을 뽑아 버리거나 말라버린 떼잔디를 다시 입혀주는 사초莎草를 하기도 하니 조상님의 묘는 언제 어디서도 항상 잘 관리하여야 한다.

올해는 정말 벌초가 힘들었다. 나이가 먹다 보니, 몸이 옛날 같지 않고 병원에 입원까지 해야 하는 상황임에도 저에게 주어진 임무를 꼭 완성해야겠다는 생각으로 아침저녁으로 예초기를 메고 쉬엄쉬엄 하다가 보니 말끔하게 벌초를 완성할 수 있었다. 요즘은 벌초하는 일도 손쉽게 자기 조상들의 묘도 대신해서 맡겨버리는 경우가 비일비재하지만 저는 너무 보수적인 생각인지 몰라도 1년에 한 번씩 조상님들과의 만남이라 생각하고 흔쾌히 직접 제 손으로 벌초에 임한다.

요즘은 벌초하는 문제가 집안 문중 문제뿐만 아니라 사회문제로까지 대두되고 있어 대책이 필요하다. 가면 갈수록 시골 사람들은 나이는 들고 힘들어 정부에서도 어느정도 해결해야 할 사회적 과제임이 분명하다. 이제는 지역 농협들의 사업의 일환으로 벌초 대행을 해주기도 한다. 그러나 우리 같은 선산의 벌초는 800평에 20기라 하면 벌초 대행비는 200만원에 육박한다. 자손들이 착실히 벌초하는 것과도 마음에 차이가 있지 않을까?

추석 보름달을 보며 빚는 송편이 왜 반달 모양일까요?

　우리가 보통 추석 명절이 돌아오면 보름달을 보면서 조상님들의 차례상에 정성으로 송편을 올리기 위해 빚는데, 달은 보름달인데 왜 하필 반달 모양일까요? 저는 그게 항상 궁금했습니다. 호빵처럼 속을 넣고 둥글게 크게 빚으면 훨씬 먹기도 좋을텐데, 사람들은 추석에 모두 반달 모양의 송편을 빚고 있다.

　저는 그래서 자료를 찾던 중에 그 사실을 알게 되었다. 백제의 마지막 왕인 의자왕의 일화를 삼국사기에서 찾을 수가 있었는데 우리가 생각해도 그럴싸한 답이었다고 생각한다. 656년 6월 어느날 백제 의자왕이 잠을 설치다가 잠깐 잠이 들었는데 꿈속에 어느 도인이 나타나 이제 백제는 보름달에서 시간이 기울고 신라는 반달에서 계속 차올라 보름달이 될 것이라고 결국 백제는 나라를 잃을 사주요 신라는 천하통일을 할 국운이 돌아왔다고 하면서 그 증거로 백제의 부여 땅 동쪽 어디쯤을 가르키며 거기를 파보면 거북이 나올 것이다. 하고 도인은 바람과 같이 사라지고 나서 의자왕은 잠에서 깨어났다. 아무래도 이상해서 꿈속에 도인이 가르쳐준 곳에 가서 신하들을 시켜 땅을 파보니 정말 거북이가 한 마리 나오는데 그 거북등에는 알 수 없는 글씨 문양이 있어 해독을 하여 보라하니, 이제 백제는 국운이 다되어 결국 신라에게 나라를 넘겨준다는 홍문관의 해독을 듣자마자, 그 홍문관의 목을 거기서 바로 베어 버렸다고 한다.

"백제는 보름달이요 신라는 반달이라" 보름달은 바로 다음 날부터 작아지고 기울지만 반달은 보름달을 향해 계속 알차게 커지니, 백제는 나라가 급속히 작아지고 신라는 나라가 계속 커지면서 부강해진다는 뜻으로 결국 백제는 신라에 속국이 된다는 말이었다고 한다. 의자왕의 이런 말들이 신라에게 흘러들어가 신라인들은 반달 모양의 송편을 빚어 먹으면서 소원을 빌게 되었고, 신라인들의 소원대로 백제는 멸망하고 의자왕은 도망쳤으며, 성안의 삼천궁녀들은 신라의 더러운 군사들에게 몸을 주느니 죽음으로 자기 몸을 지키고자 부여 낙화암에 모두 빠져 죽었다고 한다. 신라인들은 계속해서 모두가 한마음 한뜻으로 반달 송편을 빚어 소원을 빌면서 똘똘 뭉쳤기에 그 소원이 이루어져 천하통일을 가져 왔던 것이다.

추석을 맞아 반달 송편의 소원을 듣고 나서 우리도 반달 송편처럼 소원을 빌면서 가정과 나라의 안녕을 빌어 금방이라도 전쟁이 일어날 것처럼 뉴라이트의 친일 매국노들이 들끓는 세상이 빨리 종식되길 바라고 우리나라 헌법 제2조처럼 "모든 주권은 국민으로 부터 나온다"는 우리들의 세상이 빨리 왔으면 좋겠다고 생각한다. 사람 하나 잘못 뽑아놓으니 이렇게 시끄럽고 위태위태한 나라에서 우리는 희망없이 살고 있는데, 올해에는 우리 국민들이 정말 예쁜 반달 송편을 한 소쿠리 빚어놓고 마음속으로 기도하고 소원이 이루어지도록 추석 명절을 잘 보내시길 바랍니다.

개모차를 아십니까?

　며칠 전에 광주에 올라가서 양동시장에서 물건을 사 가지고 광주공원 쪽으로 운전하면서 가고 있는데, 유모차에 알록달록한 인형과 미니 선풍기가 2개나 달려있어 유모차가 꽤나 값이 나갈 것 같아 차를 갓길로 세우고 유모차에 있는 아이는 참 행복하겠다 하고 유리창을 내리고 아이를 보려고 하는 순간 유모차에 타 있는 것은 아이가 아니고 강아지였다. 내가 잘못 봤나 하고 차에서 내려 다가가서 다시 확인하는데 강아지를 태우고 다니는 개모차라는 것을 알았다.

　그런데 거기만 있는 게 아니라 개모차가 여기저기 밀고 다니는 것을 보고 할 말을 잊었다. 시대가 변하더니 이렇게까지 흔하게 접할 수 있게 되는 개모차라는 것을 알았다. 근데 개모차 가격이 장난이 아니었다. 보통 10만원에서 30만원 선이지만 150만 원이 넘는 프리미엄 모델도 있다는 얘기를 듣고 한동안 소리내어 웃고 말았다. 개를 목에다 개줄을 매서

산책을 시키면 되는데 왜 멀쩡한 개를 유모차에다 태우고 다니느냐 하니까, 개를 사랑하지 않고 개를 키우지 않는 사람들은 역시 부정적인 시각에서 보지만, 반려동물을 가족처럼 생각하는 "펫팸(pet+family)족"들은 할말이 많다고 한다. 나이가 많아 걷기가 힘든 노견이나 장애가 있는 장애견, 수술을 받고 회복되고 있는 환견들에게는 개모차가 필수적으로 필요하다고 한다.

또한 꼭 아프지 않더라도 찜통더위의 뜨거운 여름날에 아스팔트 길을 강아지가 어떻게 걸을 수가 있겠냐며 산책을 시킬 수 없어 개모차에 싣고 시원한 선풍기를 틀어주면 강아지들은 무척 행복해 한다고 한다. 개모차를 끌고 음식점에 들어 갈 때도 카페에 커피를 마시러 갈 때도 개모차는 아주 유용하게 사용한다는 것이다. 지금 우리나라는 세계에서 최저 출산율을 기록하고 있는데, 유모차보다 개모차가 더 많이 팔리는 세상으로 변했으니, 걱정을 안 할 수가 없게 되었다. 결혼한 신혼들도 아이를 미루고 강아지를 자식처럼 키우고 있으니, 개모차가 더 많이 팔릴 수밖에 없는 실정이다.

급속히 국가 소멸 지방소멸이 이뤄지고 있어 대책이 시급한데, 아이의 출생률은 계속해서 줄어들고 있는 반면에 반려동물의 수는 늘면서 유아용 유모차보다 개모차가 훨씬 잘 팔린다고 하니, 출산율 꼴찌인 대한민국에서 벌어지는 기이 현상은 어떻게 보아야 하는지 심히 걱정하지 않을 수 없다. 우리나라의 현재 반려동물을 키우는 인구는 1,500만 명이나 된다고 한다. 꼭 그렇다고 반려동물을 양육하고 있어 저출산의 원인이라고는 할 수 없지만, 젊은 사람들이 아이는 낳지 않고 반려동물을 키우는 현상은 계속해서 증가하면서 강아지들의 이름도 돈을 주고 철학관에서 짓고, 개를 가족처럼 애지중지하는 사람이 늘면서 반려동물에 관한 용품 산업이 계속해서 급성장하고 있다.

심지어 강아지들의 여행상품까지 출시되고 있는 마당에 우리는 어떤 생각이 드는가? 아무리 반려동물이 좋고 가족처럼 느껴진다고 하더라도 주위에 아이가 많이 태어나고 옆집에서 아이의 울음소리가 들리면서 그래도 개모차보다 아이의 유모차가 더 많이 팔리는 세상이 빨리 회복되길 기대해 본다.

제3부

세상은 인연이드라

세상을 사랑할 줄 아는 사람

　우리는 흔히 일상에서 자주 쓰는 말로 모기는 피를 빨 때 잡히고, 물고기는 미끼를 물 때 잡힌다고 말한다.
　우리의 인생도 이와 같이 과한 욕심을 낼 때 위험이 따르는 법이라고 말을 하고 있다.
　또한 우리는 몸의 근육은 운동으로 키우고 마음의 근육은 관심으로 키운다면서 체온이 떨어지면 몸에 병이 들듯 냉소가 가득한 마음에는 병이 들기 마련이다. 우리의 말들에는 하나하나가 모두 명언처럼 아름답고 좋은 말들이요 교훈적인 말들이 참 많다고 본다.

　오래 걸어가려는 사람은 좋은 신발이 필요하듯 옳고 바르게 살려면 좋은 인연이 필요한 법이다든가 또한 아무리 포장지가 화려해도 결국엔 버려지듯이, 남의 들러리로 사는 삶에는 결국엔 버려지게 된다는 것은 인생에 있어서 꼭 가슴에 담고 살아야 할 충고요 교훈이라 할 것이다.

저는 지금의 정치하는 사람들을 보고 양심도 없고 의리도 없고 충신도 없다고 본다. 저 혼자 살기 위하여 동료가 죽던지 살던지 없는 사실까지 만들어 피해를 주는 것을 보고 인생이 불쌍 하다는 생각이 들면서 측은한 생각마저 들고 있다. 나이가 먹을 만큼 먹은 사람들이 애들보다 더 못한 행동을 보니 빨리 썩은 상처는 도려내어야만 새살까지 침범하지 못한다. 그러기 위해서는 결단이 필요하다.

아무리 유능한 의사라 할지라도 죽어가는 사람은 살릴 수 있을지 몰라도 이미 죽은 사람은 살릴 수가 없듯이 우리도 끝나지 않은 인연이라면 살며 이어가도 되나 끝난 인연이라면 미련을 갖지 말고 과감하게 끊어야 한다는 것을 요즘 배우고 있다. 정적을 제거하기 위해 혈안이 되어 있는 요즘 우리나라를 보면 밥을 이기는 충견도 드물고 돈을 이기는 충신도 드물다는 것을 정말 실감하고 있다.

우리가 살아간다는 것은 매일 자신의 인생이라는 책을 만들고 써 내려가는 것이다. 자기가 걸어가고 있는 인생의 이야기를 어떤 사람은 참 재미있고 아름답게 꾸며 가며 써 내려가는 사람이 있는가 하면 어떤 사람은 대접받지 못하고 추하게 써 내려가는 사람도 있다는 것이다. 그렇게 하여 훗날 자기의 인생에 관한 한권의 책이 완성되는 것인데 자기가 지나오면서 써온 인생의 책은 세상의 어떤 책과는 달리 찢거나 지우거나 폐기할 수가 없는 자신의 인생에 대한 책이다. 그렇다고 남이 내 인생의 책을 대신 써줄 수 없는 것이니 모든 것은 자신의 판단과 노력으로 책임을 다해가는 것이라고 할 수 있다. 혼자서 외롭게 써 내려가는 것이 자신을 알리는 자서전이다.

사람이 한번 태어나서 흙으로 돌아가는 그날까지 남을 위해 봉사하고 진실되게 살 것이며 자기 혼자 편하기 위하여 남을 재물로 삶은 일은 없어야 할 것이며 정의와 정직으로 더불어 사는 세상만이 자기를 행복하게 만드는 일이요 자기 자신을 발전시키는 일일 것이다. 요즘 세상을 보면 정말 종말의 세상이 다가오는 것인지 왜 이리 남을 헐뜯고 남에게 자기의 죄를 덮어씌우려는 건지 정말 무서운 세상이라는 것을 절감한다. 좋은 생각으로만 살아가도 벅찬 세상이다. 우리들의 삶에는 많은 선택이 주어지지만 어떻게 살아가느냐 하는 것은 순전히 자기 자신에게 달려 있다고 본다. 세상이 좀 화합하고 서로 용서하는 조용한 세상이 되길 바라본다.

세상이 좀 공평했으면 좋겠다. 이제 마음만이 아닌 말로써 행동으로써 법 앞에 모두가 평등하고 있는 사람의 법이 아니고 권력의 시녀가 아니고 거지나 대통령도 똑같은 공정과 상식이 통하는 세상을 보여줘야 할 때다. 그게 바로 사랑이라고 말한다. 힘들면 힘들수록 더욱 간절한 것도 바로 사랑이다.

매일매일 눈을 뜨고 세상을 맞이할 때, 어떤 일이든 기쁨이 다가오는 세상은 결코 사치나 허영을 가르치지 않는 어머니가 우는 아이를 달래주듯이 감싸주고 따뜻한 가슴으로 보듬어주는 사랑이 넘치는 세상을 우리는 절실히 바라는지 모르겠다. 우리 오늘 그런 사랑을 생각하며 사랑이 필요한 사람에게 사랑을 전달해 줄 수 있는 마음을 주도록 노력하면 좋겠다는 말을 남기고 싶다.

그대만 보면 항상 마음이 설렌다

내게도 사랑이 오는가 보다.

지금까지 살아오면서 가장 부족했던 것이 나는 사랑이라고 생각한다. 어릴 적부터 부유한 가정에서 태어나 모든것이 넉넉하였고, 배우고 싶은 대로 배웠으나, 부모님이 해 줄 수 없는 것이 있다면 이성 간의 사랑이 아닐까 한다. 물론 나는 결혼도 하고 아이들도 있지만 처음부터 잘못된 만남으로 사랑이 없는 삶을 살아왔다. 헤어져 달라고 요구했으나 첫째 아이들의 앞길 그 때문에 못 했고, 둘째 사회적인 체면 때문에도 이혼하지 못했고, 셋째는 이혼을 안 해 주어서 못 했다. 그러다보니 20년 이상을 남남처럼 살아가면서 한마디 말을 섞이지 않고 각자 떨어져 살아가고 있다.

나는 이 세상에 살아가면서 가장 필요한 것은 명예나 돈도 아니고 사랑이라고 생각한다. 내 나이 60이 넘고 나니 부부 금실이 좋은 부부가 가장 부러움의 대상이었다. 성경에서도 하나님이 남자를 만들고 여자는 남자의 갈비뼈를 뽑아 만들었다고 한다. 그러면 가장 잘 만나는 부부는 자기의 갈비뼈로 만든 여자를 만나는 것이고 이혼하거나 싸우는 부부는 진정한 자기의 짝을 찾지 못해 이루어지는 결혼이라고 나는 엉터리 같은 주장을 펼친다. 살면서 주위를 보면 이 사람은 팔자가 셀 것 같고, 저 사람과 산다면 정말 잘 맞을 것 같다고 생각하곤 한다. 사람은 내 몸처럼 사랑하는 사람을 만나야 한다.

20년 가까이 혼자 살다 보니, 나는 자꾸 사람들을 지켜보면서 사람을 만나 이야기하다 보면, 어느 정도 착한 사람은 어딘가 모르게 뭐가 달라도 다르다.

요즘 나에게는 심히도 마음이 끌리는 사람이 있는데, 나는 그 사람을 볼 때마다 숨이 멎을 것 같다. 나 혼자 마음을 두고 짝사랑하는데 왠지 그 사람만 보면 마음이 설렌다. 쉽게 다가가지 못하고 말하지 못하는 것은 내가 정리되지 못한 사람이라 그 사람에게 마음을 표현하지 못하고 짝사랑만 하고 있다. 그런데 짝사랑하는 것만으로도 요즘 나의 삶에 활력이 솟는다. 그 사람을 생각하면 말이다.

어쩌면 그 사람도 나에게 관심이 있는 것처럼 보이지만 물어볼 수도 없고 하지만 어딘가 모르게 느낌이지만 통하는 면도 있는 것 같고 그 사람이 내가 좋아하는 것을 조금 알고 있는 것 같기도 하다. 왜냐면 어떤 일로 만나게 되면 어딘가 모르게 행동을 특히 조심하는 것 같고 말투 한마디에도 정이 들어있는 것 같다는 것을 직감하기 때문이다. 요즘은 계절 계절이 바뀔 때마다 느끼는 것이지만 인생이 너무 외롭다는 것이다. 그러던 중에 한 사람이 내 마음속에 들어와 있는 것이다. 자주 만나지 않아도 나는 요즘 너무 행복함을 느낀다.

 인생을 살아가다가 오아시스 같은 사막에서 물길을 찾는 것처럼 기적같이 행복한 것은 없을 것이다. 내가 그렇다. 나 혼자 느끼는 사랑이지만 너무 행복하다. 그래서 그 사람에게 전해줄 편지를 쓰려고 하는데 너무 할 말이 많다. 아니 사랑이라는 단어만이 가득 채울 것 같다. 이렇게 해도 사랑한다고 쓸 것 같고 저렇게 해도 사랑한다고 쓸 것 같다. 어쩌면 그 사람은 내가 잃어버린 내가 찾고 있던 갈비뼈로 만든 여자임이 틀림없을 것 같다. 용기를 내서 정식으로 프러포즈를 하려고 한다.

인생이란

　흔희 인생이란 테레사 수녀가 말했던 것처럼 "인생이란 낯선 여인숙에서의 하룻 밤이다."라고 했듯이 인생은 어렵던 쉽던 쉬지 않고 흘러가는 것이다. 바로 지금도 흘러가고 있는 것이 인생이다. 우리는 그 인생을 어떻게 보내고 있는가? 중요한 것이다. 지나가는 시간은 절대 다시 돌아오지 않는다. 왜냐구요. 흘러가버렸기 때문입니다. 우리네 인생도 한번 흘러가 버리면 되돌릴 수 없고 다시 돌아오지 않습니다. 사람도 한번 떠나가면 절대 다시 돌아오지 못하는 법입니다. 그렇게 인연도 세월 따라 흘러가 버립니다. 그래서 살아있을 때 후회 없이 살다가라는 말이 있습니다. 정말 맞는 말씀인 것 같습니다. 그 사람의 발자취와 추억 남겨놓은 마음만 자리하고 흔적은 없어지는 우리네 인생은 정말 아무도 알지 못하는 낯선 곳에서 그것도 아주 남루한 여인숙에서 문틈사이로 찬바람 쌩쌩 들어오는 그런 여인숙에서 하룻밤을 지내본 사람만이 알 수 있는 낯선 여인숙에서 지내는 하룻밤 생각해 보셨는지요. 가족과 친구와 아는 이 없는 곳에서 낯설고 춥고 더웁고 고독하면서 잠이 오질 않아 뜬 눈으로 날을 새야하는 그것이 곧 우리가 살고 있고 그게 우리가 걷는 인생길인지도 모릅니다.

그러나 우리는 아무것도 탓하지 않고 모든 걸 인내하며 받아들이며 묵묵히 걸어가고 있습니다. 그게 우리들이 살아가는 하나의 방법인지 모르니까요. 인생은 문틈사이로 말이 달리는 것을 슬쩍 보면서 지나가는 것처럼 순간이지만 아주 짧은 인생길에도 꿈과 희망을 갖고 살아갑니다. 그러다보면 아주 짧은 인생길에서도 남아 존재하는 것들이 많이 있습니다. 살아가면서 받았던 사랑과 정도 있고 내가 주었던 따뜻한 마음도 있고 내가 이루고저 했던 꿈과 희망도 있습니다. 세월은 늦게 가고 빨리 가고 하지만 그 사람의 마음은 남아서 삶에 대한 의미를 부여해 줍니다. 그렇다면 지금에 나는 어떤 마음으로 살아가고 있는가? 어떤 발자국을 남기면서 살아가고 있는가? 뒤돌아 볼 수 있는 좋은 시간이 흐르고 세월이 흐르고 있습니다. 저는 그래서 정말 열심히 시를 쓰는 문인으로 훗날 나의 시가 되살아나서 그 사람들에게 울림을 줄 수 있도록 밤낮없이 쓰고 또 쓰고 있는지 모른다.

인간이란 한치 앞을 내다보지 못하는 것이 인생이다. 호랑이는 죽어서 가죽을 남기고 인간은 죽어서 이름 석 자 남긴다고 한다. 그래서 나는 그냥 그렇게 헛되이 살고 싶지는 않다. 인생 100년도 못사는데 아등바등 살고도 싶지 않다.

돈도 인생에 전부는 아닌 것 같다. 떵떵거리며 우리나라 최고의 부자로 살았던 정주영 현대그룹회장도 이건희 삼성그룹회장도 결국 갈 때는 빈손으로 떠났다. 부자가 무슨 소용이었던가, 돈이란 내가 살아가면서 적당히 생활하는데 불편함이 없었다면 그것은 만족한 삶이지 않을까 나는 그렇게 생각한다. 지금 서 있는 이 자리가 내게 있어서 불편함이 없다면 최고의 인생을 살면서 느끼고 즐기고 있는지 모른다. 욕심은 결국 화를 부르고 논쟁으로 번질 것이므로 인생은 바람 같은 것, 어떻게 사는 것이 우리네 인생인가 여러분이 너무 잘 알 것이다. 안다면 그렇게 살아가면 됩니다. 그게 인생입니다.

운명은 하늘에 뜻입니다

운명은 하늘이고 하늘은 운명을 내린다.

모든 자연이든 사람이든 운명대로 살아간다고 합니다. 어떤 일이든 자기에게 닥쳤을 때 내 운명이 거기까지겠지! 내 운명이 그러했으니까 이루어졌겠지 또한 내 운명이 그만치였기에 안 되었겠지 하는 소리를 한없이 듣는다. 이글을 쓰는 나도 내 운명대로 살아왔기에 지금 이렇게 살아가고 있지 않나 생각해본다.

옛 중국의 산해경山海經에 있는 설화 하나를 소개 하고자 합니다.
"천요하우天要下雨 낭요가인娘要嫁人"이라는 중국의 고사인데요. "하늘에서는 비가 내리려하고 어머니는 시집을 가고 싶어 한다"라는 말이 있습니다. 중국에 주요종이라는 아주 똑똑하고 총명한 소년이 있었는데 그의 어머니는 자기 아들에게 스승을 소개해서 가르치게 하여 결국 과거시험에 장원급제까지 하게 만들었습니다. 그 청년은 머리만 똑똑한

게 아니라 외모도 출중하여 황제의 눈에 들었고 또한 황제의 마음을 사로잡아 결국 부마의 자리까지 승승장구하며 오르게 되었던 것입니다.

어느 날 황제는 주요종을 조용히 불러 혹시 "네가 바라는 소원이 있느냐" 하고 물었습니다. 그리하여 주요종은 황제에게 저의 고향에는 홀어머니가 계십니다. 저의 어머니는 오직 저 하나만을 위해 희생하셨던 사람으로 여생을 다 바쳤습니다. 그러니 고향에 저의 어머니 열녀비를 언젠가는 하나 세워 주어야겠다는 것이 저의 작은 소망입니다. 하였더니 황제께서는 흔쾌히 받아드리고 열녀비를 세워드리도록 하자고 했습니다. 그래서 금의환향하여 어머니께 달려가 이런 사실을 알려드렸습니다. 좋아하실 줄 알았던 어머니께서는 너무나 충격적인 말을 아들인 주요종에게 던졌습니다. "나는 지금까지 혼자서 너를 키워 이렇게 훌륭하게 만들었으니 이제는 나는 나의 삶을 찾아야겠다", 하시면서 어릴 적부터 너를 가르쳤던 너의 스승과 재혼을 하고자한다 라고 충격적인 말을 아들에게 던지고 맙니다. 그래서 아들은 황제께서 열녀비를 세워주겠다고 하는 마당에 재혼을 하게 되면 황제와의 약속이 깨지게 되고 거부하는 것이 되므로 어머니와 저는 앞으로 죽은 목숨이나 다름없다는 말씀을 드리면서 극구 말렸지만 어머니께서는 요지부동 이었습니다.

그러면서 어쩔 줄 몰라 하는 아들에게 어머니께서는 한 가지 묘안을 생각해 내어 아들에게 제안을 하게 됩니다. "아들아! 내일 아침에 일어나면 네가 나의 치마를 깨끗하게 빨고 하루 낮 하루 밤 동안에 깨끗이 마른다면 내가 시집을 가지 않을 것이고 만약에 그 치마가 마르지 않는다면 내가 재혼하는 것을 막지 말아 달라"고 제안을 했습니다. 그래서 주요종은 오늘도 날씨가 너무 좋고 햇볕이 쨍쨍 내리쬐고 있고 하늘을 보아하니 내일도 마찬가지로 날씨가 오늘처럼 좋을 것 같아 주요종은 흔쾌히 어머니의 제안을 받아들이기로 했습니다. 그래서 다음날 아침에 일어나서 어머니의 치마를 깨끗하게 빨아 널어놓았는데 맑은 하늘이 갑자기 어두워지면서 비가 내리기 시작하더니 폭우로 변해 비가 하루 종일 그치지 않고 내리면서 결국 빨아놓았던 어머니의 치마는 마르지 않았던 것이었습니다. 그런 것을 보면서 어머니께서는 하늘에서 비가 내리는 것이나 내가 재혼을 하는 것이나 모든 것은 하늘에 뜻이니 말리지 말아 달라고 말씀하였던 것입니다. 그렇게 하여 어머니는 아들의 스승과 재혼을 하게 되었던 것입니다.

이 소식을 들은 황제께서는 "하늘이 알아서 합당하게 처리했을 것이니, 어머니가 원하는 대로 살아가게 놔 두거라"라고 명하였다고 합니다. 결국 모든 것은 하늘의 뜻이오니 어찌 그 하늘의 뜻을 거역 할 수 있겠는가? 안 되는 일을 억지로 하려고도 하지 말고, 되고 안 되고는 모두 하늘의 뜻 인줄 알라는 우리에게 준 교훈은 아니었는지 다시 한 번 생각하게 만듭니다. 우리 주변에는 이런 일들이 비일비재하게 많은데 그게 다 하늘이 내려준 운명이 아닐까요.

송강 정철의 아름다운 사랑이야기

조선조 시인인 송강 정철의 러브스토리는 지금까지도 유명하다.

관기 출생인 진옥과 송강의 만남은 송강 정철이 전라도 관찰사로서 인연을 맺게 된다. 송강은 진옥이 십사 오 세쯤 되어 보이는 어린 소녀에게 머리를 얹어 주고 하룻밤을 같이 지내게 되었는데 청렴결백한 것으로 잘 알려진 송강은 어린 진옥과 하룻밤을 보내면서도 손끝 하나 건들지 않았다고 알려졌지만, 진옥은 송강의 인간다움에 반해 어린 마음에도 그를 마음속으로 사랑하게 되었다.

송강 정철은 진옥이 자기를 사랑하고 있다는 것을 느꼈으며, 어리지만 진옥을 마음으로 사랑하며 한가할 때면 같이 강가를 거닐면서 자신이 지은 사미인곡을 읽어 주기도 하고 시조를 가르쳐주면 곧바로 이해하며 진옥은 시를 지어 송강에게 읊어주는 등 서로가 정신적인 교감까지 나누었다고 한다. 그렇게 하면서도 송강은 진옥을 아끼고 사랑하였지만, 육체적인 관계는 나누지 않았다고 했다.

송강은 진옥과의 애틋한 사랑을 나눈지도 불과 1년도 되지않았는데, 송강은 도승지都承旨로 승진하면서 한양으로 발령이 나서 떠나게 되었다고 한다. 진옥은 여인으로서 처음 느껴보는 남자와의 첫사랑이 송강이었지만 송강은 이미 결혼한 유부남이라는 것을 알고 더 이상 다가갈 수가 없고 떠나가는 송강을 보고 그저 눈물만이 흘릴 뿐이었다. 송강도 진옥이와의 이별을 가슴 아파하면서 작별의 시를 지어주면서 다독여 주었다고 한다.

'봄빛 가득한 동산에 진달래 곱게 피어
그 예쁜 얼굴은 옥비녀보다 곱구나.
망루에 올라서서 장안을 바라보지 말아라.
거리에 가득한 사람들이 모두 너의 고움을 사랑하네.'

이 시 속에는 진옥에 대한 미안한 마음과 곱디고운 얼굴에 나보다 더 좋은 낭군을 만날 수 있으니 시집가서 잘 살고 나와는 스쳐지나가는 인연이라 생각하고 원망하지 말라는 뜻으로 이해된다.

진옥은 어린 나이에 머리를 얹혀준 정철을 잊지 못하면서 살아있으면 언젠가는 기별이 오겠지 하며 관기노릇을 하면서도 절개를 하며 세월을 버티고 있었다. 그러던 어느 날 송강이 북녘땅 끝 강계로 귀양을 갔다는 소식을 듣는 순간 진옥은 그길로 송강을 만날 수 있다는 희망으로 서둘러 행랑을 꾸려 길을 나섰다. 한달음에 달려간 진옥은 무너져 가는 초라한 초막에서 홀로 앉아서 책을 읽는 송강의 초췌한 모습에 다가가지 못하고 담장 넘어서 그저 눈물만 뚝뚝 흘렸다.

진옥은 송강을 향해 절을 올리니 송강도 맨발로 달려와 진옥을 맞이하였다. 진옥이 곁에 있으니 유배생활도 달라졌으며 외롭거나 괴롭지도 않았으며 송강이 조금이라도 울적해 보일 때면 진옥은 자기가 지은 시로 가야금을 연주하면서 송강에게 기쁨을 주곤 하였다. 희미한 호롱불을 사이에 두고서 진옥을 마주한 송강은 아름다운 여인으로 성장한 그녀에게서 여인의 향기를 느끼기 시작했다. 밤은 깊어지고 술이 거나해진 정철이 무거운 정적을 깨고 진옥에게 말했다. "진옥아! 내가 먼저 시 한 수 읊을 터이니 너는 화답和答하거라.

"옥이 옥이라 하여 번옥(燔玉:돌가루를 구워 만든 옥)으로만 여기었더니 이제 보아하니 진옥(眞玉:진짜 옥)임이 분명하다.
나에게 살 송곳이 있으니 한번 뚫어 볼까 하노라."

송강은 진옥에게 노골적인 음사淫事를 시로 읊었다고 한다.

'번옥燔玉'은 어리게만 여겼던 진옥을 은유한 것이고 '진옥眞玉'은 이제는 어엿한 여인의 향기를 풍기는 성숙한 진옥을 은유하면서 남녀 간의 육체적 합일合一을 바라는 마음이 배어있는 시라 할 수 있다.

진옥은 지체없이 화답하는데,

"철이 철이라 하여 석철石鐵이라 여겼더니 이제 보아하니 정철(正鐵:진짜 철)이 분명하고 마침 나에게는 골풀무가 있으니 녹여 볼까 하노라."

이 대담한 진옥의 시는 당대의 대 문장가인 정철을 깜짝 놀라게 하였다.

진옥은 정철을 쇠로 비유하며 자신을 여자로 받아주지 않았던 정철을 석철石鐵에 비유하였고, 이제 믿음직한 남성으로 자신을 여인으로 받아들이고자 하는 정철을 정철正鐵이라 은유하였다.

그리고 철을 녹일 수 있는 골풀무가 자신에게 있으니 이제 녹여 줄 수 있다며 응수한 것이다.

송강과 진옥은 단순한 육체적인 사랑만을 나누는 사람이 아닌 시를 나누고 문학에 대한 조예와 아름다움을 예술적 호흡을 가능하게 만드는 지혜로운 연인이었다. 송강은 유배지에서 부인에게 서신을 보낼 때도 이 이야기를 있는 그대로 적어 보냈다. 부인도 남편의 적소 생활을 위로해 주는 진옥에 대한 고마움을 적으면서 유배되어 우울한 남편 곁에서 위로해 주는 여자라면 조금도 나무랄 것이 없다는 부인의 글을 받고 정철은 고마워했다. 그러나 송강과 진옥의 사랑은 그리 오래가지 못했다.

선조 25년에 임진왜란이 발발하자 선조는 정철을 한양으로 불렀다.
진옥은 송강 정철을 떠나보내면서 자기의 아쉬운 마음을 이렇게 읊었다.

"오늘 밤도 이별을 하는 사람이 하 많겠지요.
슬프다! 밝은 달빛만 물 위에 지네.
애닯다! 이 밤을 그대는 어디에서 자오.
나그네 창가에는 외로운 기러기 울음뿐이네."

선조 26년 12월 18일 정철이 강화도에서 생을 마쳤다는 이야기를 들은 진옥은 이 세상에 정철이 없다는 가혹한 슬픔으로 몸부림치다가 정철의 묘소(경기도 고양시 덕양구 신원동)를 찾아 시묘侍墓생활을 하다가 결국 그 곁에서 죽음을 맞이했다. 송강과 진옥의 아름다운 사랑 얘기는 지금까지도 전해져 내려오고 있다.

매화꽃에 얽힌 이야기

(퇴계이황과 관기 두향의 사랑이야기)

매화꽃은 화려하고 예쁘지만 그리 오래 피지 않는다.
 이른 봄에 피었다가 자주 내리는 봄비에 젖어 흔적 없이 지고 마는 꽃이 매화꽃이다. 우리는 어디를 가나 화가들이 그린 매화꽃 그림이나 병풍을 자주 접하는데, 그리기 쉬운 꽃이라기 보다는 매화꽃에는 수많은 사연이 있고 수많은 시인들의 시가 있는데, 매화꽃은 이루지 못한 가슴 아픈 사랑이야기가 담겨있어 매화꽃를 보면서 사랑을 이루고자 했던 것은 아니었을까 생각한다.

 퇴계이황 선생은 유난히도 매화꽃을 좋아하고 끔찍하게도 사랑했다. 그래서 매화에 대한 시도 1백수가 넘을 만큼 많이 지었다고 전해진다. 매화에 대한 시를 그렇게 지은데는 이런 이유가 있었다고 하는데 그것은 이렇다. 단양군수로 재직하던 시절에 만났던 관기 두향이라는 귀생 때문이었다고 전해진다. 퇴계 이황은 단양군수로 부임한 때는 그의 나이

48세가 되던 해였다. 그리고 두향의 나이는 꽃다운 18세였는데 두향은 첫눈에 퇴계 이황 군수에게 반하여 빠져버렸는데 퇴계이황은 눈길 하나 주지 않는 곳곳한 성품인지라 두향은 애간장만 녹고 있었다. 그러던 중 당시 부인과 아들을 잇달아 잃었던 이황퇴계선생은 그 허전하고 슬픈 가슴에 한 떨기 설중매 같았던 두향이가 자기를 사모하고 있다는 것을 알고 받아들이지 않을 수 없었는데, 두향은 시와 서 그리고 가야금에 능했고 특히 매화를 좋아했었다고 한다. 퇴계이황은 두향이를 사랑하게 되었고 두 사람은 깊은 사랑에 빠지게 되었으나 그러나 그 사랑은 길게 가지 못하고 겨우 1년여(9개월 이라고도 함) 만에 끝나게 되는데, 퇴계 이황은 단양군수를 끝내고 경상도 풍기군수로 발령을 받고 옮겨 가야 했기 때문이었다. 두향에게는 하늘이 무너지는 아픈 사연의 변고가 아닐 수 없었다. 사랑으로 만난 짧은 인연 뒤에 갑작스럽게 찾아온 이별은 두향에겐 이루 말 할 수 없고 견딜 수 없는 충격이었다.

　퇴계이황과 두향은 이별을 앞둔 마지막 날 밤, 밤은 깊어갔으나 두 사람은 말이 없이 침묵만 흐르고 있다가 퇴계이황이 먼저 무겁게 입을 열고 말하면서 "내일이면 여기를 떠난다. 기약이 없으니 몹시 두려울 뿐이다"하고 나니 두향이는 아무 말 없이 먹을 갈고 나서 붓을 들었다. 그리고는 시 한수를 적어 내려갔다.

　　　이별이 하도 설워
　　　잔 들고 슬피 울 때
　　　어느 덧 술 다하고

님 마져 가는 구나
꽃 지고
새 우는 봄날을
어이할까 하노라

그날 밤의 이별은 결국 너무나 긴 이별로 이어졌는데, 퇴계와 두향은 1570년 퇴계이황 선생이 69세의 나이로 세상을 떠날 때까지 21년이란 세월동안 단 한 번도 만나지 못했다. 퇴계이황이 단양을 떠날 때 그의 짐 속엔 두향이가 써준 시와 남한강가를 거닐며 주워온 수석 2개 그리고 매화화분 하나가 있었는데 이때부터 퇴계이황은 평생 동안 이 매화를 가까이 두고 극진하게 보살피며 사랑하였다고 한다. 퇴계이황은 비록 두향을 가까이는 하지 않았지만 매화를 두향을 보듯 애지중지하였다고 한다. 이황은 나이가 들어 자기의 모습이 초췌해지자 매화에게 자기의 그런 모습을 보일 수 없다면서 매화 화분을 다른 방으로 옮겨 달라 부탁을 하였다고 하니 얼마만큼 두향을 생각하고 사랑하였는지 알 수 있다.

퇴계이황을 떠나보낸 뒤에 두향은 간곡한 청으로 관기에서 빠져나와 퇴계이황선생과 자주 바람 쐬러 갔었던 남한강가에 움막을 짓고 평생 동안 선생을 그리며 살았다고 한다. 퇴계이황은 그 뒤로 부재학, 공조판서, 예조판서 등을 역임하였고 말년에는 안동에서 은거하게 되었다. 그리고 세상을 떠날 때 퇴계이황은 마지막 한마디가 "매화에게 물을 주거라" 이 한마디였다고 한다. 선생의 그 말 속에는 언제나 가슴속에 두향이가 가득했고 사랑했다는 증거가 아닐까 생각한다. 그러면서 마지막 남긴 이런 시가 있어 소개한다.

내 전생에는
밝은 달이였지
몇 생애나 닦아야
매화가 될까.

너무나 멋진, 너무나 사랑한 시가 아닐까 생각한다. 여러분도 매화 같은 사랑이 있나요. 사랑에는 나이나 직업에 귀천은 없다고 생각합니다. 매화꽃에는 이런 사연이 담겨있답니다. 사랑하세요.

박청길 시조시인

제5시조집 "하늘을 담으려고 출판기념회 작품 평론

박청길 시조시인은 이제 88세 미수의 나이가 되었습니다. 임회면 남선 마을에서 태어나 지금까지 살아오시면서 늦은 나이에 문학에 입문하여 꾸준히 글을 써 오고있는 시조시인입니다. 박청길시인의 시는 모두가 한 인간이 살아오면서 느낀 생활시입니다. 그의 생활이 시고 시가 그의 생활이라고 저는 말합니다.

제가 감히 박청길 시인의 작품세계를 이야기한다는 것은 어울리지 않지만 그래도 제가 조금 더 먼저 글을 쓰고 있고 등단도 제가 빨리 한 탓에 제가 이렇게 감히 말씀드립니다. 저는 글을 쓴지가 40년이 되면서 그동안 30권의 책을 출간했습니다. 책을 아니 시집을 한권 낸다는 것은 결코 쉬운일은 아닙니다. 그래서 글을 쓰는 문인들도 평생동안 1권의 책도 내지 못하는 사람들이 다수 있습니다. 그런데 박청길 시인은 문학에 입문한 지 20년 정도 되신지 알고 있습니다.

환갑이 넘은 나이에 시작해서 20년 동안 쉬지 않고 꾸준히 시조를 써 오시면서 이번 다섯번째 시조집을 출간합니다. 참 대단한 열정입니다. 4번째 시조집인가 모르겠습니다만 사모님을 하늘나라로 보내시고 가슴 아파하면서 쓴 시조를 접할 수 있었는데 주소 없는 편지라는 시조를 보면서 하늘나라로 가신 사모님께 쓴 편지를 보내야하는데, 천국에는 주소가 없어서 다시 돌아왔다는 내용이었던 같습니다.

이와 같이 박청길 시인의 시조를 보면 지금까지 살아오면서 직접 겪은 일들과 농촌에서 농사일을 하면서 지은 시들은 정말 진솔하고 하나의 거짓이 없고 있는 그대로 표현한 시들이었습니다. 이번에 발문을 써 주신 서울에 이석규 시조 시인은 박청길 시조 시인을 이렇게 말하고 있습니다. 한결같이 소박한 진실과 정의감 인생에 대한 깊은 이해와 시조에 대한 사랑이라고 했습니다. 박청길 시조 시인은 천상 시조 시인이었습니다. 그의 곁에는 오직 시조에 대한 깊은 성찰과 통찰. 어려운 여건 속에서도 굴하지 않고 소중한 인간의 가치를 지키고 키워가는 열정과 기백이 범상치 않았습니다. 평범해 보이는 안쪽에 옹골차게 자리를 잡고 있음을 발견할 수 있었습니다. 밭을 가는 농부의 순박하고 순수한 삶이 작품 속에서 연둣빛 봄날의 정경이 정겹고 싱그럽게 살아 숨 쉬고 있었습니다. 이런 시가 있었습니다.

어머니 손 뭉툭하고/ 볼품없고 거칠지만/
살강의 뚝배기와/ 부뚜막의 가마솥/
장독대 옹기그릇은/ 흑진주 빛이 나네.

어머니는 자식들을 위해 잘 먹이고 잘 키우기 위해 손이 거칠다 못해 뭉특해질만큼 억척스러웠으며 헌신과 희생의 환유적인 표현인 동시에 실질적인 증거들이었습니다. 단시조로 참 참 잘 표현한 시라고 할 수있습니다. 박청길 시인의 시조는 모두 이런 생명의 한계를 넘어선 화자의 역설적인 진실을 이야기 하고 있었습니다. 미수를 맞이한 노령의 시인의 시를 접하면서 경험과 경륜이 아니면 쓸 수 없는 가슴아프고 아름다운 시들로 가득차 있다고 생각합니다. 그의 시를 대하면서 인생의 운명은 학교를 많이 나오고 학업으로 좌우 되는 것이 아니라 얼마만큼 열심히 최선을 다하느냐에 달려있다 감히 말씀 드리면서 이만 작품세계를 마칩니다. 박청길 선생님 존경합니다. 건강하십시오. 감사합니다.

진도홍주 세계를 가다

대대로 홍주 김애란 대표 "전 세계를 돌며 진도홍주를 알리다"

"당신을 만나기 위해 천년을 기다렸습니다". 이 말은 진도홍주의 브랜드 마크이다. 전 세계의 명주 대회에서 진도홍주가 최고의 주류상을 수상했다고 한다. 그것은 보통 시바스. 패스포드. 베리나인골드. 데킬라. 위스키. 와인. 파스쿠아 스윗로제. 잭다니엘. 러시아의 보드카. 북한의 들쑥주. 중국의 마오타이주. 프랑스의 리큐르. 등 세계의 수 많은 명주들이 있지만 길어봤자 100년산 200년산 안으로 제조 되었다. 그런데 우리 진도홍주는 술 주인을 만나기 위해 천년을 기다렸다니 과연 세계 어느 나라 술이 1,000년을 기다린 술이 있겠는가? 그래서 우리 진도홍주는 1,000년산이 아니고 무엇이겠는가?. 그렇게 해서 진도홍주가 세계 명주가 되었다는 에피소드가 있는 술 중에 술이다.

진도홍주는 고려시대부터 전해 내려오는 1200년의 역사를 가진 민속주로서 진도에서 생산되는 우수한 친환경 쌀과 식품이면서 선약仙藥

인 지초가 만나 미(味,) 향(香) 색色을 고루 갖춘 고품격 명주로 유일하게 진도에서만 전승 제조되고 있습니다. 진도홍주가 빚어지기 시작한 것은 고려 초이지만 널리 알려진 것은 조선시대이며, 임금님께 진상되었던 진상품 중 제일 으뜸으로 꼽혔으며 사대부 양반가에서 진도홍주를 즐겨 마셨습니다. 진도홍주는 술의 색상이 지초에서 용출되어 홍색이 아름답게 착색되어 시각적인 매력을 느끼게 함과 동시에 재래 증류수의 독특한 향기를 지니고 있다 하겠다.

여성은 강하다.

진도 군내면 명량대첩로 길을 가다 보면 대대로 홍주라는 주류공장이 눈에 띈다. 대대로 홍주는 오직 술 하나로 승부를 걸고 있는 대표이면서 여성으로 계시는 김애란 사장이 이끄는 홍주공장이다. 김애란 대표는 진도가 고향이 아니다. 그러면서도 누구보다 더 진도에 대한 애착이 강한 사람이다. 진도가 고향인 사람보다 더 진도를 사랑하고 진도홍주를 사랑한다. 조금의 빈틈없이 오로지 홍주를 위해 온몸을 바치고 있는 홍주의 명인이시다. 자기가 만드는 홍주를 판매하기 위해서라기보다는 진도의 모든 홍주를 알리고 진도의 술이 세계시장에서 경쟁하여 우뚝 서는 게 그의 꿈이었는지 모른다. 김애란 대표는 세계 각국에서 열리는 박람회에 여성의 몸으로 어디든 가리지 않고 뛰고 날아서 달려가 진도홍주의 진가를 알리고 있다. 그렇게 해서 이제는 어느 나라에 가도 비행기에서 내리면 그 나라 면세점에는 여지없이 진도홍주가 가장 먼저 눈에 띈다. 그만큼 김애란 대표께서는 진도홍주에 대한 애착이 많은 사람이다.

그러함에도 불구하고 여성이라는 이유로 고향이 진도가 아니라는 이유로 진도홍주를 만드는 업체들에서까지도 끌어내리려고 하는 행동들은 정말 반성해야 한다. 김애란 대표가 아니면 이렇게 진도홍주가 전국적으로 전 세계적으로 알려지지 않았고 지금도 조그만 섬의 토속주로 남아있었을 것이다. 이제 김애란 대표는 진도에 정착한 세월도 25년이 넘고 30년이 다 되어가고 있으니 진도 사람으로 받아들이고 진도를 위해 밤낮없이 진도홍주를 알리고 있는 그 정성과 노력을 받아들여야 할 것이다. 제가 아는 김애란 대표는 어떤 일이건 선뜻 나서지 않고 오로지 좋은 쪽으로 수긍하고 자신을 낮춰가며 배려하는 그런 마음을 가진 천사 같은 사람이다. 진도에 타 홍주공장의 매출이 늘어나는 것도 모두 그의 숨은 공로로 PR을 하고 다니기 때문에 이루어지고 있다는 것은 규정사실이다. 타 홍주공장의 대표들도 "김대표님 덕분에 택배량도 많이 늘어나 매출실적도 생각보다 늘고 있다"며 감사한 마음을 전한다. 김애란 대표가 이룬 주류이력과 수상 이력을 살펴본다.

대대로 영농 조합법인

1992년 주식회사 진도홍주 설립 / 진도홍주 제조 및 판매
2004년 클린사업장 지정 / 청와대 추석 선물용 선정 / 대대로 영농조합법인 합병
2006년 대한민국우수상품대상 수상(한국일보사)
2007년 지리적 표시제 등록 / 남북 정상회담 만찬주 납품
2008년 수출 유망중소기업 지정. 신지식인260호(농수산식품부 장관)
농업인 대상 제1021호 (전라남도지사)수상

> 2010년 일본수출 시작. 대한민국 전통주 품평회 우수상
> 2013년 유기가공식품 인증
> 2014년 남도 전통 술 품평회 일반증류수 부문 최우수상 수상
>   전남 농수산식품 3억불 수출기여 표창장 수상
> 2015년 몽드 셀렉션(벨기에)금상 수상
>   샌프란시스코 국제주류 품평회(U.S.A) 금상 수상

그의 노력으로 진도홍주는 지리적표시제 등록한 우수 농산물 상품으로 인정을 받아냈습니다. "지리적 표시제"란? 농산물을 현지에서 구입하기 보다는 도시지역에 지역 농산물 소개와 "지리적 표시제"라는 단어를 만나게 되는데 "지리적 표시제"는 상품의 특정품질, 명성 또는 그 밖의 특성이 특정지역의 지리적 근원에서 비롯되는 경우 그 지역을 원산지로 하는 상품임을 명시하는 제도이다. 국제적인 지리적 표시보호 움직임에 적극적으로 대처하고, 우리의 우수한 지리적 특산품을 보호함으로써 농산물 및 가공품의 품질향상과 지역특화 산업으로의 육성 및 소비자 보호를 위해 도입되었다고 한다.

우리나라에는 지리적 표시제에 등록한 농산물이 81개 상품이 있고, 진도에는 진도홍주와 진도 흑미가 있다. 우리는 진도 대대로 홍주의 김애란 사장의 공로를 인정을 해야한다.

김애란 대대로 홍주 대표께서는 진도군에 4,700여평(싯가 20억상당)의 땅을 기부했다. 진도홍주의 역사가 깊으면서도 뚜렷한 홍주의 역사관이나 박물관이 하나가 없어서 항상 아쉬워하면서 홍주 테마공원과

함께 만들면 좋겠다는 생각에 흔쾌히 진도군에 기부하면서 진도군의 숙원사업인 홍주의 역사관이 들어서기를 바라고 있다. 인간의 욕심은 끝이 없으나 김애란 대표는 갈수록 욕심을 마음을 비워가고 있다. 오직 홍주에 대한 애착 만 가지고 살아간다. 오늘도 만나는 사람마다 홍주에 대한 설명을 열심히 한다. 홍주는 그야말로 좋은 술이다, 홍주는 피를 맑게 한다, 하루에 한 잔씩 홍주를 마시면 건강에도 좋다, 친환경 쌀로 내린 증류수로 알코올도수가 비교적 높지만 신비의 영약인 지초의 약효 때문에 빨리 깨고 뒤끝이 비가 내린 뒤처럼 말끔하고 개운 함을 느낀다고 하면서 열심히 홍주의 자랑을 늘어놓는다. 어쩌면 그녀는 진도홍주를 위해 태어난 사람인지 모른다. 그런 사람이 진도에 살아간다는 것은 참 다행인지 모른다.

또한 그는 시인이시다. 시인은 아무나 되는 것은 아니다. 선비적인 마음과 사물을 꽤뚫어 볼 줄 알아야 시인이라 하겠다. 그래서 진도를 택했는지도 모른다. 진도 문화예술 특구에서 문인으로서 활동도 대단한 시인이다. 진도에서 활동하는 문인으로 등단도 빠르고 저 멀리 미국에 가서도 한인들의 문학강의를 해주었던 경력이 그를 뒷받침 해준다.

김애란 대표는 1987년 현대문학으로 故박재삼 시인의 추천으로 등단을 하고 중앙 문단에서 한국을 대표하는 시인들과 친분을 쌓기도 하였다. 신세훈 시인. 성기조 시인. 故조병화 시인. 故황 명 시인. 해남출신인 故이동주 시인. 감태준시인 등과 활동을 왕성히 하는 문인으로서 고려대학교를 졸업한 석학이고 인재다. 문단의 저서로는 시집 "모든 기억들에 날개를 달아주고" "가는대로 길이 되는" "다시 길을 그리며" 등이 있으며 많은 문학상을 받은 존경받는 문인임과 동시에 사)한국문인협회 시분과 정회원. 국제PEN클럽회원. 한국시인협회 중앙회원. 사)한국문인협회 진도지부 부지부장으로 계시면서 2022년도에는 진도 예술인상을 수상한 경력을 가지고 있다. 그의 시를 감상하려면 지산면 세방낙조 관망대에 가면 "그 섬에 가리"라는 시의 시비가 세워져 있다.

 김애란 대표처럼 진도를 사랑하는 사람이 과연 몇이나 될까? 그는 우리 진도에 홍주와 함께 뼈를 묻히고자 하는 진도사람이다. 정말 진도군에서 군민의 상을 줄 수 있다면 가장 먼저 추천하고 싶은 1순위의 그런 사람은 아닐까 그렇게 생각한다. 조그만 섬의 진도 토속주인 홍주를 전 세계에 알리는 그 공로를 인정 한다면 ......

진도군민들이 기억해야 할 인물, 小簞 박윤규朴胤奎 지사

-애국 의기지사 故박윤규(전 지산면장1823) 올곧은 성품-

어느 싯귀가 생각이 난다.

아마 맹호행 이었던 것 같다.

"아무리 목이 말라도 도적놈의 우물에서는 물을 마시지 말고, 아무리 여름에 더웁다 할지라도 나쁜 나무라는 이름을 가진 나무 그늘에서는 쉬지를 말아야 한다" "신의 있는 절개는 속인들의 공명을 얻기 어려운 법, 인생은 참으로 쉽지않으니 어떻게 이 흉금을 열어놓을 수 있을까?" 또한 거문고의 급한 줄에서는 나약한 소리가 나지 않듯이 훌륭한 절개를 가진 어진 사람은 속인의 공감을 얻지 못한다. 인생사 모든 것이 결코 쉽지만은 않다는 것을 읊어놓은 것이라 할 수 있다. 위의 싯귀에서 느꼈듯이 어떻게 보면 소운 박윤규 선생을 보고 지은 듯한 느낌이 든다.

의기지사義氣之士 박윤규 선생은 1901년 3월23일 진도읍 동외리 712번지(현 청와아파트 위치)에서 태어났다. 경기고등 보통학교를 졸업하고 대구사범학교를 나와 교편을 잡았으며 두뇌가 아주 명석하였으며 온화하고 올곧은 성품으로 그 당시로는 최고의 학벌로 넓고 깊은 학문을 섭렵한 지식인이었다. 다시 말해 타고난 성품이 불의와 부정과는 일체 타협이 허용되지 아니하는 강직한 인격자로 자타가 공인한 인물이었다. 모든 사람의 칭송을 받으면서 교직과 내무공무원으로 근무하였다.

그러다가 지산면장으로 추대되어 근무하던 중에 친일파 군수로 부임한 김성환 군수는 일본 왜놈들의 앞잡이가 되어 진도 5만여 군민은 먹을 것이 없어 굶어가면서 근근이 살아가는데 군수란 작자가 세금 공출을 너무 무리하게 각 면에 배정이 되고 또한 식량문제로 박윤규 면장은 도저히 참을 수가 없어 담판을 지으려고 군수를 만나서 이야기하다가 어떠한 말도 통하지 않고 막무가내로 언제까지 모두 공출하라는 지시받았다.

그러자 거기에서 공출 수량이 타 군과 비교하면 너무 과다하므로 군민이 살 수 없는바, 이는 군수가 군민의 복리를 도외시하고 자기 영달만을 꾀하는 나머지 행정실적 거양擧揚에만 급급하여 신규 개간 면적과 이모작(논보리) 파종면적에 개간 허위 면적을 포함하여 보고한 탓이요. 타 군 군수들은 자기 생명을 걸어 놓고 군민을 기한에서 구제하려고 비상한 노력을 하는데 귀하는 그러기는커녕 생산 이상의 무리한 수량으로 무고한 백성을 죽여내니 어찌 우리가 군수를 믿고 살 수가 있느냐 하고 힐란 하던 나머지 박윤규 지산면장은 책상 위에 있던 잉크병을 군수 얼굴에 뿌리고 담배를 피우던 재떨이를 들고 군수 머리를 내리찍어 김성한 군수는 머리통이 깨져 응급처치받고 병원에 입원하였다고 한다. 그런 엄청난 거사를 단행하면서도 몸을 사리지않고 오직 군민들의 안위만을 생각했던 것이다.

김성환 군수의 봉변 사건의 주모자로 검찰국에 송치되어 그 사건으로 인해 박윤규 면장은 검찰국에 끌려가 갖은 고문을 당하면서도 조금도 거리낌 없이 당당하고 의연하게 소신을 피력함으로써 그들도 끝내 혀를 내 저었다고 했다. 그로 인하여 진도군 공출량이 대폭 삭감되고 김성환 군수는 결국 좌천되었다가 파직 해임되었다고 한다. 박윤규 면장은 옥살이를 24일하고 집행유예 2년을 받고 보석(100엔)으로 풀려나게 되었다. 그때는 하루 인건비가 남자는 20전, 여자는 15전이었다고 한다.

박윤규 면장이 보석으로 풀려나 돌아온다는 소식을 들은 진도군민들은 진도읍 해창 부둣가에 수백 명의 군민이 벌 때처럼 운집하여 목포에서 돌아오는 여객선을 기다리고 있었다. 드디어 우렁찬 뱃고동 소리와 함께 여객선이 해창선착장에 도착하자 운집해있던 군민들은 박윤규 선생을 보려고 술렁이기 시작하더니 박윤규 선생이 나오면서 손을 흔들자 일제히 환호성을 지르며 "박윤규 만세" "진도군민 만세" 하며 외치는 소리가 해창포구를 진동시켰다.

배에서 내린 박윤규 선생은 일제의 순사들이 호루라기를 불며 해산을 강요하는 협박이 거세지는 가운데서도 모여든 군민들에게 "법이 아닌 법은 지킬 필요도 의무도 책임도 없다면서 일본사람들이 우리의 동의 없이 법이랍시고 만들어서 우리를 괴롭히는 법은 법이 아니기 때문이다. 이성을 잃고 변명과 억지 주장을 하는 자에게는 최후의 경고 수단이 폭력 일 수밖에 방법이 없었다. 그러기에 나는 두려움도 거리낌도 없이 여기에 당당히 서 있노라"라는 요지로 짤막한 연설을 마치고 우렁찬 만세 소리 사이를 총총걸음으로 빠져나갔다.

이때가 1942년 6월 초순, 일제의 강압 통치가 극에 달했던 시점이었다. 이러한 박윤규 선생의 애국애족 정신의 인격 형성 과정과 선생의 생애에서 단편적이나마 오늘날을 살아가고 있는 우리에게 많은 본보기가 되는 발자취가 아닐까 되새겨 본다.

진도군 지에도 올려진 것과 같이 박윤규 선생은 조도보통학교 교장을 지냈으며 지산면장을 지냈고 해방 후에는 진도중학교 교장을 지냈다. 특히 지산면장으로 재직 중에는 본인과 곽두인(제4대 군내면장. 고군면 신리 출신). 김유배(진도읍에서 정미소를 운영하였음) 등 지역유지와 함께 김성환 군수를 찾아가 친일에 앞장 서온 군수를 진도인의 기상을 보여준 용사로서 의기지사義氣之士이며 말년에는 교육위원 공직에도 몸을 담았던 것이다.

이렇듯 철통같이 짜고 천년만년 계속할 것 같은 왜제도 운진하여 무너지는 날이 돌아올 것이니 나라를 되찾고 지키는 백성이 되려면 모두가 배워야 하고 알아야 한다는 신념 아래 낙도 중의 낙도인 진도군의 부속 도서 조도면 창유리에 조도 보통 공립학교(현, 조도초등학교)를 지역

유지들과 협의하여 1925년에 건립하여 초대 교장으로 취임하여 13명이 4년제 제1회 졸업생(1929년)을 배출시키는 등 고향의 교육자로서 첫걸음을 시작하였다.

세계 2차대전이 일본의 패전으로 마무리되면서 우리에 대한 일본 식민 통치도 종지부를 찍고 우리나라 독립의 서광이 비춰지고 있을 무렵 박윤규 선생께서는 다시는 나라를 잃는 설움을 당하지 않고 지켜나가기 위해서는 후세들에 대한 교육밖에 다른 방도가 없다는 일념으로 소전 손재형(서예가. 前 국회의원)과 정승한(해방 후 진도 초대군수) 등 지역 지식인들과 뜻을 같이하여 진도중학교를 설립하고 초대 교장으로 부임하였으나 당시 일신상의 사정에 의하여 짧은 기간의 교장직을 사직하고 후임으로 정승한 선생을 천거하였다.

8.15해방 이후 줄곧 교육위원으로 활동하면서 후학양성에 직 간접 영향을 미치는 활동을 하던 중 다시 진도중학교 제4대 교장으로 추대 되었다. 이때 선생께서는 부임 교훈의 제일성聲이 "나라는 나다"이었다. 나라는 "나"라는 개인들로부터 만들어지고 지켜지며 키워 나가야 하기에 곧 나라는 우리 모두의 각자인 "나"임으로 스스로 나를 사랑하는 것은 나라를 사랑하는 것이요 나라를 사랑하려면 열심히 공부하는 학생의 본분을 다하는 것이다" 요지이었다. 선생께서는 평소 제자들에게 한번도 체벌을 한 일이 없었다. 하루는 어떤교사가 학생을 체벌하는 현장을 보고 그 교사를 교장실로 불러 "선생님은 눈을 뭐하러 가지고 있어요. 학생을 사랑으로 감싸는 것도 눈으로 하고 벌을 주는 것도 눈으로 해야

지 비교육적인 체벌은 왜 하는 거요?" 하며 호통을 쳤던 일화가 지금도 진도 교육 현장에서는 잔잔히 자리잡고 있다. 다시 말해 선생의 정연한 교육 논리와 매서운 눈초리에서 그 뜻이 있었음을 미루어 짐작할 수 있었다.

이 외에도 선생의 발자취에는 괄목할 만한 일들이 많으나 한 가지만 더 기술한다면 우리 진도군민이 잘 살려면 바다에 눈을 떠야 한다고 역설하였다. 우리 진도는 사면이 바다요 섬으로 이루어져 있기에 바다의 개발 없이 부富를 이룰 수 없다는 지론을 펴면서 "바다에 돈이 있다"라고 군민을 일깨우면서 면장 재임 때 진도에 최초로 일본으로부터 김의 인공 양식법을 도입, 지산면 갈두리에 김발을 설치하도록 하여 진도 김의 원조가 되면서 한때 진도군 해태조합장(현 수협 조합장)을 역임하는 등 생산 산업기반 구축에도 공헌한 바가 적지 않았다.

박윤규 선생은 평생을 통해 투철한 애국애족의 민족주의 사상가이시며, 교육가임은 물론 지역의 생산 기반을 다지는 선구자로 선친이 물려준 남부럽지 않은 큰 재산을 지역사회 개발과 교육사업의 추진과정에서 거의 없애고도 유유자적 노년을 보내시고 1969년 69세의 일기로 파란만장한 일생을 마치셨다.

박윤규 선생은 지산면장을 했다는 이유로 친일파(8급)로 오인당하고 있으나 그때는 관직을 가지고 있으면 무조건 친일파로 낙인되었다. 물론 친일을 한 면장들도 있었으나 박윤규 면장은 친일의 옆에도 가지 않았고, 투철한 애국의기지사愛國義氣之士였다는 것을, 진도 모든 군민은 인정하고 있으나 사실적으로 아시는 분들은 모두 작고하셨기에 국가보훈처에서도 서류 미비로 인정하지 않고 있으니 참 안타까울 일이다. 과연 박윤규선생이 친일파였다면 어떻게 진도군민들이 최초에 그의 부친 박봉흔의 덕행기념비를 세워주셨겠느냐 하는 말씀을 드리고 싶다.

 진도군민들은 모든 역량을 함께하여 고 박윤규 전 면장을 애국지사로 등록하도록 백방으로 노력하고 그 공로를 인정해주기를 간절히 바라본다.

진도 김혜자 시인의 시를 접하고 나서

　위대한 시는 아주 오래오래 공동의 것이고 모든 계급과 얼굴색을, 모든 부문과 종파를, 남자만큼이나 여자를, 여자만큼이나 남자를 위한 것이다. 위대한 시는 남자나 여자에게 최후가 아니라 오히려 시작이다, 라고 W.휘트먼은 말했다.

　언어는 이미 강제적으로 보편화 하는 것으로 시는 보편화를 체현하고 사상에 활기를 주고 다시 말하자면 우수한 실제, 실제의 세계보다 고귀하고 더 선택된 세계를 낳게 된다. 시는 신자의 눈으로 볼 때 종교적 신앙이 부활에서 기대하는 효능을 사물에 대해서 부여한다. 시는 사물을 더욱 아름답고 순수하고 위대한 것으로 표현하며 불명성의 후광으로 이것을 둘러싼다. 그러므로 시인은 다른 생활양식의 예언자, 변용을 이루는 자연과 인간의 직관자이며, 시는 신들의 언어라고 부르는 것은 거의 문자 그대로 진실이라는 것이다.

또한 시는 감정의 해방이 아니고 감정으로부터의 탈출이며 인격의 표현이 아니고 인격으로부터의 탈출이다, 라고 T.S.엘리엇이 남긴 말이다. 여기에 김혜자 시인의 사랑의 야상곡은 시인의 최상의 행복이요 삶의 정신이요 행복한 순간순간을 기록한 기록집이다. 늘 바쁜 생활 속에서 한땀 한땀 써 내려간 시들은 어쩌면 김혜자 시인의 영혼인지도 모른다. 여기 "늙은 작가의 삶" 시를 읽어보면 느낄 수 있다.

먼 산 잔설은 산 그림자에 머물고
봄은 잔설의 고동소리 잡아 개화하는데
늙은 작가는 뜨락에 앉아 무의미한 삶

어둠 속 그림자는 길을 잃고
바람도 날개 접어 잠든 시간
텅 빈 사가의 혼불이 백지를 써 내려가고

늙은 작가의 가슴에서 핏방울이 떨어지면
백지에 번져가는 한 맺힌 서러움이
붉게 물들어가면

야위어가는 영혼을 바라보며
멈추는 심장소리를 듣는 비통함
무죄로 돌려야 하는 서러운 운명이여.

- "늙은 작가의 삶" 시 전문

김혜자 시인은 전북 부안에서 태어나고 부산에서 성장하였다. 부산 서면에서 미용 꽃꽂이 강사를 4년 정도 하고 언니 따라 서울로 상경하여 미용 기술로 미용실을 차렸다. 미용실을 차리고 나서 단골 언니 한 분이 계셨는데 그분의 소개로 지금의 남편을 만나게 되었다. 김시인은 절실한 기독교 신자다. 국제 성경통신대학을 졸업하셨으며, 오직 주님과 함께 살아오고 있다. 고향이 서울이다 할만큼 서울생활에 익숙하면서 그러면서 가진 취미가 문학이었다. 미용실에서 손님을 맞이하면서 흘러나오는 라디오에서 생활 수기들을 듣고 라디오 애청자들이 보내온 시를 들으면서 시작하게 된 취미는 글을 쓰고 시를 쓰는 시인을 만드는데 충분하였다. 그러면서 본격적으로 문학속으로 빠져 문학창작교실을 다니면서 교수님들의 지도를 받고 그렇게 하여 느지막하게 2007년 현대시선에 출품한 시가 당선되어 드디어 등단의 기쁨을 맞이하게 되었다.

　아이들도 모두 성장하여 자립하고 나니 서울생활도 그리 즐겁지 못하고 약간의 싫증이 나는 찰라에 섬사람인 남편을 따라 진도에서도 섬으로 이루어진 조도면으로 들어와서 살게 되었다. 처녀 때부터 배운 미용기술로 다시 섬에서 미용실을 차려놓고 적응의 시간을 갖고 살아가면서 고향이 그리웁고 친구가 보고싶거나 마음이 울적하고 답답한 날이면 미용실에 "잠시 외출 중"이라는 푯말을 붙여놓고 바닷바람을 쐬러 나간다. 오고 가는 파도 소리에 마음을 비우고 나면 언제 그랬냐 하듯 마음도 평온을 되찾고 기분도 상쾌해진다. 그러면서 조각난 상현달처럼 마음을 채우지 못하고 피어나는 별들을 보며 이런 한편의 시를 남겼을 것이다.

조각난 상현달 마음 채우지 못해
어둠을 모아 꽃 피우는 별들
은빛 사연 바다에 가득 담고
파도에 한 장씩 풀어놓는 그리움이라

살갗 도려내듯 휘감는 바닷바람
긴 줄에 묶여 외로이 떠도는 돛단배
기다림에 지쳐버린 마음 달래며
물살에 누워 달빛을 잡는다

텅 빈 겨울 바다
내 마음 고요히 잠들고
유난히 빛나는 별 하나
고독의 눈물을 머금은 *夜想曲*(야상곡)

-"사랑의 야상곡" 시 전문

김혜자 시인은 믿음이 강한 기독교 신자로서 부부가 조도중앙교회 장로와 권사로 활동하고 있다. 처음에 진도로 내려와서는 어떻게 섬에서 살아갈 수 있을까 하는 생각을 하고 살았으나 조도 현지 사람들은 보기와는 달리 참 정이 많고 인정이 있어 금방 가까운 이웃들이 생기고 교회의 신자들이 많은 위로와 형제애를 베풀어 주어 적응하는데, 그리 어려움은 없이 살아가게 되었다. 어려움은 없다고 하지만 항상 마음 한구석은 허전하고 섬에서 생활하는 아낙들의 공통적인 생각은 그물에 잡혀있는 듯 외로움이 순간순간 사무쳐 올 때면 탈출하고 싶은 욕망과 도요새처럼 훨훨나르는 자유분방한 사랑도 그리워질 때가 문득문득 들기도 한다. 그럴 때면 모든 것은 내려놓고 누군가를 그리며 마실 한번 떠나고 싶을 때가 가끔 있다.

    운무에 젖은 밤은 스산하고
    파고드는 적막함은
    외로움에 잠겨
    무언의 길을 나섰지

    상현달은 소쩍새의 처량함을
    달래주듯 왕 솔에 걸려있고
    섬마을 아낙의 마음은
    그물에 걸려있어

    붉은 외눈박이 등대는
    야심한 시각을
    쇠북에 담아두고
    외로움을 야심 차게 울렸지

    - "마실" 시 전문

    김혜자 시인은 섬 생활을 하면서 모든 것을 내려놓고 오직 미용실에서의 직무를 천직으로 삼고 대인관계를 갖고 살면서 틈나는 대로 문학

작품을 쓰는 일로 일과를 채운다. 김혜자 시인의 시는 섬과 바다와 이웃과 사랑 그리고 외로움과 그리움으로 채워져 있다. 순진하고 천진난만한 여성적인 면이 그대로 드러나는 순수한 작품들이 맛깔스럽다고 할 것이다. 거짓 없는 그대로의 순수한 섬 이야기들과 섬사람들의 이야기를 한 편 한편의 시로 만들어내는 기술자라고 해야 맞는지 시인이라고 해야 맞는지 모르겠다. 자연의 순리에 순응하면서 사물을 꿰차는 예리함으로 잡아내는 시어는 여성스러우면서도 과감한 표현력으로 정확한 시적 표현이라 할 것이다. 여기 시를 보면 더욱 드러난다.

　　노을빛에 취해 춤추던 새들
　　비단결 같은 물살에 뒹굴던 조개들
　　갯벌에 갈색 추억 만들던 날들은 사라지고
　　소라껍데기만 하늘 향해 곡을 하네.

　　갯벌은 한 서린 가슴 하얗게 재 되어 날고
　　물살은 뱃길 잃은 지 오래
　　허기진 뱃길은 주름살로 남아있고
　　웅덩이는 어류들의 한을 담아 무덤이 되었다

　　인간의 횡포를 막고 서 있는 장승
　　바다를 지키려는 야심에 앞 이도 빠졌고
　　높이 솟은 솟대 새 슬픔을 노래하며

　　돌아올 수 없는 물살을 기다리며

맥없는 어류들의 넋을 위로하네

- "바다로 간 장승" 시 전문

　김혜자 시인은 나이가 들어감에서도 마음은 청춘이요 늙어간다는 것이 창피한 일은 아닌데도 왠지 나이가 든다는 것에 아쉬움을 느끼고 못다한 사랑을 자꾸 이야기한다. 한때 사랑했던 첫사랑의 연인이 황혼의 길로 접어드는 순간 보고싶고 안부가 그리운 것은, 감정이 있는 인간이기 때문에 숨기지 못하고 모든 것은 운명이라고 돌리지만 그래도 가끔씩 생각나며 그리운 것은 시를 쓰는 시인의 길을 걷다 보니 더욱 그러는지 모른다. 모든 사물이 다 시간이 가고 여물어야 알맹이가 되듯이 시도 여물대로 여물어야만 시가 되고 노래가 된다. 김혜자 시인의 시는 나이가 들어가면서 시가 중후하고 묵은지 같은 시가 쏟아지는 걸 보면 인생의 깊이에서 묻어나는 숨길 수 없는 시인이라는 것이다. 문학을 통하여 본 김혜자 시인은 매사에 적극적이고 봉사정신도 강하고 특히 시인에게서 느낀 감정이지만 김혜자 시인은 어쩌면 예술의 끼를 타고났는지 모른다 여기 한 편의 시를 보면 시인은 아직 소녀 같은 감정이 그대로 살아있는 듯하다.

당신을 이렇게 사랑해도 되나요
당신 때문에 밤샘 비를 맞고 있습니다

기다림에 지쳐 어둠이 두려웠고

보고픔에 야위어가는 모습이 서글퍼집니다

돌이킬 수 없는 상처가 깊어
눈물이 가슴에 젖었습니다

어둠을 장식했던 사랑
바람소리만 불어도 절로 보고 싶은 당신

바람에 유유히 사라지는 강물처럼
이룰 수 없는 사랑

- "운명" 시 전문

　김혜자 시인은 시를 보면 가족에 대한 애착이 남 다르는 것 같다는 생각이 든다. 우리나라 속담에 나이를 먹으면 어린애 된다는 말이 어쩌면 그리 딱 맞는지 모르겠다. 김혜자 시인은 세월이 흐르다 보니 어린애처럼 지나온 삶이 영화 스크린의 한 장면처럼 스쳐 지나가는데, 어릴 적 어머니의 손을 잡고 오일장을 따라다니던 기억이 생생히 떠오르곤 한다고 한다. 어머니께서는 손수 농사지은 열무와 푸성귀들을 오일장에 가지고 가기 위해서 늦은 밤까지 다듬어 놓았다가 새벽닭 홰치는 소리와 함께 길을 나서 이십 리 길을 걸어가야만 장에 도착한다. 장에 갔다가 팔아서 가족들의 식단을 챙기기 위해 생선꾸러미를 사서 오시는 어머니는 누구보다도 강한 사람이었던 것 같다. 나이가 들면서 이제와서 어머니를 생각해보니 투정만 부렸던 그 철없던 시절이 왜 이리 후회되는지 눈물이 난다고 한다. 나이 먹고 철들고 효도 한번 해 보고자 하니 이미 "부모 불효 사후회"가 되고 말았다. 어릴 적 어머니의 손을 잡고 장에 가던 모습을 써 놓은 한 편의 시를 소개한다.

    해거름 잰걸음 하시는 어머니
    열무 몇 다발 곱게 묶어
    앞마당 우물가에 놓고

    홰치는 닭 울음소리에
    간밤 준비해 둔 광주리 머리에 이고
    이십 리 길 나선다

    길동무하는 샛별
    깊은 재 넘어 불 밝히는 달빛
    열무 팔아 생선 사서
    부모 조반상 올리는 효심

    절구방아 가난을 찧고
    갈퀴 되도록 닳아진 손과 발
    짚불 속에 고생을 태워버리는
    나의 어머니

    - "광주리에 담긴 달빛" 시 전문

김혜자 시인은 천상 여자요, 어머니다. 요즘 시들을 보면 여류시인들이 많지만 여성 시를 쓰는 시인이 없어 아쉬움이 많이 간다. 여성에게서 느끼는 시들은 우리 남성들이 쓰는 시보다 훨씬 많을 수 있다. 저는 아카데미나 창작교실에서 시를 가르치면서도 여성들에게 항상 강조하는 것이 여성들이 여성 시를 쓰지않고 일반 시, 쉽게 말하면 남성 시를 자꾸 쓰려고 하는데 이 지구상에는 반은 남자요 반은 여자이므로 문학에서도 반은 남자 시인이요 반은 여성 시인들로 구성되어 있다. 그 말은 바로 여성들이 쓸 수 있는 시들이 이 지구상에 절반이 있다는 것이다. 이제는 진정으로 여성 시인들께서 여성 시를 볼 수 있는 날이 있기를 기대하고 있었는데 참 평이하고 순박한 우리가 보는 그대로 느끼는 그대로 표현한 여성 시가 있어 소개하고자 한다. 김장김치를 담는 그 모습이 눈에 선하게 들어온다. 아주 맛깔스러운 김치는 어머니를 닮았다는 시는 김장김치를 맛보듯 옆 사람에게 먹여 주고 싶은 시라고 할 수 있다.

    손끝은 칼바람에 절고
    배추는 갯물에 절어
    파란 잎에 붉은 유화를 바르듯
    그리움을 들치며 버무리고
    영감님은 추억에 젖은 듯
    군침 돈다며 노랑 속잎 한 장 맛보잔다

    양념에 굴 깨소금 듬뿍 찍어
    맛보더니 마누라 입술 맛이란다
    이렇듯 아낙은 매년 힘든 김장을 하고

항아리 속의 상큼함이 익어가는 것처럼
숙성되어 정성껏
어머니 맛으로 밥상에 오르고 있다

- "김치는 어머니를 닮았다." 시 전문

   김혜자 시인은 한편 한편, 써온 시들을 이제 이 세상에 빛을 보게 하려고 한다. 무척 두렵기도 하고 무섭기도 하지만, 때로는 그동안 심혈을 다해 써온 나의 소중한 작품들이 결실을 보아 누군가에 의해 읽히게 된다는 설렘에 밤잠을 설치게 된다고 한다. 김혜자 시인의 시를 접하면서 느낀 점은 김혜자 시인은 손님의 흐트러진 머리를 다듬고 손질하는 데서 빛나고 윤기 나는 머리로 만들고 아름다운 파마로 미를 연출하듯이 그의 시도 미용상으로 다듬어져 나오고 있다는 것으로 그의 시는 어느 시인의 시보다도 훌륭하고 아름다움이 담겨 있는 시라고 생각하면서 모든 사람에게 추천하고 싶은 시라고 다시 한번 말하고 싶다.
   김혜자 시인의 앞날에 문운이 꽃피우길 빕니다.

장애를 딛고 일어서 30년만에
첫시집 "민들레꽃" 발간 평론

시란 참이다.

시는 언제나 우리의 삶을 새로 출발하도록 고무하며 그 삶의 근원으로 되돌아가게 할 것이다.

설매 김인자 시인의 첫시집 민들레꽃 출간을 누구보다 환영하고 축하한다.

정말 김인자 시인의 아호처럼 설매, 눈속에 핀 한송이 매화 꽃이다.

김인자 시인은 참 착하고 인정이 많은 시인이라고 알려져 있다. 남들이 흉보는 중증 장애를 가지고 태어났으면서도 항상 밝은 표정으로 살아간다.

자기의 장애를 돌아보면서 부모를 원망해 보기도 하고 사회의 냉철함에 원망이나 자신에 대한 포기도 있을 법한데, 지금까지 당산문학을 함께하면서 30년 가까이 지켜보았지만, 한번도 자신을 비관하거나 남을 원망하는 모습을 보지 못했다. 어떨 때는 정상적인 몸을 가지고 살아가는 내 자신이 무척이나 초라하고 미안했다.

김인자 시인은 천상 시인이었다. 모든 아픔을 시로 표현하고 시와 함께 울고 시와 함께 웃었다. 그래서 이런 시들이 모여 한 권의 책이 되었다. 시는 물론 잘 써야 남이 알아주는 시가 되겠지만 울림이 없는 시는 그냥 시로 남을 뿐이다. 김인자 시인의 시는 모든 시들이 우리에게 울림을 주고 아픔에서 해방을 주고 희망을 주곤 하였다.

김인자 시인은 발간사에서도 말했듯이 "지금까지 살아온 지난 나날들 돌아보니 너무 아슬아슬했다고 본다. 나의 인생사는 민들레를 너무 많이 닮은 삶이 었다고 생각한다. 밟혀도 밟혀도 굴하지 않고 아파도 아파도 참고 견디는 인내로 꿋꿋하게 일어서고 화려하지않아도 누가 알아주지않아아도 그저 홀로 피어나는 민들레꽃 인생이라고 말하고 싶다고 표현했다.

    김인자 시인은 칠순을 넘기면서도 아직 천진난만한 소녀로 생각한다.
    내나이/ 황혼이 되었어도/나는 아직도 소녀다
    하늘에 둥실둥실/ 떠가는 구름만 쳐다봐도/가슴이 뛰어놀고/
    구름이 가는데로 따라서/어디고 마냥 떠나고 싶어/ 풍선처럼 부푼다.

    - 나는 아직 소녀다 일부

김인자 시인은 세상을 긍정적으로 살아가는 시인이다. 장애를 가지고 살아가다보면 모든 것이 불편하고 부정적인 생각에 불만도 쌓여갈 수 있지만 김시인은 법정스님의 시처럼 물은 물이로되 산은 산이로다. 모든 것은 내탓이다 라는 생각으로 받아들이며 살면 금방금새 마음이 편해진다고 한다. 이 시를 보면 알 수 있을 것 같다.

    비워야 산다고/ 버려야 살 수 있다고/ 자신을 타일러 보지만/
    용서가 안 되는 슬픈 마음/ 아~~ /이제와 원망하고/ 탓하면 무엇하리/
    모든 것은 다/ 내 탓이오/

    - 내 탓 일부

  글을 쓴다는 것은 어려운 길이다. 특히 장애인들이 글을 쓴다는 것은 더욱 어려운 길이다. 일반인들이 글을 쓰면서 흘리는 땀방울이 글로 표현 된다면 장애인들의 글들은 피방울이 하나둘 모여 글이 되는 것이다.

  김인자 시인은 그러면서 글을 쓰는 작가의 생각을 글로 옮겨 놓았다. 모든 작가들은 설매 김인자 시인의 작가의 길을 걸어갔으면 좋겠다는 생각이 든다.

    작가들은 쓰는 사람이다/글을 쓰려면 먼저 마음의 그릇을 비우고/깨끗해야 한다/ 그래야 보이는 것/ 들리는 것/ 생각하는 모든 것들이/ 이슬처럼 맑아서/ 아름답게 피어나는/꽃과같은 글이/탄생하기 때문이다/글향도 멋있게 퍼져간다/
    /중략//

난/ 말하고 싶다/ 작가는 멋있는 사람이라고/ 존경스러운 사람이라고/ 꽃보다 아름다운 문학이라고/
그렇다/ 문학의 수레는 굴러간다/ 앞으로 힘차게/ 세상끝까지 간다/

- 작가의 길 일부 끝

김인자 시인의 아름답고 소중한 첫 번째 시집 "민들레 꽃" 발간을 축하드리면서 진도 예술의 고장에서 많은 문학인들과 함께 문학부분의 큰 역할과 장애인들에게 희망을 주는 좋은 글들을 창작하여 발표해 주시길 기대한다.

아주 보통의 하루를 만드는

"엄마의 말투"를 읽고

참고, 믿고, 사랑하라!

이 말은 우리가 아이를 키우면서 자존감 창의력 배려심을 길러주는 엄마의 말투로써 모든 관계에서 실천할 수 있는 대화법으로 통하는 말이다. 조성은 작가와 황재호 작가는 부부 작가이면서 서울과 진도를 오가며 농업회사법인 ㈜트루엔 팜 대표로도 활동하고 있다.

우리는 흔히들 엄마의 마음이 변해야 아이에게 향하는 말투가 사랑스럽게 변한다고 합니다. 그만큼 아이를 향한 말투는 아이의 하루를 채워가는 중요한 가치로 형성되어 가기 때문입니다. 아이를 키우는 하루하루는 마치 긴 여정과도 같습니다. 이 여정에서 웃음이 넘치는 날도 있지만 때로는 인내와 고민이 필요한 날들도 찾아옵니다. 부모로서 우리는 이 여정 속에서 자녀가 세상을 이해하고 자신을 사랑하며 타인과의 조화를 이루는 법을 배울 수 있도록 돕고 싶어 합니다.

그러나 우리는 부모라는 역할이 그리 쉽지는 않다고 생각합니다. 아이와의 대화에서 나도 모르게 불쑥 튀어나온 한마디 말이 아이에게 어떤 영향을 미칠지 한번쯤 고민하셔야 한다고 작가는 말합니다. 부모들의 말투와 표현은 아이에게 단순히 소리를 넘어 마음 깊이 새겨질 메시지가 되고 그 말들이 아이의 자존감과 자율성을 키우기도 하고 때로는 상처로 남기도 한다고 한다.

아주 보통의 하루를 만드는 엄마의 말투는 특별한 비법이나 완벽한 답을 제시하려는 책이 아니므로 부모와 자녀가 일상에서 나누는 대화가 얼마나 큰 힘을 가질 수 있는지 그 중요성을 한번 생각해 보자고 제시하는 책입니다. 자녀와의 관계에서 사용하는 말투와 태도를 조금만 돌아보고 그 작은 변화를 통해 우리 아이들의 하루를 더 평화롭고 따뜻하게 만들 수 있는 방법을 찾아가는 여정을 제안하고 있습니다. 아주 보통의 하루를 만드는 엄마의 말투는 시중의 자녀 교육서와는 다른 점을 가지고 있다고 생각합니다. 첫째, 엄마가 무슨 말을 해야 하는지 알 수 있는 책이 너무 많습니다.

엄마가 아이에게 어떻게 말해야 하는지 책들은 많지만, 사례 위주의 접근이 대부분 주를 이룹니다. 그러나 독자에게 일어나는 상황은 책에서 제시되는 사례보다 훨씬 다양하고 복잡하므로, 독자가 훈육을 포기하는 예도 생깁니다. 이 책은 무슨 말을 해야 하는지 단순히 제안 하는 데서 그치지 않고, 다양한 상황에서 적용할 수 있는 말투와 원칙과 방향을 제시하고 있습니다. 둘째, 자녀 교육에서 중요한 가치를 특정합니다.

많은 자녀 교육서가 자녀에게 중요한 여러 가치를 제시하지만, 부모가 꾸준히 실천할 수 있도록 가장 중요한 가치를 구체적으로 제안하는 경우는 드물다고 생각합니다. 그러나 이 책은 자존감, 창의력, 배려심이라는 핵심 가치를 중심으로 다른 가치들이 자연스럽게 따라오도록 하는 방식을 제안하고 있습니다. 셋째, 자녀 교육에 대한 확고한 신념과 철학이 담겨져 있습니다. 오랜시간 동안 많은 사람들을 만나며 축적된 경험과 연구, 그리고 학문적 교류를 통해 형성된 자녀 교육에 대한 확고한 신념과 철학을 바탕으로 집필한 도서라고 말할 수 있습니다.

김희수 진도군수는 추천사에서 "대한민국에서는 다양한 형태의 가정이 있습니다. 대도시의 부모못지않게 농어촌의 부모와 다문화가정의 부모 역시도 내 아이를 더 좋은 여건과 환경에서 교육받게 하려는 열정이 있습니다". 저자는 아주 보통의 하루를 만드는 엄마의 말투에서 제안하는 엄마의 말투를 실천하면 내 아이를 지금보다 훌륭하게 성장시킬 수 있다고 제안합니다. "이책이 많은 부모에게 알려져 대한민국을 살아가는 다양한 형태의 가정 모두가 행복해지는 세상이 되기를 진심으로 응원합니다" 했다.

대대로 홍주를 경영하고 계신 김애란 대표는 추천사에서 "어린 시절 넉넉하지는 못했지만, 엄마의 따뜻한 말 한마디로 마음이 든든해졌던 우리였습니다. 세월이 지나도 변하지 않는 어머니의 사랑처럼 아주 보통의 하루를 만드는 엄마의 말투를 실천해 모두가 행복해졌으면 좋겠습니다" 라고 했다. 그리고 여성경제인 연합회 경기지회장으로 계시는 변화순 대표는 추천사에서 "기업을 경영하면서도 가정을 책임지는 여성 경제인들에게 적극 추천한다"고 하면서 "이책에서 강조하는 엄마의 말투 핵심 가치인 자존감, 창의력, 배려심을 기업을 경영하는 대표, 조직의 리더, 직장 선배의 처지에서도 적용하여 실천한다면 여러분들의 직장과 가정 모두에 큰 도움이 될 거로 생각한다고 추천사에 올렸다.

아이를 잘 키우려는 욕심

내 아이를 잘 키우고 싶은 마음은 세상 어느 부모나 모두 같다. 잘 자라서 성공하고 누구보다 행복하게 살기를 원한다. 그래서 늘 잘 키우려면 어떻게 해야 하는지, 성공한 삶을 살게 하려면 어떻게 해야 하는지 생각한다. 아이들의 눈높이에 맞춰 이해하는 육아가 아닌 의욕만 앞선 육아를 하고 있는 것이다. 하지만 의욕만 앞선 육아는 엄마와 아이 모두를 힘들게 한다. 따라서 현재 아이와 갈등을 겪고잇는 엄마라면, 먼저 자신이 사용하는 말투를 점검해볼 필요가 있다.

대화의 단절

엄마의 무의식적으로 뱉은 말에 아이가 상처를 입어 더 이상 대화가 필요없다고 생각한 것이다. 아이l는 부모와의 대화에서 살아가는데 필요한 지혜를 배운다.. 평소 아이의 인격을 무시하거나 존중하지않으면, 아이는 대화의문을 닫아버린다. 그리고 엄마는 엄마대로 아이는 아이대로 불만이 쌓이게 된다. 따라서 한없이 착햇던 아이가 변했다면 그것은 아이의 쌓였던 불만이 터져버렸다는 것을 의미한다.

아이의 인격을 무시하는 말

"너는 도대체 왜 그러니?"라고 아이의 인격을 무시하면 아이의 자존감은 무너진다. 자기 스스로 "문제 있는 아이"라고 생각하기 때문이다. 그리고 이러한 상황은 충분히 해 낼 수 있는 일도 쉽게 포기하게 만든다. 언어폭력이나 정서적 학대와 같기 때문에 이렇게 말하면서 아이의 성장을 기대하는 것은 무리이다. 아이를 무시하는 말은 아이 스스로 자신이 쓸모없고 무능하다는 생각을 만들고 사랑받지 못하고 있다는 생각 때문에 반항하게 만든다.

아이를 소유물로 생각하는 엄마

아이가 같은 실수를 반복하고 말았다. 이때 "또 그랬어?" "엄마가 지난번에 뭐라고 했어?"라고 말하게 되면 아이는 엄청난 스트레스를 받게 된다. 아이의 입장에서는 지나간 과거까지 혼나기 때문이다. 게다가 엄마의 의도와는 다르게 스스로 "매일 똑 같은 실수를 하는 아이" "항상 문제 있는 아이"라고 생각하게 된다. 아이가 실수를 반복했다면 이를 분석하고 응원해 주면 된다. "실수를 했구나! 이번엔 조심하자" "중요하기 때문에 엄마가 여러 번 이야기하는 거야" 아이를 모욕하지 않고 엄마의 마음을 전달하도록 하자, 그래야 엄마와 아이 모두 마음이 편하다. 엄마가 아이를 소유물이라고 생각하기 때문에 발생하는 잘못된 훈육 방법이다.

공감하고 응원해주기

아이와 엄마가 유대감을 형성하기 위해서는 아이의 말에 공감 해주고, 응원해 주는 것이 중요하다. 짧고 직설적인 표현으로 아이를 혼내는 것은 쉽다. 하지만 아이와 공감하고 아이를 응원하는 표현은 길고도 어렵다. 아이와 엄마가 늘 좋은 감정으로 연결되길 원한다면 단순히 대화의 형식을 외우는 것으로는 부족하다. 먼저 아이의 감정을 잇는 그대로 봐주고, 그다음에 어떻게 하는게 좋을지 선택해야 한다. 이것이 핵심이다. 그러면 아이는 자신을 돌아보고 스스로 행동을 개선할 수 있게 된다.

자존감이란?

자아존중감이라는 단어는 1890년대에 미국의 심리학자인 윌리엄제임스가 처음 사용하기 시작했다. 자아존중감이라는 전문 용어를 번역하는 과정에서 자존감이라는 단어가 탄생했다. 자존감이란 자신의 가치를 존중하며 자기 자신을 긍정적으로 생각하는 감정을 말한다. 우리나라에서는 비슷한 단어로 자존심으로 표현 하기도 한다. 자존감은 성공작인 인생을 살아가는데 꼭 필요한 핵심요소 중 하나이며, 기본적으로 우리 자신에 대한 신념들의 집합이다. 자존감에서 가장 중요한 두가지는 "자기가치"와"자신감이다"이다. 자존감은 아이가 성장하는 과정에서 매우 중요한 역할을 한다. 자존감이 높은 아이는 대체로 새로운 도전을 두려워 하지 않으며, 긍정적인 자아를 가지고 있기 때문에 친구를 사귀는 것이 어렵지않아 대인관계가 원만하다. 또한 스스로 행동을 통제하고 조절하는 능력을 가지고 있으며 의사소통 능력과 주관이 분명하다.

아빠가 놀아주면 성장의 폭이 넓어진다.

육아는 양육자들의 조화로운 협력이 필요한 과정이다. 최근 연구 결과 아빠가 창의력 놀이와 대화에서 적극적으로 참여할 때, 아이의 성장에 영향을 미친다고 보고하고 있다. 아빠가 아이에게 다양한 어휘와 복잡한 문장 구조를 사용하는 것이 아이의 언어능력 향상에 이바지한다고 두 가지 스킬을 제안한다. 첫째: "감정표현하기"다. 아바는 아이의 일상생활에서 발생한 사건에 대해 이야기를 나눌 때, 아이가 느꼈던 감정에 초점을 맞출수 있다. 상황을 분석하고문제를 해결거나 지적을 잘한다. 하지만 아이의 감정을 먼저 헤아리고 그것을 표현하는 방법을 알려주면 타인을 이해하는 마음을 키울 수 있다. 둘째: "창의력으로 문제 해결하기"다. 일상의 작은 문제 상황에서 아빠는 아이와 함께 장의적인 해결책을 모색할 수 있다.

엄마 아빠에게 꼭 권하고 싶은 책이다.

본 기자는 "엄마의 말투"라는 책을 받아들고 처음에는 책을 소개하기 위해 대충 훑어보았으나 자꾸 끌려 들어가는 매력에 빠졌다. 정말 이시대를 살아가는 엄마 아빠들에게 꼭 권하는 책으로 육아에 대한 길라잡이라 할 수 있다 하겠다.

"말해주면 안되나요" 노래 가사 주인공에게

움추려드는 겨울이 우리 앞에 성큼 다가왔다.

추위를 느끼면서도 한편으로는 따뜻하고 포근한 감정으로 당신을 향해 편지 한 통을 건네려고 한다.

어쩌면 참 조심스런 편지인지 알면서 나는 이번에 나의 비밀을 말해 버리고 난 후에는 이제는 말할 때라 생각했다. 내가 "말해주면 안되나요" 노래를 만들게 된 배경에는 당신이 곁에는 없지만 문인으로서 나와 함께 활동하면서부터 시작되었다. 이상하게도 나의 마음은 당신에게 자꾸 끌리게 되었고, 그게 사랑이었는지도 모르겠다. 그러나 사랑한다고 말은 할 수가 없었다. 내가 생각하는 당신은 나에 대한 그런 감정이 있는지 없는지 전혀 알 수가 없었고, 내가 "여기가 진도랍니다" 노래를 만들고 나서 두 번째 노래를 만들면서 당신에게 도저히 말로 할 수 없는 내 마음을 노래에 담아야겠다는 생각을 했다.

"말해주면 안 되나요" 노랫말을 들어보면 "꼭 한 번만 말해주세요. 꼭 한 번만이라도 당신 맘을 꿰뚫 수 있는 신도 아닌데 내가 어찌 알수 있나요",로 시작합니다. 사랑하면서도 사랑할 수 없는 이유는 당신이 가정을 가지고 있어서 가정을 깰 수 없었다. 그런데 당신을 지켜보는 것으로도 멀리서 사랑하는 마음만으로 살아가는 것도 나는 참 행복했다. 그래서 문인들끼리 작품집을 만들 때도 조금이라도 가깝게 하고 싶었고 조금이라도 챙겨주고 싶었고 그러면서 당신의 가정은 정말 행복할까? 하면서 궁금하기 시작했는데, 어쩌면 어쩔 수 없는 부부로 살아가고 있지 않을까? 하면서 내 마음은 당신에게 더 다가갔는지 모른다.

그리고 내가 자꾸 당신에게 시를 쓰라고 하고 시집을 출판하라고 하는 것도 보이지 않는 당신과의 관계에서 함께하고 싶어서 그랬던 것이다.
나는 어쩌다 올라가서 당신을 만나는 날이면 가슴이 벌렁거리고 저의 혼을 빼는 것 같은 감정이 살아 움직이더이다. 목소리만 들어도 좋고 식사하는 모습만 봐도 좋고 차를 마시는 모습만 봐도 사랑스러웠다. 내가 지금까지 살면서 한 사람에게 이렇게 빠져보기는 정말 처음이다. 같은 예술인으로서 많은 이해와 배려도 있을 것 같고 우리는 얼마든지 행복할 것 같다는 생각이 자꾸 들기 때문이다. 어쩌면 우리는 운명인지도 모른다. 그러는 당신은 천사인지도 모른다. 내가 생각하는 천사가 내 앞에 나타나 만나고 있는지도 모른다. 나는 정말 한눈에 반했고 당신의 허락도 없이 사랑하는 마음으로 나의 마음을 사로잡아버렸다. 굳이 당신에게 사랑한다고 허락받을 필요도 없었다. 평생동안 이런 감정은 처음이었으니까...

그래도 다행인 것은 내가 글을 쓰는 시인이었기에 조금은 당신에게 다가가는 길이 수월했는지 모른다. 아니 당신이 글을 쓰면서 전국 문인 대회에서 만나게 된 것은 우리의 운명인지도 모른다. 지금에 와서 생각이지만 당신이 혼자였다면 참 좋았을 걸 처음 느낄 때는 가정이 없는 사람으로 솔직히 어딘가 모르게 어두워 보였다. 이제 와서 가정이 있고 없고가 중요한 것이 아니라 내가 당신을 사랑하고 있다는 것, 지금까지 말하지 못하고 사랑했었다는 것을 알려드리고 싶었습니다. 그래야 내 마음도 편해질 것 같았다.

지금 현재는 우리의 처지가 다를지라도 내가 당신이 생각날 때, 당신이 제가 생각날 때 서로 연락하고 전화하고 가끔 만나 차 한잔하면서 부담없이 살아갔으면 좋겠다는 생각을 자주 한다. 인생 정말 얼마 안 되고 짧다, 순식간에 지나가는 것이 우리의 인생이다. 세월은 금방 우리를 저만큼 데려다 놓으면서 주름살과 백발로 만들어버리고 늙어가게 만든다. 내릴 수도 없고 정차하지 않는 인생 열차에 우리는 지금 어디쯤 가고 있다고 생각하는가? 당신이나 내가 살면 몇십 년 살겠습니까? 사랑하고 좋아하는 사람과 한번 살아본다면 그래도 인생에 대해 후회가 좀 덜하리라 생각한다. 그래서 이렇게 당신에게 고백하고 있는지 모른다.

우리가 살아가면서 뜻대로 되는 일도 있고 안 되는 일도 있는데, 안 된다고 짜증을 내지 말고 서로 이해하고 배려하면서 기분 나쁜 일이나 슬픈 일은 빨리 잊어버리고 좋은 일이나 웃는 일은 한없이 다시 생각하고 생각하면서 마음먹은 일이나 뜻 먹은 일은 실타래처럼 술술 풀리면서 늘 당신이 웃고 즐거웠으면 좋겠다. 당신은 언제봐도 참 아름답다. 마음도 예쁘고 몸도 예쁘고 마음먹은 생각까지도 예뻐서 어느 사람에게도 사랑받고 칭찬받는 사람으로 인정받을 수 있는 사람이라서 내가 바라고 좋아하는 사람 중의 한 사람이다. 나는 당신으로 해서 더 많은 글을 쓸 수 있었고 더 많은 사랑의 표현을 할 수 있었고 당신을 사랑하기 위해 꾸준히 공부하고 있었다.

그리하여 당신이 행복하고 사랑이라고 느낄 때까지 맑고 고운 사랑의 샘물이 되도록 사랑하겠다. 우리 시인은 거짓말을 하지 않는데 왜냐면? 시인이 거짓말하면 나라가 망한다고 선배 시인들이 귀가 따갑게 말해줬다. 김영승 시인은 당신이 지켜봐서 알겠지만, 가진 것은 없지만 의리있고 정직하다고 생각한다. 진정한 시인이 되기 위해 따뜻한 가슴과 사랑하는 법을 배워왔다. 그러나 항상 가정이 있다는 것에 저는 사랑하면 안 돼? 내려놓아야 해? 하면서도 포기하지 못하는 것은 왜일까. 내려놓았다가도 꺼져가는 불씨를 다시 집어 들고 호호 불면서 다시 되살리고 아름다운 추억들을 생각하면서 소중하게 가꾸어가는 나의 마음은 탑을 쌓기 위해 벽돌 하나하나를 놓는 심정으로 그대를 기다리고 있는지 모른다.

당신과 함께 있을 때 설렘보다는 마음 편함이 좋고, 손을 잡고 걸을 때면 손이 따뜻해지기보다는 마음이 따뜻해 가슴이 포근해지는 당신과 내가 되었으면 좋겠다. 살아가면서 인생이라는 빈 잔이 있다면 다른 사람들은 돈이나 명예를 채우더라도 당신과 나는 사랑과 웃음으로 가득 채워 마셔도 마셔도 사랑이 줄어들지 않고 거듭거듭 차고 넘쳐서 웃음이 온몸에 퍼져 행복이란 참맛을 느끼는 기쁨의 잔이 되도록 노력하겠다. 사랑한다.

평생 잊지 못해 기다리는 사람

친구들은 군대 영장을 받아놓고 대학을 졸업하기 전에 군대를 갔다 오려고 휴학을 신청하는 경우가 많았다. 나는 호적이 늦게 되어 있던 관계로 졸업하고 군대에 가기로 마음먹고 우리 토목학과 학생들은 모두 국가고시 토목기사 자격증 시험에 몰두하기로 하고 학교에서도 학과 공부보다는 오직 자격증 시험 대비에 총력을 기울이고 있었다.

그래도 군대 가는 동기들을 서운하지 않게 군대 보내기 위해 미팅을 주선하기로 하여, 나는 친구의 친구를 통해 광주 백제약품 아가씨들과 8대8 미팅을 광주 금남로 4가 남선 다방에서 만나기로 약속하였다. 친구들은 학교에서 한꺼번에 가서 기다렸고, 아가씨들은 대인동 동부소방서 근처에 있던 백제약품에서 퇴근하여 걸어서 오기 때문에 조금 늦었으며, 모두 다 백제약품 직원이 아니고 근처에 일하는 회사직원들도 두세 명 있었다고 했다. 우리는 며칠 전부터 진월동에 있는 옥천 닭집에 예약을 해놓은 상태였다. 그때 당시 진월동 옥천 닭집들은 철길옆에 자리하고 있었기 때문에 열차가 지나가는 것을 보고 시간을 짐작하면서 닭죽을 시켜놓고 각자 파트너를 정해서 게임도 하고 밤새도록 야외전축을 틀어놓고 노래 부르고 춤을 추면서 즐겁게 지냈다. 토요일 오후였기에 옆집 앞집에서도 밤새 노랫소리가 나고 새벽에는 이야기들을 하는지 조용해졌고, 일요일 아침이 되어서야 우리는 각자 집으로 가는 사람과 몇몇 사람은 방림동 우리집으로 다시 가서 뭉쳤다.

방림동 우리집에 도착하여 점심밥을 해서 먹고 화투를 사 와서 삼봉을 쳐서 술을 사와 또다시 술판을 벌였다. 우리집으로 온 친구들은 어제부터 파트너를 정해서 지냈기 때문에 많이 가까워진 사람들이었고, 서로 파트너가 마음에 들지 않은 사람들은 아침에 헤어져 집으로 갔다. 마음이 어느 정도 통한 친구들은 파트너들과 함께하였기 때문에 서로들 마음에 들었는지 계속 함께 하기를 원했다. 아가씨들도 우리 친구들이 맘에 들었는지 집에 빨리 가야 한다는 사람은 없었다. 그렇게 하여 우리는 일요일 밤에 저녁 식사까지 하고 충장로 1가 그랜드호텔 지하 라이트클럽으로 옮겨 신나게 춤을 추며 즐겁게 지냈다. 우리는 그 후로 서너 사람은 백제약품 아가씨들과 만남이 이어가고 있었고 나도 계속해서 만남을 이어가면서 애인으로 발전해 갔다. 나는 방림동에서 동생들과 자취하고 있었기 때문에 백제약품에 다니는 여자 친구가 시간이 나는 대로 집으로 와서 반찬도 담아주고 함께하시는 시간이 많아졌다.

나는 여자 친구와 급속도로 가까워졌다. 정말 마음씨 착하고 순한 사치를 모르는 친구였다. 서로 깊은 사랑을 하면서 우리는 미래에 결혼까지 약속할 정도로 사랑하는 사람이었다. 그러면서 대학교 2학년을 마칠 즈음 우리에게 시련이 다가왔다. 나는 군대를 갔다 와야 하는 일이 닥쳐오고 있었고, 여자 친구에게도 다급한 사정이 생겼다. 친구의 어머니가 암 환자였고, 6개월의 시한부 인생을 살고 있었기에, 여자 친구 집안에서는 오빠와 언니들이 어머니 돌아가시기 전에 결혼하는 것을 보았으면 좋겠다는 유언의 말씀이 있었다 했다. 그래서 저에게 여자 친구의 친구가 조심스럽게 나에게 결혼에 대하여 어떻게 생각하느냐고 물어오는데 나는 난감했다. 내 나이 22살 아직 군대도 갔다 오지 않았고 내 위에 형님도 결혼을 하지 않고, 대학도 졸업하지 않은 상태라 도저히 결혼은 생각지도 못하는 그런 상태였다. 나는 분명히 군대 3년만 기다리면 결혼할 거라고 그때까지만 기다려달라고 친구에게 부탁하였다.

여자 친구 어머니는 계속해서 시한부 인생은 다가오고 있어서 오빠와 언니들은 나하고 사귀고 있는 상태에서도 급하게 선을 보게 하여 마음에도 없는 결혼을 억지로 중매로 하게 되었다고 했다. 그때는 우리에게 정리를 해야 하는 일이 남아있었다. 우리는 사랑했던 사이로 여자 친구에게 몸에 변화가 오고 있었다 임신이었다. 정리할 시간도 없이 급하게 결혼해야 했으므로 임신한 상태로 결혼식을 올렸고 여자 친구 어머니는 그 뒤로 돌아가셨다는 소식을 들을 수 있었다. 여자 친구는 그때부터 불행이 닥쳐오고 있었다. 아이를 지우지 못하고 결혼하였기에 결혼 8개월 만에 딸아이를 출산했다는 소식을 내가 군대에 있을 때 친구들로부터 연락을 받았다. 나는 그때부터 궁금하기 시작하였고 휴가를 나올 때는 그 친구의 소식을 접하려고 했으나 알 수가 없었다. 나중에 안 사실이지만 여자 친구도 강원도 묵호에서 살면서 광주 친정에 오는 일이 있으면 방림동 우리집 근처에서 혹시나 휴가 나왔을까? 하고 자꾸 들렸었다고 했다.

나는 군대 3년을 마치고 제대를 하면서 곧바로 건설회사에 토목기사로 취직하여 광주에서 회사에 다니고 있었으나 항상 머릿속에는 여자 친구가 딸을 낳았다는 생각이 계속 떠 올라 언젠가는 만나서 물어보고 싶었다. 나는 고향 친구의 도움을 받아 여자 친구의 친정집이 광주 북구 북동우체국 근방이라는 것을 알고 있었기에 여자 친구의 집 전화번호를 찾을 수 있었다. 쉽게 찾을 수 있었던 것은 기독교 집안이었기에 여자 친구 아버지가 기독교 이름으로 "이요한" 씨라는 것을 우리가 사귈 때부터 알고 있었다. 그래서 전화 번호부책을 가져와 북동 주소와 이름을 찾으니까, 이요셉이라는 이름으로 전화번호가 있었다. 나는 두근두근한 마음으로 전화번호를 돌렸다. 나이 든 중년의 목소리로 "여보세요" 하면서 누구세요 했다. 우리는 고향 친구와 충분한 대책을 세웠기에 자연스럽게 거짓말을 했다. 여자 친구 이름이 "이순정"이었는데, 이순정 씨 남편 친구인데 묵호에 집 전화가 바뀌었는지 이사했는지 갑자기 전화 연락이 안 된다고 집 전화번호를 좀 가르쳐달라고 했더니 이순정 아버지는 막내딸을 불러 너희 언니 전화번호 좀 가르쳐달라고 한다고 전화기에서 들려온다. 그때 막내딸은 광주여고 3학년에 다니고 있었다. 그래서 막내딸은 0392~ 하면서 지역번호와 함께 전화번호를 받게 되었다. 전화번호를 받았으니 도저히 용기가 나지 않았다. 한참 동안 생각하다가 내 친구는 자기가 해보겠다고 했다. 전화했는데 남자가 받더라는 것이다. 그래서 바로 끊었다고 했다.

나는 다음날 일찍이 출근 시간을 맞춰서 전화를 돌렸다. 여자 목소리였다. 그래서 이순정 씨냐고 물었더니 단번에 알아봤다. 남편이 일어날 시간이 되었으니, 남편이 나가면 자기가 전화한다고 끊으라고 하여 끊고 기다렸는데, 두 시간 후에 전화가 걸려 왔다. 전화를 걸어놓고 말을 하지 않고 그냥 울고만 있었다. 나는 마음이 너무 아팠다. 나는 그동안 군대에서 제대하고 건설회사에 취직되어 광주에서 생활한다고 하였더니, 알았다고 하면서 내일 전화하면 잘 받으라고 하면서 전화를 끊었다. 다음날이 토요일이었지만 우리 건설회사는 토요일 일요일에도 출근하여 현장을 나가서 인부들의 작업을 십장(현장 책임자)에게 지시하고 나는 사무실에 들어와 있는데, 전화가 왔다. 이순정 친구는 어제 전화를 받고 오늘 아침에 친정에 다녀오겠다고 하여 새벽차를 타고 광주에 나를 만나러 온 것이었다. 우리는 그렇게 하여, 만 3년 만에 재회했다. 여자 친구의 얼굴은 말이 아니었다. 그 예쁜 얼굴에 흉터며 가을 바바리코트를 입고 왔는데 바바리코트에는 핏자국이 카라에서부터 바바리 끝까지 길게 지워지지 않고 선명하게 나타나 있었다. 어떻게 된 일이냐며 자초지종을 물으니 하나하나 말해주는데 너무나 가슴이 아팠다. 내가 죄인이 이라는 생각에 몸 둘 바를 몰랐다.

우리는 그렇게 찻집을 나와 광주공원 하천 변을 걷고 있으면서 지난 날의 추억을 되살리면서 손을 꼭 잡고 서로 놓지 않고 몇 시간을 보냈다. 저녁 시간이 이른 관계로 태평극장에서 영화를 한 편 관람하기로 했다. 영화를 보고 나서 우리들의 아지트였던 방림동 집에 가보고 싶다고 했다. 방림동 집은 내가 동생들을 광주로 전학을 시켜 데리고 있어서 아버지가 방림동에다가 집을 사주어서 고등학교 때부터 내가 주인으로 점포와 1층은 남에게 세를 내주고 2층은 우리가 살고 있었다. 2층도 방이 세 개나 되어 넓고, 생활하기가 편리했다. 여자 친구랑 동거하다시피 했기에 정도 많이 들었을 것이다. 그래서 여자 친구는 방림동 집에 가보고 싶다고 했을 것이다. 우리는 집으로 와서 저녁밥을 해 먹고 저는 군대 이야기를 하고 순정이 친구는 그동안 결혼하여 살아온 이야기를 하는데 정말 기가 막히는 결혼생활을 하고 있었다. 그 이유는 나에게 있었다고 생각을 많이 했다. 모든 것은 결혼하기 전에 임신이 되었는데 지우지 못하고 결혼하여 7개월 만에 딸을 낳은 데서부터 시작되었다고 한다. 남편은 날마다 폭력을 써 가면서 누구의 딸이냐고 하면서 물어봤지만, 끝까지 남편의 딸이라고 우겨댔지만, 남편은 절대 믿지 않았다. 수십 번 이혼하려고 했지만 그사이에 아들이 하나 더 생겨 어쩔 수 없이 살아왔다고 했다. 그러면서도 딸에 관한 이야기는 더 이상 하지 않았다. 나는 내 아이였냐고 물어보고 싶었지만, 나는 끝까지 물어보지 못했다. 우리는 그렇게 하루를 같이 지내고 여자 친구는 곧바로 묵호로 다시 올라갔다.

우리는 수시로 연락했다. 남편과 싸우고 나서는 광주로 피신하는 시간이 자주 늘어나고 있었다. 광주에 와서도 딸에 관한 이야기는 여자 친구도 하지 않았고 나도 물어보고 싶었지만, 짐작만 하고 있을 뿐이었다. 나는 여자 친구에게 제안했다. 그렇게 결혼생활이 힘들면 이혼하고 내려와 저와 결혼하면 어떻겠냐고 하였지만 그건 있을 수 없다고 했다. 딸 아들이 자기를 끔찍이 사랑하고 있고 자기도 아이들이 없으면 못 살 것 같다고 했다. 우리는 그렇게 묵호에서 내려오면 만나고 하다가 나는 고향 진도로 내려가게 되었다. 아버지가 운영하던 철물점이 있었는데 아버님께서 몸이 편찮으셔서 물려받을 사람이 없다는 것이다. 나는 항상 고향에 내려가 고향을 지키고 살고 싶다고 생각하고 있었기에 이번 기회에 고향으로 내려가는 것이 좋겠다고 하고 모든 것을 정리하고 진도로 내려오게 되었다. 그렇게 하여 여자 친구가 광주에 내려오면 나는 광주로 올라와서 만남을 이어가고 있었다. 여자 친구는 이제 애들 학교도 들어가고 해서 광주에 자주 오지 못할 것 같다고 했다. 그러면서 몇 달이 흘렀다.

　나는 진도에 내려와 철물점을 확장하면서 생활하고 있는데, 여자 친구가 광주에 내려왔다고 하면서 진도에 나를 보러 오고 싶다고 진도에 내려가도 되느냐고 했다. 나는 얼마든지 내려와도 된다고 하였고, 버스 시간을 가르쳐주면서 시간 맞춰 마중 나간다고 했다. 오후 3시쯤 되니까 터미널에 도착했다고 연락이 왔다. 나는 곧바로 터미널로 가서 반갑게 맞이했다. 그런데 얼굴에 대일밴드가 더덕더덕 붙어있었고 옷에는 피가 흘러내린 흔적이 선하게 보였다. 여자 친구는 내 몸에 안기면서 너무 보고 싶어 꼭 만나고 싶었다고 했다. 그러면서 피곤하니까 쉬고 싶다고 여관방을 하나 잡아주면 자고 내일 올라가겠다고 하여 진도읍 신라장으로 가서 방을 하나 얻어 쉬고 있으라고 하고 나오려고 하는데, 가지 말고 같이 있고 싶다고 했다. 그러면서 우리 사랑한 지 얼마나 되었냐면서 사랑 한 번 하고 싶다고 했다. 생전 쑥스러워서 절대 하지 못한다는 말이었다 언제나 내가 사랑하자고 했지, 여자 친구가 사랑하자는 말은 처음 듣는 순간이었다. 나는 순간 의아했지만, 우리는 뜨거운 사랑을 했다. 그리고 둘이 나란히 누워 이런저런 얘기를 하면서 참 행복했다. 얼마나 시간이 흘렀을까? 여자 친구는 갑자기 일어나면서 지금 몇 시냐고 하면서 진도에서 막차가 몇 시에 있냐고 물었다. 5시 30분 막차라고 하니까 옷을 주섬주섬 챙겨 입으면서 올라가야겠다고 터미널까지 데려다주라고 했다. 무슨 일이냐고 자고 내일 가지 그러냐고 했지만 자기 봤으니까 그냥 올라가겠다고 했다. 시간이 없어 서둘러 터미널에 도착하니 광주행 버스는 출발하려고 시동을 걸고 있었다. 나는 친구를 버스에 타는 것을 도와주고 버스 떠나는 것을 멀리까지 보면서 손을 흔들어주었다.

그렇게 친구는 진도를 다녀가고 나서는 지금까지 연락이 없는 것으로 보면 나를 마지막으로 보러 내려왔었지 않나 생각이 든다. 20년 30년이 훌쩍 넘어가지만, 더 이상의 연락조차 없는 것을 보면 진도 내려왔을 그 때부터 느낀 것이지만 불길한 예감이 든다. 살아 있다면 분명히 연락했을 테니까? 이순정 친구 살아 있다면 연락 한번 하고 꼭 한번 보고 싶습니다.

사랑이 없는 삶을 이어가야 하는가?

사랑이 없는 삶은 암흑과 같다.

이순이 넘어가는 나이에는 누군가의 사랑이 절대적으로 필요하다.

인생에서 가장 쓸쓸하고 외로운 것은 사랑이 부족하기 때문이다. 그래서 황혼으로 가는 길에는 사랑하는 것보다 더 좋은 것은 이 세상에 없다고 생각한다. 나는 지금 무척 외롭다. 가족이 있지만 함께하지 못하고 혼자 생활하는 데는 많은 이유가 있겠지만 서로 이해하지 못하고 성격 탓에 남보다 못하는 삶이 가장 불행하다고 나는 생각한다. 서로의 이해관계로 헤어지지 못하고 살아가는 삶이야말로 겪어보지 못한 사람들은 그 내막을 알지 못한다.

지금은 나이가 들면서 내 몸 하나 가누기 힘들 때 따뜻한 밥 한 끼 같이 할 수 있는 사람, 몸이 아플 때 서로 위로하며 챙겨주는 사람이 필요할 나이라고 느껴 사랑하는 사람을 만나고 싶고 찾아 헤매도 이혼이 되지않은 상태에서는 어느 누구도 다가오지 않는다. 황혼으로 가는 이 나이에 진실한 사랑 마지막 사랑을 찾고 싶은 게 솔직한 심정이다. 계절로 치면 우리는 지금 빨간 단풍이 물드는 가을에 비유한다. 가을은 풍요로움을 가져다준다. 이 풍성한 가을에 사랑을 모른다면 더 이상의 인생의 낙은 사라진다. 단 하루를 살아도 일그러진 일상보다는 사랑이 없는 메마른 인생보다는 이제라도 사랑하는 사람을 만나 마음에 텃밭을 가꾸며 해가 뜨면 해를 보고 달이 뜨면 달을 보고 바람 불면 서로 보듬어주면서 같은 하늘 아래 오래오래 숨 쉬며 살아가는 게 지금 저에게는 솔직한 바람입니다.

잘못된 만남을 끝가지 가지고 가는 것은 서로에게 불행입니다. 이 좋은 세상에서 서로에게 이제라도 맞는 짝은 분명히 있을거라 생각합니다. 자식들이 우리의 인생을 살아 주지 않는 것처럼 자식 핑계 대면서 억지로 보내는 세월과 시간은 불행의 연속입니다. 계속해서 상처만 커질 뿐 가슴만 갈기갈기 찢겨 아물지 못할 인연이라면 더 이상의 상처와 눈물은 흘리지 말아야 한다고 생각합니다. 당신이 나의 인연이 아니고 내가 당신의 인연이 아니라면 하루라도 빨리 정리하는 게 현명한 선택이라고 생각합니다. 우리의 인연은 여기까지가 적당하다고 답을 내리고 싶습니다. 그동안 살아왔던 연민의 정도 물론 있겠지만 행복하지 않는다면 연민의 정도 하등의 필요가 없고 역지사지가 생각납니다.

나는 지금 왜 이런 글을 쓰고 있는가? 결혼하는 순간부터 단 한 번도 마음 편한 일이 없고 행복했던 기억이 아직까지 없다. 나는 무척 부유한 집안에 태어났지만 부모님은 일제 강점기를 거치고 한국전쟁을 겪으면서 무척 불행한 삶을 살아오신 분들이다. 그런 부모님들을 볼 때 항상 고마움으로 조그만한 효도라도 해야겠다는 마음으로 부모님 말씀에 순종하는 편이었다. 부모님께서는 못 배운 한을 자식에게 물려주지 않겠다면서 어디든 가서 공부할 수 있도록 뒷바라지를 해주었던 부모님이시다. 그런 부모님께서 몸져누우시고 나니 효도 한 번 제대로 못한 자식이었기에 결혼하는 데는 효부 며느리를 맞이하는 게 소원이었으나 그리 쉬운 일은 아니었다. 나의 결혼은 빗나가 버렸다. 연애결혼 이었기에 결혼을 승낙하면서 나는 한 가지 조건만 내 세웠다. 나에게는 못해도 좋으니 부모님께 좋은 며느리가 되어주라는 부탁 한 가지가 나의 결혼 조건 모든 것이었다. 그런데 결혼하고 시골에 살아서인지 모든 것이 불평불만이었다. 그러면서 고부간의 갈등도 깊어지는 것 같아 늘 마음이 편치 않았다.

부모님들께서는 모두 하늘나라로 떠나가시고 아무도 안 계시기에 고부간의 갈등도 없을 터인데도 아버지가 돌아가신 지가 어언 40년이 지나가지만 단 한 번도 부모님 제삿날을 기억하거나 참석하지 않은 것과 형제자매들과 등 돌리고 남남으로 살아가는 것이 우리 부부의 정을 끊는 가장 큰 걸림돌이었다. 모든 것을 다 이해하고 용서하겠지만 나를 낳아주시고 모든 것을 다 바쳐 희생만 하시다가 떠난 부모님을 외면하는 행위는 어떠한 일이 있어도 용서 못 하는 일이다. 나는 우리 아이들에게도 지금도 얘기하지만, 부모님의 기일에라도 참여한다면 지금이라도 내 마음이 풀리고 미워하는 마음도 없어질 거고, 모든 것이 눈 녹듯이 녹아 사랑하는 마음이 생겨날 것이다, 라고 말해보았지만, 시부모님의 제사가 죽을 만큼 싫은지 더 이상의 가정을 이룬다는 것은 불가능하다는 것을 결론 내리면서 사랑이 없는 삶은 빨리 끝내면 끝낼수록 서로에게 상처가 덜하리라 생각한다. 모든 인연을 끊고 빨리 정리하고 싶다. 그러면서 황혼을 맞이할 나의 마지막 사랑을 찾아 알콩달콩하게 서로 생각하고 위로하는 그런 사람을 만나고 싶은 게 나의 마지막 바람인지도 모른다.

우리는 필연이었다

차가운 바닷바람이 부는 2022년 11월27일의 마지막 일요일.
진도 녹진 울돌목 주말장터 안에 다소곳이 앉아있는 한 여인을 보았다. 올해의 마지막 주말장터가 열리는 날이라 많은 군민들과 관광객이 어우러져 주말장터의 흥겨운 음악과 함께 진행되고 있는데도 아름다움을 간직한 그 여인은 미동도 하지않고 앉아만 있고 가끔씩 지나가는 사람들을 지켜보고 있는 것 같았다. 저는 어디선가 낯익은 얼굴은 아니지만 서너 번 그의 앞을 지나치게 되어 아무래도 인사를 해야 하는지 다가가 말을 걸어 보았다. "혹시 저를 아시는데 제가 그냥 지나치고 있는지 모르겠습니다" 하면서 관광객과 군민들께 나누어주던 진도문학의 책과 저의 시집을 그녀에게 건네주게 되었는데 그 여인은 제게 저의 언니도 광주에 계시는데 시인이라고 했다. 시인이라는 말에 더 관심을 갖고 저는 저도 광주에서 문인활동을 했기에 신진 문인이 아니면 거의 알거 같다면서 언니의 이름이 어떻게 되느냐고 묻자 내가 아주 좋아하고 따르던 시인 누님의 이름을 말한다. 그러면서 그 누님의 동생이라는 것이었다.

　제가 진도 고향을 내려오면서 소식이 끊겼던 누님이었는데 통화할 수 있냐고 하니 그 누님에게 전화를 걸어주길래 한참 동안 통화를 하면서 누님의 동생을 진도에서 만났다고 했다. 그렇게 전화를 끊고 나서 그녀와 무척 가까운 사이처럼 처음 만나는 인연이었지만 부담도 없고 어떤 경계심도 없이 가까이 친해질 수 있었다. 어떻게 진도에 내려와 이렇게 혼자 벗도 없이 앉아 계시냐고 하자 울돌목 장터에 지금 사회를 보고 계시는 분이 친구인데 친구와 함께 진도를 동행하게 되었다고 하면서 사회가 끝날 때까지 기다려야 한다는 것이다. 주말장터가 끝나려면 아직 시간이 매우 남아있어서 기다리는 시간도 지루하실 텐데 제가 아는 시인의 누님 동생인데 차 한잔 대접하겠다고 하면서 카페에 가서 차 한잔 하게 되면서 우리는 오랜 친구를 만나는 것처럼 즐거운 대화를 나눌 수 있었다.

　카페에서 차를 마시고 어느 정도 시간이 흘러 다시 주말장터에 돌아오니 아직도 올해 마지막 주말장터라 그런지 장이 마감할 줄을 모르고 모든 사람들이 흥에 겨워 춤과 노래와 한데 어우러져 신나는 놀이마당이 이어지고 있었다. 보통 오후 4시면 장이 마감하는데 그날은 어둑어둑 해가 넘어가려는 시간까지 주말장터가 열렸었다. 그렇게 해서 주말장터가 끝나고 그녀는 친구와 함께 광주로 올라가게 되었고 아쉬운 작별을 했다. 그리고서 이틀 뒤에 낯 모르는 전화가 걸려 왔는데 시인 누님의 동생이었다. 어쩌면 많이 기다리고 궁금해하던 전화였는지 모른다. 저는 반갑게 전화를 받을 수 있었다. 잘 올라가시고 잘 계시냐고 묻자 그렇다고 하면서 장터에서 주신 저의 책을 감명 깊게 읽었다면서 어려운 길을 걸어오신 것 같아 마음도 아팠다고 하면서 소감 이야기를 해주었다. 그러면서 우리의 인연은 시작되었다.

저는 다시 한번 뵙고 싶다고 하자 그녀는 책을 다 읽고 나서 진도에 한번 내려가고 싶다는 전갈을 받았다 그렇게 해서 우리는 진도에서 만나게 되었고 진도를 구경하면서 무척 가까워졌다. 진도에 내려온다기에 그동안 느꼈던 나의 감정과 마음을 전하는 편지를 쓰게 되었는데 할 말이 너무 많아서 쓰게 되니 장문의 편지를 쓰게 되어 어느덧 A4용지로 10장이 넘어가고 있었다. 그래도 제가 하고 싶은 말은 다 쓰지 못했다. 어쩌면 사랑 고백의 편지였는지 모른다. 그렇게 해서 평생 처음 써 보는 장문의 편지였는지 모른다. 그렇게 하여 전달하고 진도에서 하룻밤을 보내고 광주까지 보내주고 돌아왔다. 우리는 운명이었는지 모른다. 우리는 날마다 많은 시간을 카톡과 전화 통화로 만나고 있는데 며칠 전에는 카타르 월드컵 축구 16강에서 브라질과 우리나라가 8강을 가기 위해서 결전이 벌어지는 날에는 저녁 10시부터 그녀와 통화를 시작해서 아침 6시까지 통화를 했으니 장장 8시간을 통화했던 것 같다. 평생 누구와도 그런 통화가 없었는데 무슨 할 말이 그렇게 많았는지 마냥 웃고 즐거운 통화가 이루어졌다. 그렇게 해서 우리는 더욱 가까워졌고 서로 사랑하는 마음을 확인할 수 있었다.

우리는 닮은 점이 너무 많았다. 잘 통한다고 해야 하나! 오랜만에 느끼는 그런 아름다운 감정 그리고 그녀는 이 세상에서 제일 예쁜 천사 같은 마음을 지녔다. 진도에서 혼자 지내면서 무척 외로웠는데 이제는 혼자 있어도 언제든지 그녀와 마음을 주고받을 수 있는 통화를 할 수 있어 외로움도 느끼지 않는다. 어쩌면 그녀는 나의 필연이었다. 하늘이 맺어주는 그런 인연이요 운명의 만남이었는지 모른다. 나는 지금 그녀를 무척 사랑하고 있다. 그 사랑이 저의 마지막 사랑이었으면 한다. 지금 우리는 아주 작은 추억부터 쌓아가고 있다. 서로의 어렸을 적 집안의 얘기부터 시작하여 부모와 형제의 사진까지 주고받으면서 마냥 즐겁게 지낸다. 그녀는 제가 건네준 에세이 집부터 시작하여 시집을 밤낮없이 읽고 또 읽는다고 한다. 그래서 저는 그녀에게 또 다른 읽을거리를 주기 위해서 더 열심히 글을 쓰고 있고 그녀를 사랑하기 위해 글을 쓰고 있다.

밤에 걷는 남자

우리가 살다보면 모든 것이 귀찮고 싫을 때가 있다.
지금 내가 그렇다. 사람이 싫다. 그래서 사람 만나는 것을 피해 혼자 조용히 저녁이면 운동을 나간다. 밤에 혼자 걸으면 마음이 참 편하다. 모든 것은 나를 지켜보지도 내가 무엇을 하는지 관심이 없어 자유로운 운동을 할 수 있다.
아무것도 보이지 않는 밤이지만 예쁜 꽃들이 피어 자기들만의 언어로 대화하는 소리를 들을 수 있어 좋고 바람이 스쳐 지나가는 소리도 들을 수 있고 밤하늘 별들의 대화도 엿들을 수 있어 나는 참 좋다. 자연이 부르는 소리 안부를 물어오는 소리가 밤이면 언제나 나의 친구가 된다. 그런 친구들이 있어서 나는 얼마나 다행스러운 일인지 얼마나 행복한지 겪어보지 못한 사람은 모른다.

대인기피증이 다시 오는 것 같다. 죽을만큼 힘든 과정을 겪으면서 이겨내고 있었는데, 또다시 선거를 치르면서 사람들에게 시달리며 지난 악몽이 되살아나고 있다. 나와 가깝다는 사람들이 더 많이 가슴에 돌멩이질을 하고 배신을 하고 헐뜯는 말과 행동으로 나를 슬프게 하는 사람들 때문에 지금에 와서 그게 제일 괴로웁고 힘들어 말하기 싫고 사람이 싫어진다. 아무리 남의 선거라 하지만 따뜻한 말 한마디 해줄 수 있는 배려와 아량은 천금을 주는 것보다 더 고마운 일이다. 믿었던 사람들에게 배신은 가장 깊은 상처로 남고 치유되지 않은 상처로 오래오래 기억 속에 꽂혀 끝까지 남는다.

심산유곡에 한송이 난초가 피어 온산에 향기를 주듯이 따뜻한 말 한마디가 얼어붙은 마음을 녹여 내리고 이 세상의 삭막함 마저도 깨끗이 쓸어내리듯 그 상처를 덮어 주곤한다. 나는 밤이 되면 누가 오라는 곳은 없어도 마음에 등불하나 켜들고 고개를 넘고 산모퉁이를 돌아 개울물이 흐르는 하천가에 앉아 물소리를 벗삼아 시를 짓고 시한수 읊으면서 하루 일과를 마무리한다. 그런 일들은 나의 일상이 되어 버린지 오래인 것 같다. 자연은 항상 그대로 나를 맞이하여주고 자연은 거짓말을 하지 않고 배신하지 않아 그게 내가 가장 좋아하는 친구인지 모른다. 그것도 낮에는 사람들이 이상한 사람으로 볼까 봐 아무도 보지않는 저녁에 혼자 울고 웃고 하면서 자연과 이야기하는 그 순간들은 나의 위안이 되는 최고의 시간이다.

모든 것을 내려놓고 내 자신을 낮추면서 살아간다면 이 세상은 푸른 초원이 펼쳐진 평지와 같고 그러므로 해서 마음에 울타리마저 필요 없게 된다는 사실을 알게 된다면 모든 것이 용서가 되어 마음 밭에 아름다운 꽃들이 만발하고 벌 나비도 날아와 조화롭게 살아가는 행복이 넘쳐나서 견제도 없고 시비도 없어지리라 생각한다. 어두운 밤에 걷다 보니 보이는 사람도 없으니 싸울 일도 없고 누구와 맞설 일이 없어 세상은 편가름을 하지않는다. 밤은 깊으면 깊을수록 좋다. 새벽으로 가는 길은 이 세상 모든 것이 잠이 들고 나 혼자 이 우주의 주인공처럼 맘껏 누릴 수 있어 더욱 좋다. 오늘밤은 심히도 밝은 달이 내 등 뒤를 따르고 은하계의 별들은 내마음을 아는지 더욱 초롱초롱 내게 말을 걸어온다. 나는 아직 밤이 좋다.

선배의 어느 묘한 인연

　어느 선배에게 들은 얘기이다.
　10여년 전에 들은 얘기인데 진짜인지 소설인지는 아직 모르겠으나 어쩌면 그럴 수도 있겠다 싶었다.
　그 선배는 광주에서 에어컨 설치를 하는 업자였었는데, 충북 진천에 공사하러 갔다가 몇 달 동안 지내게 되었는데 낯선 곳이라 일과가 끝나면 특별히 갈 때도 없고 해서 가끔씩 호프 집에 들려 맥주 한잔씩 하고 들어오는 날이 많았다고 했다. 그날도 하루 일과를 마치고 직원들과 호프집에서 맥주 한잔씩 하다가 옆 좌석의 젊은 여성들과 합석하는 자리가 있었는데, 유난히도 눈에 띄는 아가씨가 그 선배의 마음을 사로잡고 마음을 흔들었다고 했다. 그 아가씨들도 진천의 공단에 있는 제약회사에 다니는 사람들로 일과를 마치고 집으로 들어가는 길에 식사를 마치고 맥주 한잔씩 하러 호프집에 들어왔다고 했었다. 그렇게 해서 자연스럽게 선배는 장난끼가 발동되어 즐거운 대화 속에 서로 마음이 통했는지 전화번호를 주고받고 토요일에 다시 여기 호프집에서 만나기로 하고 헤어졌다 한다. 만나기로 한 일주일이 길게만 느껴졌는데. 그렇게 하여 토요일에 다시 만나기로 하였으나 선배의 직원들은 모두 광주. 나주의 집에 내려가게 되어 결국 약속 장소에는 선배 혼자 나가게 되었는데, 그쪽에서도 이런저런 이유로 다른 사람들은 못 나오게 되었다고 하면서 선배의 첫눈에 들어온 그 아가씨만이 혼자 나왔다는 것이다. 그렇게 하여 자연스럽게 단둘이 데이트하는 기분으로 맥주를 마시고 나서 노래방으로 옮겨 즐겁게 노래 부르면서 서로 마음을 주고받는 시간으로 흘러가면서 선배는 자연스럽게 그 아가씨와 오빠동생의 사이로 지내자며 서로 자기소개를 하였다 한다. 선배는 그때 이혼은 하지 않았지만 절혼으로 독신이라고 했고 그 아가씨는 사귀던 남자는 있었지만 헤어진지가 얼마 안 되어 마음이 심란하다고 하면서 오빠를 만나니 친오빠를 만난 것처럼 마음이 참 편하다고 하면서 영원히 오빠로 지냈으면 좋겠다고 하면서 다가왔다. 그렇게 하자고는 했지만 어떻게 남녀사이가 만나면서 좋아하는 감정을 다스릴 수 있겠는가? 하여 선배는 결국 넘지 말아야 할 선을 넘고 그렇게하여 깊은 사랑에 빠지게 되었다고 했다. 그렇게 시간이 흘러 공사를 마치고 광주에 내려와서 선배는 송정리에 정착하게 되는데, 한참이 지난 어느 날 명희 동생은 몸이 안 좋아 회사를 그만 둘까 한다면서 집에 있고 싶다고 해서 그러라고 했는데 그러고 나서 다시 또 한동안 전화도 안 받고 연락이 없어 무척 궁금해 진천에 올라가려고 했으나 선배는 교육청에서 발주하는 에어컨 공사가 있어서 진천에 올라갈 수 있는 그런 형편이 되지 못하였다고 했다. 학교의 공사는 학생들이 방학동안에 빨리 해야 하는 그런 공사였기 때문이다. 그렇게 해서 또 몇 달이 흘러갔는데, 어느 날 갑자기 연락이 오면서 잘 계시느냐고 하면서 자기는 무슨 일들이 있어서 그동안 오빠한테 연락을 못했고, 또한 오빠한테 부담을 주고 걱정 끼칠까봐 일부러 연락을 안했다고 했다. 그러면서 조만간에 송정리에 오빠가 계신 곳에 놀러가고 싶다고 해서 놀러오라고 했는데, 하필 내려온다는 날이 오는 날이 장날이라고 전북 군산에 공사했던 곳에서 하자가 발생해서 군산을 다녀오게 되었다. 명희한테는 열차를 타고 송정리에 도착해서 사무실 주소를 주면서 버스타고 오라고 하였으나 손님맞이 하는 예의가 아니어서 급하게 후배에게 송정리역에 좀 가서 손님을 태워 왔으면 좋겠다고 부탁을 해놓았는데, 그 후배는 마침 시간이 있다면서 그렇게 하겠다고 해서 연락처를 가르쳐주며 태우고 오라고 했다. 그렇게 하여 송정리 역전에서 만나 태우고 온다면서 전화를 걸어왔는데, 형님 그런데... 하면서 무슨 하고 싶은 얘기가 있는듯한데 얘기를 못 하는 것 같아 무슨 일이냐고 다그치자 차를 세우고 나서 다시 전화한다고 끊었다. 그러다가 한참 있다가 전화가 걸려오는데, 형님 그런데 아가씨가 아니고 아줌마인데요, 아이를 업고 있는데 왠지 그 아이가 형님을 닮은 것 같아 이상해서 전화를 하는 겁니다. 아주 형님을 꼭 닮았다니까요. 그러니까 그 선배는 웃으면서 무슨 말 같지도 않는 소리를 하느냐며 농담 그만하라고 하였지만, 자꾸 진천에 있었던 일들이 뇌리를 스쳐가고 또한 몸이 아파 회사를 그만두었다는 것이 불길한 예감을 감출 수가 없었다. 그렇게 하여 선배는 군산에서 하자보수를 얼른 끝내주고 광주로 다시 들어와 사무실로 부랴부랴 명희를 만나기 위해 달려왔는데 정말로 명희는 아이를 안고 젖을 먹이고 있는 것이 아닌가? 선배는 한참 동안 아이를 쳐다보는데 왠일인지 남의 아이 같지 않고 자기를 닮은 자기 아이 같기만 했고 그냥 자기 핏줄 같게만 느껴졌다고 했다. 그래서 먼 길 오느라 수고했다는 말도 하지 않고 이 아이가 누구 아이냐고 다그치자 명희는 눈물을 흘리면서 오빠 아이라고 하면서 한번 안아달라고 했다. 선배는 멍때리며 앉지도 못하고 서서 명희와 아이를 번갈아 바라보면서 있다가 아이를 받아 안았다. 자초지종을 듣고 나니 선배의 예감은 빗나가지 않았다. 몸이 아프다고 할 때 이미 임신 5개월째 되어가고 있어 하는 수 없이 회사를 그만둘 수밖에 없었다는 것이다. 아이의 이름도 명희의 성을 따서 이정훈이라고 지었다는 것이다. 그렇게 하여 며칠 동안 사무실 방에서 지내다가 명희와 아이는 다시 진천으로 보내게 되었는데 아이가 어느 정도 커서 학교에 입학하고 나니 친정어머니한테 맡겨놓고 명희는 오빠 곁에서 얼굴 보며 살고 싶다며 어느 날 광주로 내려왔으나 마땅히 다닐 수 있는 직장이 별로 없는지라 아이를 가르치기 위해 어떤 일이든 찾아서 해야 한다며 오빠 따라다니면서 에어컨 일을 배우면 어떻겠냐 하여 그렇게하라고 하였다. 지금은 에어컨 일을 다 배워서 힘은 들지만 직원들을 이끌고 일을 맡아서 할 정도로 그 선배를 도와주며 생활하고 있어서 직원들도 사모님이라고 부른다고 한다. 꽃다운 나이인 처녀의 인생을 망쳐 놓았으니, 이제는 선배가 알뜰히 보살피고 책임지는 자세로 평생을 행복하게 만들어주어야 한다는 생각을 가지고 살아가고 있다고 한다. 본 부인과 사이가 좋지않아 절혼의 상태로 지내오고 있었으나 잘 합의가 되어 선배는 본 부인과 합의 이혼을 하고 이제는 그 아가씨와 재혼으로 호적에 올리고 아이도 숨겨왔으나 이제는 떳떳하게 정훈이의 성도 찾아주고 명희도 행복하게 해 주어야겠다는 생각을 갖고 호적정리를 완전하게 마무리 지었다고 했다. 평생을 지아비라 생각하고 결혼도 하지않고 곁에서 살아가고 있는 명희와 아들에게도 이제는 행복한 삶을 꾸려가며 잘 살수 있도록 보살펴드려야 겠다고 선배는 몇 번이고 힘주어 말하면서 더 열심히 돈을 벌어야겠다고 했다. 세상에는 별스런 인연이 다 있다고 생각하면서 글을 쓰다보니 이상한 기분이 든다. 소설같은 이야기였다.

어머니라는 말만 들어도 눈물이 난다

저는 아무리 생각해도 참 불효자였던 것 같다. 아니, 효도를 해 본 적이 없는 것 같다. 이제는 효도를 하고 싶어도 안 계셔서 또한 못한다. 그래서 "부모불효 사후회"란 말이 저를 보고 만들어 낸 딱 맞는 말인 것 같다. 어머니 아버지가 우리 곁을 떠나고 나서 우리가 그 부모의 나이가 되다 보니, 어머니 아버지라는 말만 들어도 이제는 눈물이 난다.

저의 어머니는 아주 건강했으며 웬만한 남자보다도 힘이 더 장사였다. 명절 때 동네에서 팔씨름대회를 벌였을 때도 남녀 통합해서 우승할 정도로 힘이 좋았으며 몸도 80kg이 넘는 장사였으니까요.

저의 집은 일제강점기와 한국전쟁을 겪어오면서 집안 형편이 아주 어려웠다. 누구나 마찬가지겠지만 할아버지는 일본으로 노동자로 이끌려 가시고 할머니는 5남 2녀를 키우느라 그야말로 어려운 가정으로 끼니도 거를 정도로 가난을 면치 못했고, 학교도 제대로 다니지 못해 저의 아버지는 19살에 초등학교를 졸업했다고 했다. 아버지는 중학교 1학년을 중퇴하고 집안을 일으키기 위해 20살 때부터 목수 일을 배워 돈을 벌어야 했다. 그러다가 22살이 되던 해에 19살인 어머니와 결혼을 하게 되어 가정을 꾸리게 되었다. 아버지는 워낙 성실하여 목수 일로 벌어오는 돈을 한푼도 쓰지 않고 모아 전답을 사들이고 송아지를 키워 살림 밑천으로 만들면서 저의 집은 일찍 보릿고개를 넘을 수 있었다고 한다.

아버지는 목수 일을 하기 때문에 어머니는 하루 종일 혼자 논밭을 다니며 농사를 짓는 일을 천직으로 알고 살아오셨다. 농사일이 좋아서 미친것도 아니지만 그저 묵묵히 농사짓는 이유도 있었다고 본다. 6.25 한국전쟁때 어머니는 친정 아버지, 어머니 오빠 동생들을 한꺼번에 모두 잃었다. 순간에 고아 아닌 고아가 되었다. 어머니와 위에 언니인 이모 한 분만 간신히 살았다. 그것도 결혼하여 출가인이 되었기에 어머니와 이모만 살아남은 것이다. 얼마나 가슴 아프고 원통했겠는가? 그래서 모든 것을 가슴에 묻고 조용히 농사만 짓고 속으로 삭히고 살아오셨던 것 같다.

어머니 아버지는 악착같이 돈을 모아 전답을 늘리고 누님들도 중학교만 졸업하고 아버지 어머니와 함께 집안을 일으키는 일에 몰두 하다 보니, 어느새 석현마을에서 제일 부자가 되었고, 그렇게하여 고군면에서 제일가는 부자가 되고 있었다.

우리집은 아들 셋, 딸 넷, 칠 남매이었지만 아들들은 그야말로 철부지들이었다. 부모님 말씀도 잘 듣지 않고 자기 혼자 잘난 맛에 망나니처럼 뛰어다니고 하고 싶은 것, 쓰고 싶은 것을 아들이라는 이유로 모두 들어 주셨다. 그러다 보니 공부는 게을리하고 자꾸 삼천포로 빠지면서 부모님 말씀에 거역하고 말썽 피우면서 어머니의 가슴 아픈 사연을 알면서도 위로하지 못하고 힘들게 했던 기억들이 떠올라 더욱 마음 아프게 했다.

부엌에서 불을 피우면서 흐느끼는 어머니를 볼 때면 그렇게도 강한 어머니가 얼마나 한이 맺혔으면 아무도 몰래 매운 연기에 눈물이 나는 것처럼 눈물을 훔치셨을까? 한 번이라도 어머니를 안아주면서 따뜻한 위로 한 번 해드리지 못한 것이 끝없이 후회되어 눈물이 난다.

저의 어머니는 이름이 있었지만 이름 없이 평생을 사셨다. 어머니는 첫째 딸을 낳고 이름을 "길심"이라고 아버지가 지었는데, 어머니는 둘째를 낳던 일곱째를 낳던 언제나 "길심네 어머니"로 불렀다. 그 길심이가 커서 시집을 가고 애들을 낳고 환갑을 넘기고 살아도 우리 어머니는 항상 그대로 "길심네 어머니"였다.

이제는 그 길심이 누님도 팔순에 가까운데도 저의 어머니가 살아계신다면 지금도 "길심네 어머니"일 것이다. 자기 이름도 찾지 못하고 평생을 희생만 하고 살아온 사람이 바로 어머니인 것이다.

"여자는 약하지만 어머니는 강하다"고 빅토르 위고는 말했다. 신은 모든 곳에 있을 수 없기에 어머니를 만들었다고 유대인은 말한다. 영국문화원이 창립 70주년을 맞아 비영어권 102개국 4만 명을 대상으로 '세상에서 가장 아름다운 말(단어)'를 조사했는데, 1위가 "어머니"였다고 한다. 어머니라 말보다 더 좋은 말이 존재하지 않는다는 것이다.

저는 아버지 어머니의 사랑을 많이 받고 자랐다. 그건 순전히 아들로 태어났기 때문에 그렇다. 내 위로 누님들은 그야말로 가정을 일으키는 희생양으로 중학교만 졸업하고 모두 생활전선에 뛰었지만, 아들들은 어떻게든 가르쳐야겠다고 혜택을 받고 살아 왔던 것이다. 그래서 나도 작은아들로 태어났지만, 고등학교도 광주로 가고 대학에도 가는 아들의 특권으로 누님이나 여동생들에게 미안할 정도로 혜택을 보고 살아왔다.

그러면서 우리는 모두 성인이 되었다.

  저는 결국 어머니를 쓰러지게 만든 장본인이었고 병마에 시달리다 돌아가시게 만든 불효자였기에 가슴이 천 갈래, 만 갈래 찢어지듯 저려온다. 제가 공직선거에만 나가지 않았어도 선거에 떨어지지만 않았어도 어머니께서는 쓰러지지 않았을 것이다. 너무 건강한 몸을 가지고 계셨는데, 자기 몸으로 낳은 새끼가 선거에 한 번 떨어져 두 번 떨어져 세 번 떨어지는 걸 보고 결국 어머니는 뇌졸중, 뇌경색에 연거푸 떨어지면서 치매까지 겹쳐 7~8년을 병석에 헤매이다 하늘나라로 가셨다.

  저는 지금 진도에서 살아가면서 어느 사람보다 열심히 글을 쓰고 있는 시인으로 살아가고 있다. 책도 30권을 넘게 썼지만, 아직도 쓰지 못하고 완성하지 못한 글이 있다면 어머니에 대한 시를 제대로 한 편 쓰지 못했다. 어디서부터 시작해야 하는지 어떻게 써야 어머니에 대한 이야기를 다 쓰는지... 아~ 어머니! 제가 고등학교 다닐 때, 비 오는 날 진도에서 쌀가마니를 이고 광주로 와서 시내버스 정류장에서 쌀이 비에 젖을까 봐 그 무거운 쌀가마니를 버스가 올 때까지 머리에 이고 계셨던 그 모습이 왜 이렇게 마음을 아프게 하는지 모르겠습니다. 어머니 오늘도 그때처럼 비가 억수로 쏟아집니다. 그래서 어머니가 너무너무 생각나고 그립습니다. 어머니! 이제야 "사랑합니다" 라고 불러봅니다.

우리 지금 어디로 가고 있는가?

작년(23년) 25-34세 '젊은엄마' 출산율 최저…인구 1000명당 출생아 수 4.5명에 그쳐…통계청 '2023년 출생 통계' 발표…젊은 엄마 출산율 줄고, 35세 이상 고령 임신부는 늘어…조粗출생률 4.5명으로 역대 최저를 기록했다. (2024년 9월1일자 헤드라인 뉴스 중에서)

날마다 뉴스를 접하면 겁부터 난다. 세상이 정말 이상하게 막 가는 것 같다 정치권에서는 우리나라 건국일 하나 제대로 가리지 못하고 노동부 장관 후보자는 나라가 망했으니, 국적이 일본이다 라고 당당히 말하는 것을 보면서 정말 피가 거꾸러 솟는다. 그렇게 생각한다면 독립운동 했던 사람들은 모두 테러리스트가 된다. 김구, 안창호 홍범도 장군 등이 과연 테러리스트인가? 우리는 학교 다니면서 우리나라 건국일은 1919년 4월11일이라고 배우고 광복일은 1948년 8월15일이라고 배웠다.

이렇게 지금 윤석열 정부에서는 누구 하나 인정하는 사람 없고 모두 뉴라이트 사람들만 득실거린다. 노동부장관 김문수 후보자는 오히려 우리들을 가르치면서 나라를 잃었으니 자기는 국적이 일본이며 청문회를 질문하는 사람도 당신도 국적이 일본이다 라고 힘 주워 말하는 걸 보니, 전두환에게 노무현 국회의원이 명패를 던치는 일이 일어나듯이 만약 제가 그 자리에 있었더라면 명패를 들고가 머리통을 깨부수웠을 것이다. 나라 뺏긴 것도 서러운데 자기는 당당히 국적이 일본이라는 김문수의 머릿속은 어떻게 된 것인가 한번 열어봐야 할 것 같다.

저번에 이진숙 방송통신위원장 청문회 자리에서는 이진숙은 정부에서도 모두가 일본 핵 오염수라고 하는데 자기는 처리수라고 이겨대는 것이나 일본 위안부가 자의적이냐 강제적이냐고 최민희 청문회 위원장이 물었는데도 강제로 끌려간 위안부라고 답하지 못하는 방통위원장 후보를 보면서 혀를 끌끌 찼다. 윤정부에서 단 한 명의 장관들이 청문회를 통과한 사람이 없고 청문회장은 싸움판이 되고 특검법안만 올라가면 거부권을 쓰고 이게 나라인가 묻고 싶다.

우리가 자꾸하는 말이 있다 "어지간이 해라" 하도 막캥이처럼 고집부리고 지맘대로 하니까 그런 말이 튀어나왔을까 어지간이 하라고 .... 정말 우리나라가 곧 큰일이 일어날 것 같다. 가정은 파탄나고 기업들은 무너지고 전쟁도 일어날 것 같은 불안한 분위기를 그만 좀 만들었으면 좋겠다. 공정과 상식은 무너진지 오래고 모두가 불신하는 사회가 되었으니 지도하는 사람이 없고 배우려는 사람이 없다. 곧 진정한 지도자가 없다는 것이다.

윤정부 들어 무슨 무슨 창문회를 지켜보노라면 정말 고분고분 답변하는 청문회는 간곳없고 대놓고 국회의원 무시하고 후보자가 오히려 금방이라도 달려들 듯 '무슨 그런 질문을 하냐"는 식으로 대들면서 국회의원을 가르치려는 청문회 장을 보면 대통령이 어차피 나를 임명 할 텐데, 너희가 백날 이야기 해봤자 소용없다는 식의 청문회장을 보면서 정말 우리는 어느 세상에서 살아가고 있는가 고개가 갸우뚱해지는 세상에서 살고 있다.

요즘은 태극기를 달지 않는다

지나간 3.1절을 보면서 느낀 것이다.
언젠가부터 우리는 태극기를 단 집을 찾아보기가 아주 힘들어졌습니다.
왜일까요? 현재 우리는 무척 불안한 나라에서 살아가고 있는지 모르겠습니다. 대통령 한 사람 잘못 뽑아놓으니 금방이라도 전쟁이 날 것처럼 불안불안합니다. 선제타격이니 핵을 준비해야 한다느니 사드를 추가해야 한다느니, 대통령이 생각 없이 개념 없는 이야기를 스스럼없이 입으로 하다 보니, 정말 국민은 불안해서 어떻게 대처해야 할지를 모르고 우왕좌왕하고 있습니다.

그러다 보니 태극기를 달아야 하는 우리의 민족정기를 세계만방에 널리 알린 우리나라 경축일 중 3.1절 독립 만세운동이야말로 경축일의 으뜸이라 할 수 있을 텐데요. 그런데 태극기를 단 집을 이렇게 보기 힘든 것은 무슨 이유 때문일까요. 저는 이렇게 생각하는데 맞는지 모르겠습니다. 극보수들의 태극기부대가 날뛴 뒤로 태극기 달기가 꺼려진다는 분도 많이 나타나고 있는 것이 아닌가 생각이 들고 장난감처럼 흔들며 시위하는 것의 도구로밖에 느껴지지 않고 있기 때문인지도 모른다는 생각이 듭니다.

우리나라는 유감스럽게도 무언가 결정적인 대목에서 길을 잘못 들어선 게 아닌가 싶어집니다. 그 지긋지긋한 지역감정의 망령이 사라지기도 전에 다시 살아나고 있고 이념과 진영, 세대 간의 갈등의 골이 너무나 깊어졌다고 볼 수 있습니다. 국민을 하나로 만들기 위한 노력을 다한다 해도 부족할 판에 정치권은 정치권대로 서로 물고 뜯고 하는 볼썽사나운 모습들을 보면서 우리는 그들을 비판하지 않을 수 없게 되겠습니다.

정말 무거운 마음으로 3.1절을 맞이하면서 나라를 구하겠다고 목숨을 아끼지 않았던 선조의 독립투사들이 대한민국을 되찾기 위해 그 얼마나 많은 피를 흘리며 왜놈들과 맞서 싸우던 선조들을 생각한다면 우리는 태극기를 함부로 가지고 흔들지도 말고 더욱 소중히 나라 사랑하는 마음으로 태극기를 경축일에 기쁜 마음으로 한 집도 빠짐없이 모두 달 수 있도록 경건한 마음을 가져야 함을 서로 반성하고 노력해야 할 것이라 본다.

아직도 반성이나 사죄없이 나오는 일본의 태도를 보고 있노라면 용서할 수 없는 가깝고도 먼 나라가 일본이 아닌가 합니다. 저의 선조도 일본 징용으로 끌려가서 일하다가 몸을 다쳐 고향에 찾아왔으나 결국 병마를 이기지 못하고 일찍 돌아가셨다는 것을 아버지께 전해 듣기도 하였습니다. 일본은 지금까지도 몇 명 살아남지 않고 계시는 위안부 할머니들께도 먼 산 쳐다보듯이 반성 없는 태도를 보이고 있는데도 우리나라의 정치하는 사람들과 대통령은 사과를 받아내기는커녕 이제 화해를 해야 한다고 하고 있으니 미치고 환장할 일입니다. 화해를 하려면 먼저 사죄와 반성과 거기에 대한 충분한 보상이 따라야 합니다. 그래야 용서를 한다던지 화해가 이루어지는 겁니다.

이제부터라도 정말 태극기는 대한민국의 정통성을 수호하는데 엄숙하고 경건한 마음으로 태극기를 사랑하는 마음을 갖고 경축일에는 모든 집에서 게양할 수 있도록 그렇게도 독립을 외치며 몸을 던진 독립투사들의 나라를 찾고자 했던 마음을 이해하는, 그 초심으로 돌아가셨으면 하는 마음으로 기도합니다.

우리가 제사를 지내는 마지막 세대

　아마도 우리가 제사를 지내는 마지막 세대에서 살고 있지 않나 하는 생각이 든다. 시대가 급변하는 데서 옛날 가족이라는 의미에서 개인으로 가는 그런 시대이고 전해 내려오는 전통이 이제는 귀찮은 존재로밖에 느껴지고 있는 것이 현실이다. 우리가 어렸을 적에는 핵가족이 모여 오손도손 살면서 조상을 끔찍이도 섬기는 유교 사상 속에서 어른을 존경하고 선조들을 숭배하면서 살아왔는데, 이제는 명절이건 제삿날이건 그 의미를 잘 모르고 살아가는 세대에 살아가고 있다. 명절에는 모든 식구와 동네를 떠났던 사람들도 모두 고향을 찾아 내려와 어릴 적 추억을 되살리며 마을회관으로 나와 밤새면서 영차영차 놀았던 기억과 담배가 귀한 터라 담배 내기 쪼이(화투)를 하면서 즐겁게 놀던 시절도 새삼 떠오르곤하고 조상의 제사도 옛날에는 증조 고조할아버지 할머니까지도 지내던 시대라 못 먹고 힘든 시기에서도 1년에 6번 많게는 9번까지도 제사를 지내는 집안들이 있었다. 제삿날이 돌아오면 모든 가족이 모여 제사 장만을 하고 경건한 마음에서 제를 올리고 나서 저녁 12시가 넘으면 제사상을 걷어와 식구들이 음식을 나눠 먹으면서 집안 이야기와 자녀들에게 부모님의 교육적인 정담을 나누기도 하고 다음 날 아침이면 모든 동네 사람들을 불러 아침 식사를 나누어 먹는 미풍양속이 그렇게도 좋았던 시절이 있었다.

그런데 지금은 명절이 되어도 살기가 바쁜 것인지 고향을 찾아 내려오는 사람도 없고 제삿날이 되어도 옆집에 제사인지도 모르게 조용히 넘어간다. 마을에 초상이 나면 옛날에는 마을 사람들이 모두 상갓집으로 나와 사흘 밤낮을 함께하면서 위로해주고 같이 슬퍼하면서 지냈는데, 지금은 요양원에 계시다가 돌아가시면 장례식장에서 조용히 상을 치르고 화장을 해서 봉안당에 모셔 버리고 나니 동네에 살아도 친인척이 아니면 모르고 지나가기 일쑤이다. 세상이 그렇게 많이 변했다고 해야겠다. 요즘은 제사를 지내는 사람도 없어지고 그냥 봉안당에 모셔놓고 슬쩍 찾아뵙는 것이 전부인 사람들이 점차 늘어가고 있으며 이제는 조상들의 벌초도 하기 싫고 귀찮게 생각하여 남에게 벌초를 돈을 주고 시킨다든지 그것도 아니면 가만히 있는 선산의 묘를 파헤쳐 유골을 불에 태워 가루로 만들어서 날려버리거나 봉안당에 넣어 버리는 게 지금의 세태이다. 사람은 흙에서 태어나 다시 흙으로 돌아가는 것이 자연의 법칙이고 이치이다. 벌초는 후손들의 정성이고 조상의 은덕으로 내가 살아가고 있다는 존경심과 고마운 마음을 전하는 일이다. 나는 고지식한지 유교 사상의 뿌리가 깊은지는 모르겠지만 봉안당에 모시는 것을 아주 싫어하는 편이고 자연으로 그냥 돌아갈 수 있도록 그대로 묘를 관리하고 있다. 조상의 묘를 살아가면서 바쁘면 벌초를 안 해도 된다. 벌초를 안 하고 묵히는 것은 절대 죄가 되지 않는다. 바쁘면 못 할 수도 있고 시간이 있거나 생각날 때 그때 와서 해도 된다. 여름에 못 하면 겨울에 해도 된다, 꼭 풀이 왕성히 자랄 때 하라는 법은 없다. 물론 성묘하는 것도 도시에서 바쁘게 살다 보면 못 할 때가 더 많을 것이다. 가족이 다 못 가면 가까이 사는 사람은 참석하면 된다고 생각한다.

지금의 세태를 보면서 느낀 것이 아마 우리가 제사를 지내는 마지막 세대에 살고 있지 않나 하는 생각이 들 때면 서글퍼지기도 한다.
그러나 어쩌겠는가? 시대가 그렇게 만들고 급속히 변해가는 세상에 살고 있는데 누구를 원망할 일도 아닌 것 같다. 세상이 편해지고 살기도 좋아졌지만, 그 옛날 검정 고무신에 김칫국물 흐르는 책 보따리 메고 학교 다니던 보릿고개 시절이 마냥 그립기만 하다. 굶주린 동생을 위해 냇가나 들녘을 쏘다니며 개구리를 잡아다가 개구리 죽을 끓여서 동생들을 보살피던 그런 시절을 지금 mz세대를 살아가는 사람들에게는 듣도 보도 못한 이야기이겠지만 그 시절에는 돈보다 사람이 더 중요하던 시대에 우리는 살아왔지만, 이제는 부모님을 모시는 사람도 우리가 마지막 세대가 될 것이고 또한 우리가 죽고 난 후에는 자식들에게 제삿밥을 얻어먹을지 못 먹을지 모르겠지만 아마 우리가 죽으면 우리가 알아서 챙겨 먹어야 하는 그런 시대를 맞이할 것으로 생각한다. 지금부터라도 너무 자식들에게 의지도 하지 말고 자식들을 위해서 희생만 하지 말고 이 시대에 자기 자신을 위해 살아가길 부탁드리고자 한다. 왜냐면 우리가 아마 제사를 지내는 마지막 세대에 살고 있으니까요.

조. 율. 이. 시

棗(대추 조). 栗(밤 율). 梨(배 이). 枾(감 시)

혹시 여러분은 조율이시棗栗梨枾라는 말을 들어 보신 적 있나요? 설 명절, 추석 명절, 조상님의 제사상과 차례상에 빠지지 않고 단골로 오르는 대추棗, 밤栗, 배梨, 감枾, 에는 우리가 모르는 심오한 뜻이 있다고 합니다. 지금부터 제가 알려 드리겠습니다. 물론 저도 귀동냥으로 어르신들에게 들은 말이라 꼭 맞는지는 모르겠으나 저는 항상 상을 차릴 때 제일 먼저 과일을 사러 가서 제일 좋은 거로 달라하고 깎지 않고 사 오곤 한답니다. 제사 과일이나 생선을 절대 깎으면 안 된다는 철칙 있다는 것도 물론 아실 테고요. 그러면 제가 지금부터 설명해 드리겠습니다. 기억하셨다가 실천하시기 바랍니다.

먼저 대추棗에 대해서 알려 드립니다. 대추나무는 암수가 따로 없고 하나의 몸으로 이루어져 있다고 해요. 그 한 나무에서 대추 열매가 가지가 찢어지게 엄청나게 많이 열리는데 꽃 하나에 반드시 열매가 맺히고 나서 꽃이 떨어진다고 합니다. 그러므로 즉, 사람으로 태어났으면 반드시 자식을 낳고 죽어야 한다는 뜻이 있으며 그러니 결혼식 날 폐백을 할 때 시부모님께 큰절을 올리면 신부의 치마에 시부모님들이 대추를 던져주는 이치도 결혼해서 많은 자식을 낳아달라고 하는 것인지도 모르겠습니다. 대추 씨는 통으로 되어 있어서 절개를 뜻하면서 순수한 혈통과 자손의 번창을 기원하는 의미입니다. 또한 대추는 익으면 붉은색으로 임금님의 의복을 상징하고 씨가 하나이고 열매에 비해 그 씨가 큰 것이 특징이므로 왕을 뜻한다고 합니다. 그러니 왕이나 성인이나 현인이 될 후손이 나오기를 기대하는 의미와 돌아가신 조상들의 죽은 혼백을 왕처럼 지극 정성으로 귀히 모신다는 후손들의 정성이 담겨 있다고 하면 되겠습니다.

두 번째로 밤栗은 밤나무는 땅속에 밤톨이 씨 밤(생밤)인 채로 달려 있다가 밤에서 새싹이 트고 뿌리가 내리게 되면 그때 서야 서서히 씨 밤이 썩기 시작하는 것입니다. 그 집안의 가풍을 이어받고 자신의 근본을 잊어버리지 말라는 것과 후손인 자기와 조상님과의 영원한 연결고리 만들어간다고 생각하면 되겠습니다. 그런 이유로 어떤 사고로 유골을 못 찾거나 만약 없을 때는 밤나무를 깎아 유골 대신으로 쓰고 있으며 우리가 모시는 조상님들의 위패位牌 또한 밤나무를 곱게 깎아서 모신다고 생각하면 되겠습니다. 그리고 어린 자식 아이가 점차 성장할수록 부모는 밤의 가시처럼 차츰차츰 엄하고 억세게 다루었다가 아이가 성장하면 이제는 품 안에서 나가 잘 살라 하면서 밤송이처럼 쩍 벌려주어 독립된 생활을 시킨다는 것도 그런 이치로 보면 되겠습니다.

세 번째로 배梨는 껍질이 두껍고 누레서 근성이 강한 우리나라 대한민국을 가리키는 뜻이 있다고 하면서 사주 명리인 오행에서도 황색은 흙의 성분인 토土를 말하고 있는데 토는 우주의 중심을 말하고 있는 것입니다. 배梨야말로 우리 민족성을 말하며 민족의 긍지를 나타낸다고 하겠습니다.배는 속살이 백옥처럼 하얀 것으로 우리의 백의민족에 빗대어서 순수함과 밝음을 나타내는 과일로 절대 빼서는 안 되는 제물 祭物이라 하겠습니다. 또한 배는 씨가 6개여서 자손들의 관직에 오르는 명함이라 생각하면 되겠습니다.

네 번째 감枾은감枾의 씨앗을 심으면 절대 감나무가 튼실하게 되지 않고, 대신 고욤나무가 된다고 부모님들께서 훈계를 내릴 때 감나무를 비유해서 멋대로 자란 감나무 같다고 하는 말이 딱 맞는 것 같습니다. 그래서 감나무는 한 4~5년쯤 자랐을 때 기존의 감나무를 잘라서 이 고욤(쌍떡잎식물 감나무 묘목)나무에 접을 붙여야 그다음 해부터 감이 열린다는 것은 우리가 익히 알고 있는 정보라 하겠습니다. 위에서 말한 바와 같이 어르신들은 감나무가 상징하는 것을 보며 사람으로 태어났다고 해서 다 같은 사람이 아니라 가르치고 배워야 비로소 바른 사람 예절을 갖춘 사람이 된다고 말하는 것입니다.자녀들을 훈육할 때 가르침을 받고 배우는 데는 감나무 생가지를 칼로 째서 접붙일 때처럼 아픔이 따르고, 사람은 그런 아픔을 겪으면서 비로소 하나의 인격체가 될 수 있다고 말하겠습니다. 자식을 낳고 키우면서 그만큼 고생하였다는 점에서 부모님을 생각하고 조상을 생각하면서 제사상이나 차례상에 놓는다고 하겠습니다. 감은 씨가 8개여서 사방팔방을 다 돌아다니면서 성공하라는 뜻도 포함되어 있습니다.

귀신 씻나락 까먹는 소리 같지만, 부모님과 조상님들의 공덕을 기리고 추모하는 것은 자손 된 당연한 도리로서 우리가 알고 지켜가야 할 뿌리 깊은 전통이라 생각하시길 바랍니다.

경남 양산 문학기행

 진도문인협회 아카데미를 마무리하면서 10월 1일 문학기행을 가기 위해서 하루 전인 9월 30일 이성순 사무국장님 그리고 김상숙 회원님과 함께 장을 보려고 진도읍 하나로 마트 입구에서 오후 2시에 만나기로 하였다.
 진도읍 하나로 마트에서 만나 메모지에 적어온 준비물들을 하나하나 체크 해 가면서 준비를 했다. 그리고서 떡을 맡기고 돼지 누름 고기를 맡기고 집으로 돌아왔다. 문학기행을 가는 10월 1일 아침 7시까지 임대한 버스를 향토문화회관으로 오라고 해놓고 인원 체크를 했다. 모두 시간을 잘 지켜 7시 정각에 떠날 수 있었다. 광주문화회관 후문에서 일행들이 기다리고 있어서 9시까지 도착하기 위해서 부지런히 버스는 달렸다. 광주에 도착하니 양동률 시인의 일행과 당산문학회원인 이윤수 시인의 일행들이 나와 있어서 단체 사진을 찍고 바로 양산으로 버스는 쉬지 않고 달리다가 섬진강휴게소에 들려 화장실을 다녀오기로 하였으나 잠깐 쉬어가면서 준비해온 떡과 돼지고기를 펼쳐놓고 술 한 잔씩 먹고 가기로 했다. 모두 아침 일찍 출발하느라 아침을 거르고 온 사람들이 많았다. 마름 김에 떡을 싸서 먹으면서 어느 정도 배를 채웠다. 그리고서 다시 승차하여 양산으로 직행했다. 우리가 생각하는 시간보다 조금 빨리 도착 할 수 있었다. 양산 통도사 앞에서 점심을 먹기로 하고 나서 대장금이라는 식당에 도착하니 우리들의 점심을 잘 차려놓고 다른 손님을 받지 않고 우리만 기다리고 있어서 화기애애한 분위기 속에서 맛있게 점심을 먹고 나서 시간을 아끼기 위해서 곧바로 통도사로 향했다. 통도사에 도착하니 코로나가 끝나가는 상황이라 수많은 인파로 북적거렸다. 기다리고 있던 관광해설사인 박현덕 해설사께서 우리 진도 문인협회 문학기행 버스를 하차할 자리까지 잡아놓고 기다리고 있었다. 잠깐 서로 상견례를 하고 통도사에 대한 해설을 듣고 직접 통도사로 향해가며 하나하나 해설을 이어가면서 가는 곳마다 우리는 현수막을 펼치고 단체 사진으로 담으면서 통도사 대웅전을 향해갔다.

보통 다른 사찰들에는 대웅전에 부처님을 모셔졌는데 통도사에는 대웅전에 부처님이 모셔지지 않고 석가모니 진신사리 사리함이 놓여 있었다. 사찰의 곳곳에는 노랑 국화가 동물 형상과 하트 형상들을 하는 카메라 존이 여기저기 있어 그곳에서 사진을 찍는 사람들이 많았다. 우리도 인파에 밀려가면서 사진을 찍다가 보니 일행들이 뿔뿔이 흩어져 버려서 사찰에서 큰소리로 모이라고 부를 수도 없어서 일행들을 찾아다니느라 땀에 옷이 젖어가면서 현수막을 들고 찾아다녔다. 진도에서 양산까지 6시간이 걸려서 왔기 때문에 가는 시간도 계산하면 4시 이전에 출발해야만 진도에 밤 10시 전에 도착할 텐데 일행을 찾지 못해 버스에 올라와서 기다리는 시간이 길었다. 그런데 일행 중에서 두 사람은 길을 잘못 들어서 매표소 앞에 기다리고 있다는 기별이 왔다. 그래서 우리는 버스로 서서히 움직이며 매표소에 가서 일행을 싣고 문재인 대통령의 사저에 가기로 하고 내비게이션으로 확인하니 통도사에서 10분 거리에 있다는 것을 알고 부지런히 문재인 대통령 사저로 향했다. 평산마을에 도착하니 경찰들과 경호원들이 여기저기에 서서 근무하면서 우리 버스를 확인하면서 진도 문인협회에서 문학기행 왔다고 하니 별 절차 없이 통과할 수 있었다. 그렇게 해서 사저 앞으로 가기 위해 버스로 서서히 움직이는데 보수 유튜버들은 여기저기서 시위를 하고 있으면서 우리들의 버스를 보면서 듣기 거북한 소리로 떠들어 대고 있다.

평산마을 회관으로 가서 보니 전라도 버스나 사람들은 그냥 통과하도록 많은 배려를 하고 있었다. 전라도 사람들은 시위하러 온 사람들이 아니라는 것을 알고 있는 듯, 길을 안내하며 올라가라고 경호원들이 친절하게 대해주었다. 그렇게 해서 사저를 향해 올라가는 데 어느 정도 올라가니 교통통제선이 있어 더는 못 가게 경찰들이 근무하고 있어서 우리는 문재인 대통령님을 힘차게 부르니 멀리서나마 듣고 계시는지 대통령님과 김정숙 여사님께서 우리에게 손을 흔들면서 인사를 해 주었다. 우리는 문재인 대통령님의 사저를 뒤에 두고 단체 사진을 찍고 있는데 문재인 대통령님의 모습이 다시 보여서 우리는 힘차게 사랑합니다. 힘내세요! 을 외치면서 아쉬운 작별을 해야 했다. 그리고 우리는 진도를 향해 버스에 몸을 싣고 달렸다. 광주 일행들 때문에 도중에 저녁을 하기로 하고 경남 하동 섬진강가의 식당에 들르기로 하고 재첩국을 맛있게 먹고 부랴부랴 버스는 달렸다. 그렇게 해서 광주 동운동 문화회관 건너편에 광주 일행들을 내려주고 나서 우리는 진도에 밤 10시에 도착하여 즐거웠던 문학기행을 마쳤다. 문학기행 내내 광주와 진도 문인들과의 노래자랑과 각자 소개하는 즐거웠던 시간은 많은 여운이 오래오래 남을 것 같다. 돌아오는 길에 회원님들께서는 내년 문학기행은 제주도 한라산으로 한번 다녀오자고 하여 그렇게 하자고 하여 진도문인협회는 처음으로 제주도까지 1박2일 문학기행을 다녀오기도 했다.

어린이의 인권에 대한 존중

어린이들은 미래의 우리나라를 짊어지고 이끌어갈 희망의 새싹들입니다.

그러므로 어린이들은 어떠한 경우에라도 차별받아서는 안 됩니다.

1989년 전 세계 18세 미만의 모든 어린이와 청소년의 인권을 보장하기 위해서 "유엔 아동 권리 협약"이라는 국제 협약을 만들었습니다. 부모님이 어떤 사람이건 부자건 가난하건 간에, 어떤 인종이든 종교가 어떻든 언어도 어떤 언어를 사용하든 간에, 또한 몸이 불편한 장애를 가지고 있든지 없든지 간에, 어린이들은 동등한 권리를 누려야 하고 보호받을 권리와 건강하게 자라야 할 권리가 있어야 한다고 봅니다.

정부에서나 부모들은 어린이를 보호해야 할 책임과 의무가 있고 독립된 인격체로서 생명을 존중하고 보살펴야 하는 건 책무라고 생각합니다. 어린이는 어떠한 경우에라도 폭력이나 학대하지 않아야 하고 정부나 지자체 그리고 부모들은 가르치고 어린이들은 지식과 정보에 대해 교육받을 권리를 가지고 있다고 하겠습니다. 아동 권리와 어른들의 책임을 규정한 아동 권리 헌장은 9개 조항으로 구성되어 있는데 거기에는 보살핌을 받을 권리, 폭력과 착취로부터 보호받아야 할 권리, 차별받지 않을 권리, 개인적인 생활이 보호받을 권리, 지원받을 권리, 알 권리, 교육받을 권리, 참여할 권리, 존중받을 권리 등이 있습니다. 그것은 곧 하나의 독립된 인격체로서 여긴다는 점에서 어른들은 받아주고 인정해야 한다는 것입니다.

아동의 권리란 아동들의 기본적인 제반 욕구와 관심을 인정하면서 충족시켜주는 사회적 표명으로 아동들도 성인들처럼 고유권한을 가진 인격체로서 누려야 하는 권리로 정상적인 생활을 할 수 있도록 보호받아야 할 권리가 있어야 한다고 하겠습니다. 그러므로 해서 어린이는 자신의 능력발달로 해서 사회 참여의 기회를 많이 얻게 되므로 정상적인 성인으로 성장해 나간다는 것입니다.

현대사회에서는 과거와는 달리 맘껏 뛰어놀 수 있는 공간이 좁아졌고 많은 위험에 노출되어 있어서 항상 불안한 청소년들은 살얼음을 걷는 것처럼 가는 곳마다 위험이 도사리고 있어서 위축되어 있으며 집에서는 부모들의 공부하라는 잔소리에 스트레스에 시달리고 밖에서는 씽씽 내달리는 자동차들의 위험에 몸을 피하느라 쉴 곳이 없어지고 놀 곳이 없어서 이제 학교에서 교사들이 챙겨주어야 하고 보호해야 할 권리가 크다고 하겠습니다.

어린 아동들은 모든 생각하는 것들이 단순하므로 부모나 어른들의 적극적인 관심과 배려가 항상 뒤 따라야 하고 보살펴야 하지만 생활이 어렵다고 해서 아이들에게 관심을 두지 않거나 힘들 때는 괜한 아이들이 짐이 되는 것 인양 원망하고 학대하는 경향이 비일비재하게 일어나게 되는데 어떠한 경우에라도 아무리 힘들고 어려움이 닥쳐온다고 하여도 아이들에게 폭력이나 학대는 없어야 할 것입니다. 아이들은 꽃으로라도 때리지 말아야 한다는 말이 있듯이 어린이는 하나의 인격체로서 사랑받고 살아야 하고 철저히 보호해주어야 할 책임이 있고 아이는 보호받을 권리가 있는 것입니다.

작년에 우리 사회의 큰 이슈로 작용했던 정은이의 아픈 기억을 보면서 사랑받고 보호받으면서 해맑게 자라야 할 정은이는 8살의 나이에 입양부모에 의해 사망하는 것을 우리는 보았는데. 입양할 때부터 불행이 예견되어 있었다. 그의 양부모들은 새집으로 이사 가기 위해 자식의 수를 늘려 우선순위 추첨을 받으려고 사랑도 아닌 도구로 생각하고 입양했던 그들은 사람의 탈을 쓴 악마들이었고 그 덫에 걸려 결국 짧은 생을 살다 간 정은이가 가엽고 불쌍하다. 하늘나라에 가서 좋은 부모 만나 행복하길 빌어봅니다. 아이들은 어떠한 경우에라도 상업화가 될 수 없으며 힘없는 아이들은 자기 자식이 아니더라도 보호하고 보살펴주는 지대한 관심을 가져야 할 때라고 생각합니다. 어린애들은 자칫 해로운 각종 미디어나 컴퓨터에 빠져 중독될 수 있으니 유아들을 보호하고 관찰하면서 어린애다운 놀거리를 만들어주고 다양한 감각을 활용해 놀 권리를 찾아주는 게 우리 어른들이 지속해서 노력해야 하는 의무이자 책무일 것입니다.

아동은 우리 사회의 미래를 이끌어 갈 재목들이기에 아동들의 적절한 보호와 양육 그리고 욕구에 대한 적절한 서비스로 질적 수준이 제고되어야 할 필요성과 당위성을 제공해 주어야 할 것입니다. 그러기 위해서는 다른 복지사업과 마찬가지로 아동복지사업은 아동이라는 인구학적 특성에서 비롯되는 보호, 교육과 같은 보편적 욕구와 동시에 산업화의 진전에 따른 가족 기능의 사회 문제의 심화와 다원화에 의해 발생 되는 요보호아동의 특수한 욕구에도 대처해야 할 것으로 봅니다. 저소득층을 위한 국공립 보육시설을 지속해서 확충시켜 계층 간의 접근성의 격차를 줄임으로써 아동복지의 시책이 가시적인 사회적 요구에 치중하게 되고 아동복지 재원은 완전한 사회적 책임주의가 이루어질 그것으로 생각하면서 아동복지를 운영하는 데는 시장경제의 이윤 추구 원칙을 배제하고 수혜자의 지급 능력과 상관없이 일정 수준의 사업이 보장되는 법적 사회적 개입과 책임이 뒤따라야 할 것으로 생각해 봅니다.

앞으로 아동들의 권리를 보장하기 위해서는 아동 권리 증진을 위한 법률, 정책 절차에 대한 아동 정책들을 개발하고 연구하면서 아동 침해 사례에 관한 연구와 개선 방향에 대하여도 깊이 고민해 봐야 하겠습니다.

선택적 복지와 보편적 복지에 대하여

"복지란 무엇인가"라고 묻는다면, 복지란 행복한 삶을 살아가기 위한 사회적 환경의 조건충족이고 권리라고 본다.

그럼 행복한 삶이란 어떤 삶인가? 행복에는 여러 가지로 이야기할 수 있지만 가장 먼저 생활환경의 의식주 해결이 갖춰져야 행복하다고 생각한다. 먹고 입고 쉴 수 있는 공간 없이는 행복하다고 할 수 없듯이 인간이 행복해질 수 있는 절대 필요 조건이 가장 먼저 의식주 해결이다. 그리고 나서 삶의 양질을 찾고 정신적 문화적 삶을 영위하는 사회를 만들어가는 것이 곧 복지정책의 일환이다.

어느 소수의 필요한 사람에게만 행해지는 복지는 말 그대로 선택적 복지다. 사회적 극빈층에 우선적인 지원을 하는 선택적 복지정책을 유지하는 국가 정책도 필요하다고 본다. 선택적 복지는 형평성은 낮으나 효율성이 높고 비용이 적게 드는 장점은 분명히 있다. 거기에 반해 개인을 떠나 많은 사람에게 골고루 평등한 혜택을 주고받을 수 있는 복지를 보편적 복지라 한다. 선택적 복지도 중요하겠지만 보편적 복지가 잘되어야 우리 사회나 국가가 부강해지는 기본 정책으로 다 같이 잘살기 위해 도시를 정비하고 건설하고 길을 뚫고 다리를 놓고 산업기반 시설을 구축하여 누구에게나 공정하고 공평한 기회를 주는 것이 보편적 복지요, 자유시장 자본주의 사회로 나아가는 환경조건이라 할 것이다.

그러기 위해서는 똑같은 위치에서 그 구성원들이 정직하고 공정하고 정의로워야 하고 서로 신뢰하고 평등한 바탕 위에서 서로 노력하면서 이해하고 인정할 수 있어야 한다고 생각한다. 그러려면 서로가 상대의 능력을 인정하고 존중하고 배려하고 사랑하고 더불어 살아가는 사회가 구성 되도록 정책이 필요하는데 그게 보편적 복지라 할 수 있다. 보편적 복지는 자격과 조건 없이 요구하면 누구나 모든 국민에게 복지를 제공하는 형식으로 형평성은 높지만 효율성은 낮다고 생각한다. 보편적 복지의 일예로 부모들의 소득과 관계없이 모든 학생에게 제공되는 무상급식이나 미취학 유아들에게 제공하는 누리과정 등은 빈곤 예방을 위해서도 보편적 복지가 중요하다.

복지정책이란 도움이 필요한 개인과 가족에게 재정적, 사회적 지원을 제공하고자 하는 정부의 정책의 하나로 빈곤을 완화하고 평등을 촉진하며 사회정의를 보장하기 위한 것이라 하지만, 선택적 복지나 보편적 복지에도 모두 장단점은 있다고 본다. 보편적 복지의 장점으로는 사회의 결속력을 증대시키고 사회적 지위나 소득과 관계없이 모든 사람이 같은 혜택을 받는다든지 하는 장점이 있고, 단점으로는 모든 사람에게 혜택을 제공하기 위해서는 비용이 많이 들 수 있고 도움이 필요한 사람에게 돌아가지 않을 수 있으며, 부유한 사람이나 가난한 사람들에게 같은 혜택을 주는 것은 재원의 효율성이 아닐 수 있으며 모든 사람이 소득과 관계없이 혜택을 받음으로써 일을 하지 않거나 저축을 게을리할 수 있는 단점이 있다.

선택적 복지에도 장단점이 있는데 장점으로는 꼭 필요한 사람들에게 제공하기 때문에 비용이 효율적이고 사람들이 일하도록 하고 저축하도록 장려하는 특정한 행동을 장려하는 장점이 있는데 반하여, 단점으로는 도움받을 수 있는 자격을 따지고 함으로 수치심을 갖게 할 수 있으며 적정성 기준으로 일부 개인은 곤경에 빠질 수도 있는 단점이 있다고 하겠다. 복지를 국가가 모든 것을 책임지겠다는 것은 위험한 생각일 수 있다. 자유와 권리를 침해받을 수 있고 그러므로 국민은 국가의 주종관계가 형성되어 국민은 노예가 되고 국가는 일을 시키면서 먹을 것을 제공하므로 국민은 결국 자유가 침해당하고 만다. 그래서 너무 많은 복지를 요구해서는 안 된다는 것이다.

공무원의 자세, 품위와 품격

　공무원은 국가에 녹을 먹고 사는 공직자이기 때문에 어떠한 경우에라도 군민들의 앞에서 모범이 되어야 한다.

　공무원은 즉 공직자는 본인 혼자라는 생각으로 살아가서는 큰 오산이다. 공무원의 행동 하나하나를 군민들은 안 보는 것 같아도 일거수일투족을 지켜보고 있다. 관청에 들어가지 않아도 어느 누구가 근무를 잘하고 있는지 못하는지 무슨 일이 일어나고 있는지도 훤히 꽤 뚫어 본다. 행동 하나하나 발걸음 하나하나에도 신중하고 조신해야 한다.

　공무원이 일반군민과 다른 점이 있다면 공무원만이 지닐 수 있는 품위와 품격이 따로 있다는 것이다. "공무원이기 때문에...." "공무원이니까?" 이런 명제가 항상 붙어 다닌다. 공무원으로서 지켜야 할 품위와 품격을 모르고 망각한다면 공무원의 자리에서 즉시 내려와야 한다. 그게 공무원으로서의 책임과 의무의 자세다. 신문을 발행하다 보니 공무원으로서 도저히 자질이 안되고 도덕적이지 않는 행동을 한 기사를 다루다가 그만 교체 한 적이 있다. 평화롭던 한 가정을 풍비박산을 내고도 전혀 뉘우침 같은 것이 없는 뻔뻔한 공무원을 사회적 고발 차원에서 보도하려 했으나 진도에 너무 충격이 커서 결국 접기로 하고 다른 기사로 대체하였다.

공무원도 신이 아니고 사람이기 때문에 미스나 실수를 할 수도 있다. 그렇다면 빠른 뉘우침과 속죄의 마음을 갖고 수습해야 한다. 한번 해 봐라 하는 식의 자세로 나온다면 그건 씻을 수 없는 수렁에 빠져 결국 헤어나지 못하고 감당하지 못하는 결과를 낳을 것이다.

공직자로서 책임과 의무를 다할 때 군민들은 칭찬하면서 격려의 손뼉을 쳐줄 것이다. 칭찬은 고래도 춤을 추게 한다는 속담도 있듯이 공직자는 공직자의 역할이 있다. 우리 군민들은 공직자들의 행동 하나하나를 보면서 공정하고 정직한 삶의 멘토라고 생각하기 때문에 항상 몸가짐과 행동을 조심해야 한다.

공직생활을 천직으로 삼고 열심히 공무에 최선을 다하고 주민들의 편의와 지역발전에 앞장서 열심히 근무하는 공직자들에게 누가 되지않도록 또다시 주위를 둘러보고 지금부터라도 달라지는 마음가짐을 갖도록 노력해주시길 간절히 바란다. 한다고 생각합니다.

공무원은 어쩌면 어린아이들과 같은 그런 심정이라고 표현하면 어떨

까 싶다. 어린아이는 앞으로 나가면서도 자주 뒤를 돌아본다. 그건 자기를 지켜주는 부모가 있는지 없는지 살피면서 자신감을 갖고 앞으로 걸어간다. 또한 어린아이는 뒤에서 부모님이 지켜보고 있는 것으로 기가 죽지 않는다. 또래와 싸울 때도 부모가 뒤에 있기에 훨씬 용기 내서 잘 싸우고 이기는 확률도 훨씬 많다고 한다. 공직자들도 우리 군민들이 뒤에 든든한 백으로 지켜보기에 힘을 내서 일하고 더 전진해 나아가기를 기대해 본다.

새로운 대한민국이란 어떤 대한민국인가?

요즘 대통령 선거운동으로 수많은 말들이 쏟아진다. 서로 새로운 대한민국을 건설하겠다고 한다. 후보들은 제각각 "지금은 OOO""새롭게 대한민국""새로운 대한민국" 이라는 슬로건을 내걸고 선거운동을 한다.

지금 우리 대한민국이 얼마나 망가졌으면 "자기가 대통령이 되면 우리나라를 세계 정상들과 어깨를 나란히 하고 발전시키겠다." 이런 말이 없고, 지금은... 새롭게... 새로운... 이런 말들이 판을 치고 있으니, 우리나라가 지난 3년 동안 엉망되고 헝클어져 걷잡을 수 없는 소용돌이 속으로 빠져 들었으면 대통령 선거에서 새로운 대한민국을 만들겠다는 것을 볼 때 정말 한심하고 기본이 안 된 사람들이라고 본다.

요즘은 국민의 기본권도 사라진 대한민국으로 가고 있는데, 민주당에서 국민들을 대변하겠다고 기본사회 위원회라는데 진짜 대한민국은 무엇이고 진짜 사회복지는 무엇인가, 여태껏 우리는 진짜 대한민국에서 살지 않았으며 진짜 복지를 모르고 살아왔다는 소리인가? 민주당의 기본사회

위원회가 무엇일까? 공정한 기회를 보장하는 사회라고 하는데, 12.3 비상계엄도 우리 국민들이 막아서 실패로 돌아갔고, 국민들의 위대한 국민의 집단 지성이 있었기에 온갖 구테타와 위기를 극복한 것도 국민이었다.

말로는 국민의 기본권을 든든히 보장해 안정된 삶을 만들어야 한다며 기본사회 구축의 필요성을 강조했는데, 말로만 하는 그런 공정한 사회 공정한 기회가 아니고 결과를 보장하는 사회로 나아가야 된다고 생각한다. 회복성장을 바탕으로 국민의 기본적인 삶을 보장한다면 그것은 민주당이 말하는 지속 가능한 발전을 이끄는 원동력이 되리라고 본다.

자기들이 만들고 자기들이 생각하는 그런 기본사회 위원회가 되려면 실현하고 실천해 사회 안전망을 든든히 하고 균형 잡힌 국토를 만들어 가면서 기본사회 위원회의 논의되는 제안을 바탕으로 입법과 제도를 정비해야 한다고 생각한다. 그것이 바로 국민의 생명과 안전 최소한의 인간적인 삶을 책임지는 국가의 책무가 아닐까 한다.

그러므로 국가의 성장이 국민의 성장으로 이어지고 국민의 성장이 국가의 성장과 경제력으로 이어지는 사회가 기본사회라고 생각하는데, 국가와 국민을 따로 떼어서 생각할 수 없듯이 국민의 기본권의 성장과 민생은 한 몸처럼 맞물려 돌아가야 할 것이다.

여기서 짚고 넘어가야 할 일이 하나 있는데, 대통령을 나온 후보가 일본에 나라를 빼앗겼으니, 자기 부모나 조상이 일본 국적이라고 하면서 우리들의 조상도 일본 국적이라고 끝까지 강조하는 사람이 과연 대한민국의 대통령 후보로 나서는 걸 보니, 역시 내란 세력의 우두머리 당의 후보가 맞긴 맞는가보다. 6월3일 치러지는 21대 대통령 선거에서 새로운 대한민국을 이끌어갈 후보는 누구인가?

양심이 있기 때문에 사람이다

사람이 동물과 다른 것은 양심이 있다는 것이다.

양심이 없는 사람은 사람으로서 대접받지 못한다. 요즘 세태를 보면 정말 한심스런 일들이 가장 선도적으로 국민들을 이끌어갈 정치권에서 노숙자들보다도 못한 양심으로 살아가는 사람들을 우리는 흔히 보고 듣고 한다.

나는 이낙연씨를 참 좋아하고 존경했던 사람 중의 한 사람이었다. 그런데 요즘 그 이낙연이가 하는 행동을 보면 정말 내가 왜 저런 사람을 좋아하고 존경했었을까 내 온몸을 받쳐 몸서리치게 후회한다. 이낙연 그 사람은 아무 거침돌 없이 꽃길만 걸어온 사람이었다. 전두환이가 군사 쿠데타를 일으켜 정권을 잡았을 때도 이낙연 씨는 동아일보 정치부 기자로 활동하면서 전두환을 "위대한 영도자" 찬양 기사를 쓰기도 했으며 1980년 민주화가 불타오르는 시기에도 이낙연은 없었다.

민주화를 부르짖었던 그분들 때문에 우리나라가 이렇게 발전하게 되었고, 이낙연은 풀뿌리 민주화가 오고 난 다음에 김대중 대통령으로부터 이낙연을 스카웃 해서 5선 국회의원을 만들었고. 전라남도 도지사가 되었으며 그리고서 문재인 대통령 때는 최장수 국무총리를 지내게 했다. 그렇다면 이 중요한 시기에 검찰들이 우리나라를 주물럭거리면서 나라가 위태위태할 때, 우리는 모두 힘을 합쳐 이 정부와 싸워서 끌어내려야 하는 소명을 가지고 투쟁하고 이 정부를 끝장내기 위해서는 민주당에 힘을 실어 탄핵 조건을 만들기 위해 국회의원 200석을 만들어야 함에도 불구하고 이낙연은 줄행랑을 쳤다. 양심이라곤 정말 1원어치도 없는 사람이다.

그러니까 우리 호남 사람들이 욕을 먹는 것이다. 이낙연이라는 사람 자신이 호남을 좌지우지할 것으로 생각한다면 대단히 생각을 잘 못한 것이다. 호남. 광주 사람들은 정의로운 사람들이며 어떤 것이 정의로운 것인지 잘 알고 있다. 그 정의로움에 뭉치고 표를 주는 것이지 간신배들에게 표를 주지 않는다. 정말 이 나라가 이낙연이 이재명에게 대통령 후보 경선에 지고 나서 죽을힘을 다해 이재명을 도왔다고 한다면 지금의 이 정부는 탄생하지 않았을 거라고 생각한다. 이재명에게 경선에 지고 나서 먼 산에 불 보듯 행동했고 자기의 측근들은 윤석열 후보를 도우려고 우르르 몰려갔다. 지금 이재명 대표가 대장동 사건으로 고초를 겪고 있는 것도 이낙연 최측근으로부터 시작된 것이라고 자백까지 했다.

지금까지 60대 후반에 살고 있지만 이번 윤석열 정부 같은 무능한 정부는 보지 못했다. 박정희. 전두환 두 사람도 군사 쿠데타로 정권을 잡았지만, 새마을운동으로 나라를 발전시켰으며, 전두환이도 폭력과의 전쟁으로 사회를 안정시켜 두 사람에게는 공도 있고 과가 있다고들 하는데, 도대체 윤석열 정부는 모든 요직에 검찰 특수부 출신을 앉혀놓고 지금 뭐를 하는지 모르겠다. 세계 여행만 다니면서 사고나 치는 이 나라를 바꿔보자고 하는데 이낙연은 자기 뜻대로 되지 않는다고 고춧가루만 뿌리고 있으니 참 나쁜 사람이라고 생각한다. 또한 자기도 전과 2범(선거법 위반. 병역법 위반죄)이면서 민주당에 44%가 전과자라고 말할 수 있겠는가. 정말로 똥 묻은 개가 겨 묻은 개를 탓하고 있는 꼴 아닌가.

나는 민주당 당원도 아니다. 민주당을 싫어한다. 그러나 어떤 것이 옳은지 그른지는 알고 산다. 그래서 지금은 당원도 아니지만 민주당에 힘을 실어주어야만 우리가 산다. 민주당도 정신 차려야 한다. 올바르고 깨끗한 공천이 이루어져야 승복하고 인정한다.

민주당은 달라져야 한다

힘들다. 대한민국이 힘들다.
지금은 1997년 IMF때 보다 더 어렵움다고 한다.
나락으로 떨어지는 나라를 구하는 길이 이정부의 심판이라 생각하고 저는 민주당을 지지합니다. 그래서 민주당 지지자입니다.
몸도 마음도 뼛속까지도 민주당 지지자입니다.
그러나 저는 민주당 당원은 아닙니다.

그러므로 민주당의 이념과 정강 정책까지는 잘 모르지만 지금의 대한민국이 나아가야 할 방향, 지금 이 시대에 우리 국민들께 어떤 가치가 필요하고 우리 미래세대가 제대로 자라나기 위해서는 민주당이 추구하는 가치가 더 옳다고 생각했기 때문에 지지하고 있다.

이 무도한 윤석열 정부를 심판하기 위해서는 민주당을 지지해야만 희망이 있기 때문이다. 그러나 요즘 민주당의 공천에 따른 불협화음이 너무 날이 가면 갈수록 시끄러워져서 볼썽사나운 민낯을 보곤한다. 입맛에 맞는 공천은 절대 성공할 수가 없다. 그래서 민주당은 달라져야 한다고 생각한다.

우리 국민들은 뉴스를 보지 않고 살아가는데, 공천 갈등으로 단식농성을 하고 그토록 국회의원 하면서 부귀영화 누리다가 공천에 승복하지 않고 튀쳐 나가면서 하늘 보고 침뱉기 식으로 민주당을 헐뜯는 광경들을 보니 한심하기 짝이없다. 그래서 뉴스를 접하지 않고 살아가는 사람들이 더 많은데 민주당이 달라지지 않을 때는 저는 언제든지 민주당 지지를 철회할 수 있다.

민주당의 경선자들은 사활을 걸고 뛰고 있다. 그들의 심정도 이해해야 한다. 지난 3~4개월을 뛰면서 지쳐있는 후보들에게 투명한 경선이 이루어진다면 충분히 이해하고 받아들일 거라고 생각하는데, 나이가 많다고 해서 배제되어서도 안 되고 너무 젊다고 해서 무조건 받아들이는 것도 문제가 된다고 생각한다.. 모든 것은 순리에 따라야 하고 조화를 이루어야 세상은 돌아간다.

경륜과 경험이 스승입니다. 젊은 사람들이 무척 잘 할거라 생각하는 것도 시대적인 착오라고 생각하고 민주당의 정강 정책도 변해야 한다고 생각한다.

30대적인 생각이 있다면 7~80대의 생각도 받아드려야 하고 민주당을 이끌어 가야 할 재목이라면 선택의 여지도 있어야 한다고 생각한다. 오늘도 뉴스를 보니 참 한심하다고 생각하는데, 우리나라 최고의 지식인들의 행동을 보면 초등학생들을 보는 것 같다.

지금 이대로 가다가는 선거는 분명히 망친다고 생각한다. 이 정부의 무도함을 견제하기 위해서는 최소한 150석은 넘어야 하는데 걱정이 된다. 어이! 민주당! 정신 차리세요, 라고 하고 싶다.

탄핵, 자신있게 말할 수 있다

    윤석열은 곧 탄핵되고 감옥갑니다. 안심해도 됩니다.
    3월의 따스한 봄이 오면 윤석열은 대통령에서 탄핵 됨과 동시에 감형 없는 무기징역과 사형을 받아 영원히 감옥에 갈 것입니다. 혹시나 탄핵이 기각되지 않을까 걱정하는 사람들이 있다고 하는데 전혀 걱정하실 필요가 없습니다.
    우리나라의 모든 보수 극우 대통령들을 한번 보십시오. 아직까지 단 한번도 제대로 끝마무리를 한 대통령은 단 한사람도 없습니다. 4.19혁명으로 끝난 이승만. 부하의 총탄에 사라진 독재자 박정희. 군부구테타 살인마 전두환. 노태우. 불법 부정한 이명박. 촛불혁명 탄핵으로 끝난 박근혜. 윤석열 모두가 권위적이고 독단적인 대통령이 대부분이었습니다.

    내란의 우두머리 윤석열은 입만 열면 거짓말을 쏟아내고 있고 국민께 사과와 반성은커녕 내란 동조 세력들을 선동하고 준동하기에 앞장서고 있다. 윤석열은 계몽성 계엄이라는 해괴망측한 논리로 국민들을 속이려고 하고 있다. 2시간 만에 해제한 계엄은 계엄도 아니고 또한 아무 일도 일어나지 않았기 때문에 죄가 없다는 것이다. 자기에게 협조하지 않는 야당 국회의원들이 반 국가세력이라고 처단해야 하는 대상이고 자기가 국회에서 연설을 해도 야당국회의원들이 박수를 한번도 안쳐주어서 비상 계엄을 할 수 밖에 없었다고 하는 정말 어처구니가 없는 계엄 논리다. 우리는 어쩌면 참 다행인지도 모른다. 윤석열이 자기가 자기 꾀에 넘어가 자살골을 넣었기 때문에 우리는 박수를 보내줘야 할 것이다. 자살골로 비상계엄을 선포하지 않았으면 우리는 죽으나 사나 나라가 망해가면서도 말 한마디 못하고 끙끙참고 윤석열의 임기가 끝날 때까지 망해가는 암울한 나라를 우리들은 지켜보면서 한탄했어야 하는데 다행이도 2년을 남겨두고 자살골을 차 넣어서 얼마나 다행인지 모른다.

이러다 윤석열이 기각되어 다시 나오지 않을까 하고 걱정하는 사람들이 있는데 그건 걱정하지 않아도 됩니다. 비상계엄을 선포하더라도 계엄군이 절대 가서 안 되는 곳이 두 곳이 있는데 그곳이 바로 국회와 선관위라는 사실입니다. 그런 곳에 윤석열이 직접 군 병력을 직접 지시하면서 보낸 사실 하나만으로도 헌법위반이고 내란 행위에 해당됩니다. 계엄에 실패하면 죄값과 형량은 육군참모총장이 정하는 곳에서 총살형밖에 없다는 것을 알고 있기에 윤석열은 총살형을 피하기위해 안간힘을 쓰면서 아무 일도 일어나지 않았다고 우기고 있습니다. 자기 때문에 죄 없는 군인들 모두가 범죄자가 되고 군별들이 20여 개가 우수수 떨어지고 있는 상황에서도 자기 혼자만 살겠다고 온갖 이유 같지않는 이유를 갖다

대며 빠져나가려는 것을 볼 때 인간의 비굴함과 비참함을 엿볼 수 있습니다. 정말 멋있는 장수는 모든 죄는 나에게 있고 다 내 탓이다. 나를 처단하고 나의 부하는 용서해달라는 진정한 용기 있는 장수가 위대한 장수가 아닐지 생각한다. 부동시를 이유로 군대를 갔다 오지 않은 윤석열은 어디까지 비참해져야 비참하다 할 건지 묻고 싶다. 일본 동화에서 일컬어지는 한마디 호수 위의 달그림자를 쫓아가는 윤석열, 윤석열이 파면되지 않으면 나의 손발에 장을 지진다. 걱정하지 마시라!

탄핵으로 멈췄던 봄, 산불로 멈췄던 봄이 다시 온다

춘래불사춘春來不似春이다. 봄은 오긴 왔지만 봄 같지 않은 봄이다. 우리는 한해를 넘기면서 모두 새로운 봄이 희망을 안고 빨리 새봄이 돌아오기를 손꼽아 기다린다.

그런데 올해의 봄은 심히도 무겁게 찾아오면서 힘들게 하고 있다. 지난 겨울에 느닷없는 비상계엄이라는 대통령의 내란을 지켜보면서 국민들은 힘든 정치경제의 흐름 속에서 몸살을 앓고 있다. 엎친데 겹친다고 경상도에서는 산불로 인하여 많은 사람들의 목숨과 재산을 송두리째 휩쓸어 가면서 아름다운 금수강산을 화마로 인하여 잿더미로 만들어 버렸다.

국민들은 이제나저제나 하면서 나라의 안정과 경제가 살아나고 수출이 살아나고 소상공인들이 장사가 잘되어 청년들의 일자리가 늘어나기만을 기대하면서 "입춘대길 건양다경" 문구를 대문이나 기둥에 붙이면서 농사지을 준비를 하고 있던 농부들에게까지 기대했던 봄은 봄처럼 오지 못하고 좌와 우, 찬성과 반대로 국민들은 갈라져 서로 죽일 듯이 원수처럼 으르렁거리고 있는 현실을 볼 때 너무 안타깝다는 것을 느끼곤 한다.

우리는 흔히 사계절 가운데 봄은 꿈과 희망, 새로운 시작과 도전이라는 명제 아래 무척 부풀어있는 것은 사실이다. 힘든 과정에서 벗어나면서 조금 풀리는 경우를 이제야 봄날 같은 세월이 온다고 우리는 말한다. 봄은 그만큼 생명력과 할 수 있다는 긍정을 상징하면서 젊음을 이야기하고 있는데, 을사년 새해를 맞이한 지도 벌써 4개월째 접어드는데도 겨울이 지나갈 줄 모르고 봄이 돌아올 줄 모르면서 그 아름답고 화려한 꽃들이 피어 올라도 예쁜 줄을 모르고 꽃처럼 보이지 않는다. 대립과 갈등으로 나라가 혼란스럽다 보니 봄은 오다가 어느 때쯤에서 멈춰서서 지켜보고 있는 것은 아닌지 모르겠다.

작년 12월3일 대통령은 술기운으로 국민 앞에 나타나 비상계엄이라는 담화문을 읽고 군인들을 동원해서 영구집권의 계획을 세웠으나 국민의 저항으로 실패로 끝나 탄핵정국으로 암울해지다 보니, 봄은 오다가 무서워서 숨어버리고 억지 주장하는 인간들의 한심한 추태를 보면서 춘래불사춘을 보여주고 있다 하겠다. 진보 보수들의 가짜 뉴스와 유튜버들의 과장된 언론으로 국민을 호도하고 있고, 있을 법한 얘기들을 만들어 확대 재생산해 내는 언론들을 강력히 처벌하도록 해야 할 것이다. 그래야 봄은 안심하고 오기 때문이다.

이제 대통령의 탄핵도 끝이 나고 모두가 화합할 때가 왔다. 우리나라 국민은 끈기와 근성이 있는 책임감이 강한 국민이기 때문에 어떠한 어려움이 닥쳐오더라도 오뚜기처럼 꿋꿋하게 일어설 수 있으므로 우리는 희망이 있고 봄의 아름다움을 볼 수 있는 국민이다. 개나리 진달래 철쭉 벚꽃들이 만발하는 봄 봄기운을 받아서 우리 국민 파이팅하고 일어 서길 바라고 기원합니다.

중국은 대한민국을 넘보고 있다

우리는 중국의 전략을 엄중하게 생각해 봐야 한다. 우리 대한민국을 넘보고 있으며 자기 나라의 속국으로 만들려는 전략으로 대한민국 모든 땅을 사들이고 있다는 것이다. 지금 제주도는 약 1/3이 중국 사람들의 손에 넘어갔다고 봐야 한다. 중국에서 제주도는 여권도 필요 없이 자유 왕래가 가능하다.

지금 중국 정부는 중국인들이 해외 부동산을 사는 기업이나 사람에게는 자금을 밀어주고 오히려 대출을 적극 지원하고 있다고 한다. 특히 대한민국의 어디라도 부동산을 소유하기 위해 투자한다면 적극 지원하는 제도를 펼치고 있는 것이 사실이다. 결국 중국 사람이 해외 부동산을 소유하면 이는 곧 중국 땅이 된다는 것이다. 이런 전략으로 대한민국을 야금야금 먹어온다는 것을 우리는 심각하게 생각하고 정신을 차려야 한다.

지금 우리나라 어디든지 막론하고 사들이고 있지만 특히 경기도 안산, 제주도, 전국적으로 중국 사람들은 땅과 건물부동산 소유로 대한민국을 점령하면서 총력을 기울이고 있으며, 또 다른 전략으로는 중국 자국인들을 한국으로 침투시키면서 결혼하게 하고 결혼을 하면 무조건 아이를 많이 낳으라고 세뇌하고 있다. 그렇게 해야 쉬운 방법으로 중국 사람들이 힘을 쓸 수가 있고 점령하기 좋은 방법이기 때문이며, 대한민국은 민주주의이기 때문에 선거가 중요하고 모든 것은 선거로 이루어지기 때문에, 한국 내 중국인들을 늘려 중국인들이 한국에서 투표권을 얻어 한국 정치를 좌우지할 수 있는 비중을 높여야 한다고 생각한다.

그렇기 위해서는 대한민국의 시장 상가 등을 많이 사들여 시장 경제를 잡아먹어 중국경제의 식민지로 만들자는 무서운 전략으로 계속해서 중국 사람 유입으로 우리 대한민국 민족을 소멸시키고 제주도와 섬들의 땅을 전부 사들여 중국 땅으로 만들어 바다 경계권 영해를 점령하여 중화인민 공화국으로 만들게 되는데, 중국인들이 부동산 인수할 때, 거래 가보다 몇 배의 돈으로 얹어서 산다고 하면 한국인들은 자신의 이득을 위해 조국을 생각할 줄도 모르고 그저 팔아넘긴다는 것이다.

그러면서 중국인들은 대한민국은 여성들이 결혼도 안 하고 아이도 낳지 않고 해서 인구는 저절로 감소 되어 힘이 약해질 수밖에 없어진다는 것이다. 결국 국력도 약해지고 다시 한번 말하지만, 우리나라 사람은 자신의 땅 건물 등 모든 부동산 가치를 시중의 가격보다 2배 3배씩 더 준다고 하면 미국 사람이건 중국 사람이건 누구한테든지 팔아넘긴다는 것인데, 그것을 이용해 중국 사람이 앞뒤 가리지 않고 사들인다는 것이다.

중국 정부는 소리 소문 없이 전쟁도 하지 않고 아주 신사적으로 한국 땅을 점령하는 대가로 투자하여 결국 중국인들이 사들인 한국 부동산은 몇 배로 올라가서 이득을 올리고 이 돈으로 또다시 대한민국의 어디든 땅을 사기 위해 투자되고 있으며 중국의 땅으로 계속 늘려가기 위해 부동산 투기를 끊임없이 여기저기로 이어갈 것이다.

대한민국 정치인들은 중국이 이렇게 점령해 오고 있음에도 전혀 관심 없다는 것이 가장 큰 문제인데, 국민들만 걱정할 뿐 정치인들 기업가들은 국가와 민족의 소멸에는 관심이 없고 그저 자기 자신만의 살길만 찾아간다. 자기들만 편하면 된다는 것인지, 우리나라가 중국의 속국이 되어 가고 있는 이 현실에 양심 있는 지식인들이여! 대한민국 민족정신 국가관이 있다면 중국인들의 투기와 점령에 맞서 싸워야 한다! 정신 똑바로 차리고 더 이상 중국인들이 소유하지 못하게 하는 법을 만들고 시행하도록 앞장서 주시기를 바란다.

국력은 인구소멸로 나타난다. 인구가 많아야 부강한 나라를 만들고 감히 주변 나라에서도 쉽게 넘보지 못한다.
대한민국의 출산율은 세계 꼴찌라고 한다. 우리나라의 1년 출산율이 이제는 0.67%로까지 떨어졌다. 그러다 보니 급속도로 고령화사회로 진입하고 있다.
우리나라 정부에서도 어떤 방법을 쓰더라도 여성들의 결혼을 권장하고 아이를 낳는 정책을 지금 세워야만 앞으로 우리 대한민국을 지키는 힘이 생길 것이다.

대한민국은 한 사람을 위한 법인가?

요즘 우리나라는 한 사람만을 위한 법 해석으로 온 나라가 시끄럽다. 윤석열 내란수괴 우두머리의 구속 적부심 재판에서 하급심의 지귀연 판사는 아마 이랬을 것이다. 하도 보이지 않는 법꾸라지들의 압력으로 윤석열을 석방해 주라고 하여 그들이 제시해 주는 방법으로 날짜로 계산하지 않고 시간으로 계산하는 방법을 택했을 것으로 본다. 그러면서 판결문에 상급심의 판결을 받아볼 것을 권고하는 재판으로 구속을 석방한다고 했을 것이다. 그 방법은 우리나라 법이 만들어진 후 70년 동안 한 번도 없었던 판결이었다. 구속은 날짜로 지금까지 계산해 왔으며 시간으로 계산한 것은 아직까지 없었기 때문이다.

그런데 문제가 생겼다. 하급심에서 판결을 하면 검찰에서나 피청구인이 즉시항고를 해야 하고 할 줄 알았는데, 석방을 해준다 하니 즉시항고를 할 필요가 없어졌다는 것이다. 그래서 그대로 확정이 되어 버리니까

상급심의 판결을 지켜보려던 지귀연 판사는 대한민국 역사상 가장 초유의 판결을 내린 낙인찍힌 판사요 해괴한 무능한 판사로 영원히 기록될 것이라고 한다. 그러다 보니 대한민국에 수사받고 있는 구속되어 있는 사람들이 자기들도 날짜로 계산 하지 말고 시간으로 계산해 달라고 하니, 온 나라가 들썩이고 어떻게 감당할 수가 없게 되었다. 그래서 윤석열 한 사람만 그렇게 하고 다시 원점으로 돌아가 구속은 날짜로 계산한다고 또다시 공표했다.

옛날 동화책을 읽은 두 도둑의 재판 이야기가 생각나서 현대판으로 비유하면서 한번 적어본다. 아주 옛날에 한 사람은 소를 훔친 도둑이 있었고, 또 다른 도둑은 닭을 훔친 도둑이 있었는데, 두 도둑이 재판받으러 법정에 섰는데, 소도둑은 죄를 봐도 큰 죄를 지은 도둑이고 닭은 우리들이 어렸을 적 닭서리로 하는 작은 넘어갈 수 있는 간단한 도둑 사건이었다. 어떤 재판관이 봐도 재판을 관람하는 관중들이 봐도 간단하고 쉽게 죄를 판단할 수 있는 사건이었다. 소도둑의 변론 인들은 법 미꾸라지 같은 사람들로 뭉쳐있으며 재판관을 갖은 압력과 협박으로 판결을 종용하고 있으면서 무죄를 선고해달라고 변론하고 있어 재판관은 판결을 두 도둑에게 내려야 하는데 난감했다고 한다.

법정에서 재판이 있는 날, 고민을 하던 재판관은 먼저 닭 도둑에게 물었다. 피고는 어떻게 닭을 훔치게 되었나요? 하면서 물으니 닭 도둑은 "마당에 닭들이 먹이를 주워먹고 있어 거기서 한 마리 잡아 나왔습니다" 말했다. 재판관은 닭을 잡으면 푸드덕거리며 소리를 지를 텐데 그렇지 않던가요? 닭 도둑은 "닭이 소리를 지르기에 못 지르게 닭 모가지를 꽉 잡고 숨을 못 쉬게 해서 잡아 나왔습니다" 아~ 그랬군요. 그러면서 이번에는 재판관은 소도둑에게 물었다. "피고는 어떻게 소를 잡아 왔는가요?" "저는 그냥 밧줄 있어서 그냥 밧줄만 잡고 나왔지요. 그런데 집에 와서 보니까 소가 따라서 왔더라고요." 저는 소를 훔치지 않았습니다. 재판관은 잘 알았다고 했다.

드디어 재판관은 판결했다.
소도둑은 밧줄만 잡은 거고 소는 제 발로 왔으니, 무죄를 선고한다.
그리고 닭 도둑은 닭의 모가지를 비틀어 죽여 잡았으므로 도둑질 1년, 동물학대죄 2년 총 3년 징역을 선고 한다. 소도둑은 김건희로 비유해 보니, 300만 원짜리 샤넬 백으로 사무실에 찾아와 그냥 놔두고 갔기에 무죄요. 닭도둑은 김해경 여사로 비유해 밥값 7만 8천 원짜리로 압수수색을 130번 넘게 한 거와 뭐가 다른지요. 천하에 이런 판결이 있을까요. 어안이 벙벙합니다. 이게 요즘 윤석열식 재판 아닐까요. 또 이런 건 어떤 판결이 내려질까요. 벽에 구멍이 뚫려있어 쥐가 그 구멍을 들랑날랑 하면 벽구멍일까요? 쥐구멍일까요? 법 미꾸라지 같은 사람들의 맘대로 판단하는 원칙 없는 세상이 지금이 아닐는지 생각해 본다.

꿩 대가리 숨기듯 한다

　요즘 우리나라 돌아가는 꼴을 보고 꿩 대가리 숨기듯 한다고 말한다. 꿩은 자기를 잡으러 오면 얼른 바위틈에다가 자기 대가리를 박고 가만있는데, 그러면 꿩은 자기가 숨었다고 생각하는지 모르나 대가리를 박으면 꿩 몸과 꼬리는 하늘을 쳐다보고 있어 금방 꿩이 어디 있는지 알게 되어 잡히는데, 자기만 안 보이면 다 숨었다고 하는 것을 비유해서 요즘 세태를 보고 그게 꿩 대가리 숨기듯한다고 한다.

　우리가 생활하다 보면 정말 나쁜 사람들이 있습니다. 지금은 SNS의 발달로 페이스북이나 카톡. 문자 등이 우리의 한 몸과도 같은 휴대폰에서 정보를 주고받는데, 어떤 일을 툭 던져놓고 자기는 꿩 대가리 숨듯 숨어버리고 뒤에서 지켜보면서 남들의 주고받는 토론의 혈투를 지켜보면서 즐기는 사람이 가장 나쁜 사람이다. 그런데 우리 주변에서 쉽게 접할 수 있는 사람들이 분명히 있다. 그런 사람들은 정말 멀리해야 할 사람이고 상대하지 않을 사람이다. 지난번 신문에 칼럼으로 썼던 반지성의 사회도 마찬가지다.

지역에서 치르는 조그마한 단체장 선거가 있는데, 거기에서도 네거티브를 일삼고 한 사람을 갈기갈기 찢기도록 인격 살인적인 이야기를 모든 회원이 보는 단체 카톡에 올려 흔들어 버리는 비굴한 사람들이 있는 것을 보았다. 선거관리위원장을 세워 놓으면 대추나무 흔들 듯이 흔들어 버려 견딜 수가 없어 내려오기를 몇 번 거치면서 결국 그 단체를 탈회하는 회원들까지 생기는 일들이 벌어졌다. 그 흔드는 사람은 꿩 대가리가 아니다. 몸통이요 꼬리에 불과하다. 시킨데로 따라서 하는 아바타이기 때문이다.

요즘 우리나라도 보면 꿩 대가리 감추듯이 고 채상병 사건의 중요한 피의자를 보면 그렇다. 무슨 일이 터지면 해결하려고 해야 하는데, 피의자로 지목된 사람을 숨기고 밖으로 보내면 해결되는 줄 아는데 그건 손으로 하늘을 가리는 거나 마찬가지이다. 참 어리숙하다. 왜들 이런지 모르겠다, 진실은 우리나라에 없는 걸까요. 입틀막이면 해결되나요. 이건 꿩 대가리 하는 짓이라고 생각한다.

꿩 대가리들처럼 야당들끼리도 서로 싸우지 말고 의견 차이가 조금 있을지라도 똘똘뭉쳐서 뭔가 보여줄 때가 왔다고 생각한다. 제발 야당끼리는 화합하고 단결된 힘으로 이제부터 한발 앞서가는 모습을 보여줘야 한다.

돌아오는 4월10일 제22대 국회의원 선거는 그 어느 때보다도 중요하다. 검찰 독재가 판을 치는 이 무도한 정권을 심판하고 사람답게 살 수 있는 세상을 만들려면 정말 선택을 잘해야 한다. 국민이 아우성친다. 3년은 너무 길다고… IMF 때보다 더 힘든 세상이 지금이라고 한다. 우리들의 한표 한표가 모여 세상을 바꾸고 정권을 바꾸고 우리에게 희망을 준다. 모든 선거가 그렇다.

세상은 이치대로 흘러간다

　불교에서는 삼라만상의 모든 것은 위에서 아래로 물이 흘러가듯 순리에 따라 이치대로 흘러가듯이 그렇게 살아가야 한다고 했다.
　세상의 모든 것은 소중하며 뜻에 따라 위치가 정해지고 그 목표에 향해 가는데 상생의 법칙이 작용한다. 그 법칙은 서로 인정해 주고 소중하게 다루며 희망을 불어넣어 주는 것이다.

　요즘에는 모두가 그런대로 잘 살아가면서 아이를 가르치는데 큰 문제는 없었지만, 옛날 보릿고개 시절에는 아이 하나 가르친다는 것이 그리 쉬운 일이 아니었다. 그래서 초등학교도 늦게 들어가고 글을 배우면 그것으로 만족하고 집안일을 돕는다던가, 여자아이는 옷을 만드는 바느질 기술을 배우고 공장에 다니면서 가정을 돌봤던 시절이 있었다.

　옛날에 스님이 어느 마을에 시주를 나갔는데 10살쯤 되어 보이는 아이를 어머니가 회초리를 들고 때리고 있었다. 스님은 옆에서 가만히 지켜서 들어보니 산에 가서 땔감을 해오라고 했는데 안 해 와서 혼내주고 있는 것이었다. 그래서 스님은 아무 말도 하지 않고 그 아이 앞에 가서 아이에게 큰절을 올렸다. 그랬더니 어머니는 깜짝 놀라며 "스님 왜 그런 행동을 하십니까? 하찮은 아이에게 큰 절을 하다니요" 하면서 물었다. 그래서 스님은 어머니를 물끄러미 쳐다보면서 "이 아이는 장차 나라에 녹을 먹는 큰 인물이 될 것입니다. 어머니께서는 이 아이를 지금처럼 학대하며 키우지 말고 정말 소중하게 잘 키워 보시기 바랍니다".

 스님 말을 듣고 난 후에는 그 아이를 험한 일을 시키지 않고 회초리도 들지 않고 공부하도록 모든 뒷바라지를 하였습니다. 아이는 무럭무럭 자라면서 공부에 두각을 나타내기 시작합니다. 중학교 고등학교를 거의 수석으로 달려왔지만 집안이 넉넉하지 못해 대학을 보내지 못해 아이는 육군사관학교에 수석으로 합격하여 군인의 길을 가게 되었습니다. 장교로 임관하고 나서도 한 번도 진급에 누락되지 않고 승승장구하였습니다. 그러면서 선배 기수들 보다 더 빨랐고 자기 기수에서는 제일 먼저 별을 다는 장군이 되었습니다.

 그러나 그때 스님은 시주하러 다니면서 아이가 어머니께 회초리를 맞으면서 울고 있길래, 회초리 때리는 것을 멈춰줘야겠다는 생각으로 스님은 아이에게 다가가서 큰절을 올렸던 것입니다. 그러면서 이 아이는 크게 될 재목이니 잘 가르치라고 했던 것인데, 실제로 그 어머니는 스님의 말을 믿고 아이를 애지중지 잘 키웠던 것으로 오늘날 군대에서 제일 높은 장군을 만들어 냈던 것입니다. 스님의 하찮은 농담의 소리 한마디가 사람의 인생을 바꿔놓은 기막힌 이야기입니다. 만약에 그때 아이가 맞는 것을 그대로 놔두고 지나쳤다면 그 아이의 운명은 어떻게 되었을까요, 항상 어머니에게 회초리를 맞으며 자란 그 아이는 날마다 나무를 하는 나무꾼이 되었을지도 모른다. 칭찬은 소도 웃게 한다는 말이 다시 한 번 생각난다.

SNS에 의존하며 책을 외면하는 현실

　1995년 유네스코가 제정한 4월 23일은 세계 책의 날이다.

　책의 날을 제정하게 된 동기는 책을 사는 사람에게 꽃을 선물하는 스페인 카탈루냐 지방 축제인 "세인트 조지의 날"(4월23일)과 세계적인 문호인 세익스피어와 돈키호테의 저자 세르반테스가 사망한 날이 4월23일이어서 그날을 책의 날이라고 하게 되었다고 한다.

　우리는 어렸을 적부터 학교에서 선생님들이 책을 많이 읽어야 한다, "책은 마음의 양식이다" 하면서 독서와 독후감을 쓰게 하면서 지혜와 지식을 쌓게 하면서 사고력 판단력을 풍부하게 가르쳤다. 그러나 지금은 유네스코의 노력에도 불구하고 우리 한국인들은 1년에 책을 한 권을 읽는 사람이 극소수에 불과하고 독서량도 해마다 줄고 있고 책을 외면하는 현실이 되어 버렸다. 독서 기피 이유로는 일 때문에 시간이 없어서 책을 읽지 못한다고 답을 하는 사람이 많았으며, 다른 한편으로는 인터넷과 스마트폰 그리고 TV 드라마나 게임 등이 그 뒤를 이었다.

책을 읽지 않으니 책을 구입하는 사람이 점차 줄어 서점들은 몰락의 길로 접어들었고 대형서점들도 운영에 힘들어 하고 있다. 책을 읽지 않는 사람들을 조사한 결과 저소득층에서는 특히 저조했으며 중위소득과 고소득층의 사람들은 독서량이 그래도 조금 높았다고 한다. 전국적으로 서점이 한 곳도 없는 지자체도 30여 곳에 달하고 있다 하니, 가슴 아픈 일이 아닐 수 없다. 물론 시간이 없어서 책을 읽지 못하는 사람이 있겠지만 독서량이 줄어드는 가장 큰 이유는 SNS 인터넷의 발달로 모든 정보와 지식을 의존하는 데서 일어나는 현상으로 봐야 한다.

　우리가 가장 염려하는 것은 과도한 디지털기기의 사용과 의존은 우리 인간 두뇌의 배측면 전두엽 피질의 회질 양이 감소한다는 연구논문도 심심찮게 등장하고 있다. 이른바 디지털치매라는 말이 있는데 디지털이 아니면 아무 생각이 나지 않는 기억상실 선택적 기억력으로 불안 초조를 동반한다고 하면서 책을 가까이하고 책을 읽는 사람은 읽으면 읽을수록 언어와 기억력을 관장하는 측두엽이 발달하여 사회생활을 하는데도 안정감과 업무능력에도 우월하다고 한다.

　아무리 세상이 발달한다 해도 책보다 마음의 양식을 얻는 것은 없다. 안중근의사는 "하루라도 책을 읽지 않으면 입안에 가시가 돋는다"고 하였듯이, 책을 가까이하는 사람은 어딘가 모르게 다르다. 그만큼 교양적이라고 할 수 있다. 꼭 그런 이유가 아니더라도 책을 한 장 한 장 넘기는 소리와 책에서 묻어나오는 종이 냄새와 한줄 한줄 읽어 내려가는 맛은 독서에서만 느낄 수 있는 즐거움이라 할 수 있다. 책을 가까이하는 습관을 가져야겠다.

가스라이팅에 대한 병적인 현상

　가스라이팅이란 즉 심리적 지배라고 말한다.
　상황을 조작하면서 상대방을 스스로 곤경에 빠뜨리면서 그러므로 해서 판단력을 잃게 만드는 정서적 학대 행위이며, 심리적인 지배에 해당이 된다. 상대방을 통제하기 위해 의식적 무의식적 피해자를 만들어 내는 지극히 병적인 심리 현상으로 가스라이팅 가해자는 거짓을 사실처럼 왜곡하고 사실을 부정하고 모욕과 모순된 표현으로 비난을 일삼으며 피해자의 판단을 의심하게 만들어 버린다.

　가스라이팅은 스스로 배웠다는 사람들이 즉 지성인들이 더욱 심하게 나타난다. 가스라이팅은 모르는 사이에서는 일어나지 않고 주로 가족들이나 연인관계 친한 모임 지인 등과 같은 친밀한 관계에서 일어나지만 그게 서서히 오랜 시간을 보내면서 나타나는 게 특징이다. 그 특징 중에 자기 우월성을 강조하고 싶어 하며 한쪽으로는 자기 과거를 덮으려는 두려움을 가질 때 나타난다고 할 수 있다. 가해 방식에는 피해자의 주장을 인정하지 않거나 말을 믿지 못하고 무시하는 데서 일어나는데 자기도 모르는 무의식적으로 상대방을 통제하면서 타인들에 의해 자신의 우월감을 나타내며 소유하려는 욕심으로 봐야 한다. 그것은 실제로 일어났던 일을 분명히 기억하면서도 기억이 없는 척 하거나, 자신이 한 말을 안 한 것처럼 부정을 한다 거나 약속을 부정하면서 상대방을 하찮게 여기는 행동들로 가해를 해온다.

가스라이팅을 가하는 사람은 자신이 대단한 사람이고 남들이 자기를 모든 일들을 해결하는 절대적 우상으로 봐달라고 하면서 자기가 잘하고 있다고 착각 속에 산다. 그러니 자기가 잘못을 저지르고 남에게 피해를 주는 것을 느끼지 못한다. 상황이나 심리를 교묘하게 이용해 죄의식을 느끼지 못하기 때문에 뉘우치는 것에 잘못을 인정하지 못하고 사과나 용서를 구하지 않고 변명만을 늘어놓는다. 자기가 한 행동이 나쁘다는 것을 인지하지 못하고 남들에게 알려야 하는 좋은 일이라고 착각하고 있기 때문이다.

가스라이팅의 가해자들이 가장 많이 하는 행동으로는 자기가 상대방에 대하여 가장 잘 알고 있다. 그러니 자기가 하는 말은 다 옳다는 식이다. 혹시 주변에서 이런 행동을 하고 있다면 가스라이팅으로 받아들여야 하고 주위에서는 가해자에게 알려줘야 하고 자제하도록 만들어야 하는데, 그런데 그런 상황을 보면서 즐기는 사람들이 대부분이다. 가해자가 그런 행동을 하는데 주위에서 아주 잘하고 있어, 아주 속이 시원하다 하면서 부추기는 사람들이 있는데, 그건 씻을 수 없는 학대 행위에 해당 된다. 가스라이팅에 대한 대처 방법에는 가스라이팅을 하는 가해자와 인연을 끊는 것이 최선의 방법이나 끊지 못할 경우라면 상대방이 자기의 감정을 중요하게 여길 수 있게 분명하고 명확하게 명시해야 한다.

　상대방이 집요하게 파고 든다고 해도 조금이라도 죄책감이나 불필요한 책임 의식을 갖지 말고 자기중심을 가지고 나아갈 필요가 있다. 가스라이팅의 가해자는 결국 언젠가는 자기의 병적인 현상을 깨닫고 뉘우치며 후회할 것이다.

디지털 성범죄 처벌이 쉽지 않다

딥페이크 기술이 발달하면서 이를 이용한 디지털 성범죄가 판을 치는 세상이 되었다. 딥페이크는 쉽게 말하면 가짜를 진짜처럼 보이도록 조작된 이미지를 말한다.

딥페이크 기술이 발달하면서, 일반인들도 합성 대상이 되는 인물 영상에 다른 사람의 얼굴이나 인체 부위를 학습하여 음란물을 만들거나 이런 영상을 공유하는 사례가 발생하게 되었다. 개인의 얼굴을 음란물 영상에 합성하거나, 특정인에 대한 음해나 보복을 위해 가짜 영상을 제작, 유포하는 것과 같은 인권침해 사례가 나타나면서 이에 대한 사회적 제재가 요청되기 시작했다.

갈수록 더욱 교묘하고 심각한 수준의 양상으로 번지면서 진화하는 속도는 더욱 빠르게 진행하고 있어 수사기관의 적극적인 대응 방안이 강구되고 있다. 딥페이크의 직접적인 증거물을 확보하기란 쉬운 일이 아니기 때문에 피해자가 속출해도 피의자를 찾아내기란 결코 쉬운 일이 아니므로 피해자가 그 증거의 확보물을 찾아야 처벌이 이루어지는 실정이다.

불법 합성 영상물을 만들어 텔레그램방에 유포하는 등 범행이 계속 이루어지고 있는데도 사이버 수사대는 "피의자를 찾아내기 힘들다" 그러면서 경찰은 의심이 가는 사람이 있으면 증거를 확보해야 수사를 할 수 있다"는 말만 되풀이하고 있다. 피의자들은 더욱 날뛰면서 피해자들의 반응을 보면서 불법영상물을 유포하면서 협박까지 하고 있다고 전한다.

2019년 아동 청소년 성착취 영상을 유포한 엔(n)번방 사건이 우리 사회에 커다란 충격을 주었던 기억이 있다. 피해자들의 실제 모습을 담은 것이 아닐지라도 불법 합성 영상물로 인한 피해는 인간의 존엄이 부정당하는 아주 끔직한 참을 수 없는 고통이었을 것으로 생각된다. 그런데도 경찰에서는 구체적인 단서를 찾아와야 수사에 들어갈 수 있다는 식으로 미온적인 태도에 피해자들은 울분을 토하고 있다.

세상은 하루가 다르게 발달하고 발전하면서 딥페이크 기술이 날로 지능화되면서 이젠 언제 어디서 누구나 범행 대상이 되어 피해 볼 수 있는 세상에 와있다. 2021년부터 엔(n)번방 방지법이 시행되고 있지만 계속 새로운 범죄가 양상 되어 가고 있는 현실에 발맞춰 새로운 보완 입법도 마련되어야 할 것으로 내다본다. 이젠 누구나 범행 대상이 될 수 있는 세상이므로 사회 전반적으로 경각심을 한층 드높여야 할 것으로 사료 된다.

경찰 사이버 수사대에서도 성범죄의 심각성을 인식하고 전문적인 수사인력을 확보하는 등 적극적인 대응에 나서야 할 것이며, 사회관계망이 범죄의 온상이 되는 것을 막기 위해서라도 딥페이크 성범죄의 재판 과정에서도 솜방망이 처벌에 그치지 말고 중범죄로 엄중하게 다루기 위해 2020년 6월에 법으로 제정되었는데, 성적 욕망 또는 수치심을 유발할 수 있는 영상 또는 음향 등을 제작하거나 반포한 사람은 5년 이하의 징역 또는 5,000만원 이하의 벌금, 특히 영리 목적으로 정보통신망을 이용해 유포하였을 때 7년 이하의 징역으로 가중처벌이 가능하게 되었다.

익숙하지 않은 회전교차로 통행 방법

　요즘은 교통문화의 변화로 회전교차로가 대세이다.
　진도에도 작년부터 진도읍을 비롯해 회전교차로로 바뀌고 있는데 정작 통행하는 운전자들은 우왕좌왕하는 경우가 많고 서로 양보 없는 운전으로 교통사고가 일어나기 일쑤이다.

　회전교차로는 신호등이 없으므로 시간이 절약되고 기다리지 않아도 되는 편리함은 있으나 절대적인 양보 운전이 있어야 사고를 면할 수 있다. 전국적으로 회전교차로의 교통체계로 바뀌지고 있는 실정으로 교차로 통행 방법을 익숙해야 할 것 같다. 회전교차로란 교차로의 중앙에 원형 교통섬을 두고 통과하는 교차로인데, 양보운전이 선행된다면 훨씬 교차로 통과가 쉬워진다고 할 수 있다.
　행정안전부에서 한국교통연구원과 함께 회전교차로 설치에 따른 효과성의 분석에 따르면 신호등 체계의 교통흐름과 회전교차로의 교통흐름 그리고 사고에 대한 조사결과는 신호체계일 때 보다 월등히 낮았다고 한다. 사망자수도 60%가 넘게 줄었으며 교통사고 건수도 30% 가까이 줄었다는 교통연구원의 분석결과가 나왔다. 그런 효과를 계기로 전국적으로 회전교차로는 늘고 있으며, 진도에서도 계속해서 회전교차로 설치를 늘려가겠다고 밝혔다.

처음 보는 회전교차로가 생겨나서 운전자들은 회전교차로에서 어느 차가 먼저 진입하고 빠져나가는지 몰라 가끔씩 회전하는 차가 있어도 자기 차가 먼저 빠져나가려고 속도를 올려 통과하곤 하는데, 그건 무척 위험한 운전으로 회전교차로 통행 방법을 전혀 모르는 운전자이다. 회전교차로에 들어서면 모든 차들은 서행을 실시하면서 회전하려는 차량이 있다면 먼저 지나갈 수 있도록 무조건 양보 운전을 해야 한다.

그리고 회전교차로에서는 곧 회전 차량이 우선권을 가지고 있으므로 교차로에 진입하려는 차량은 회전하는 차량이 빠져나간 후에 그 차량 다음에 진입하여 통과하여야 한다. 회전교차로 진입 차량은 좌측 깜박이를 켜서 30km 미만으로 서행하면서 주위를 살피면서 보행자가 있는지도 살펴야 한다.

진도에서 운전하는 군민들은 처음 도입된 회전교차로 통행 방법을 아직도 익숙하지 않고 서툴러 회전교차로에 들어서면 얼어버리는 사람들이 더러 있어 위험 상황이 일어나는데, 다른 차보다 빨리 빠져나가려고 하지 말고 무조건 회전하는 차량에게 먼저 양보하는 자세는 사고를 줄이고 사고를 예방하는 길이므로 잘 숙지하여야 할 것이다.

겨울철 교통사고의 주범 블랙아이스, 포트홀 주의

우리 지역 진도는 해마다 눈을 구경하기 힘든 곳으로 가장 따뜻하다 하여 예체능 선수들이 겨울 캠프를 차려 운동을 많이 오는 곳으로 유명하다. 그러나 지금은 이상기온으로 전국 어디를 가리지 않고 추위와 더위가 몰아닥치면서 진도에도 요즘은 많은 눈이 내려 눈길 운전을 하지 않고 살아온 진도 사람들은 겨울철 사고가 빈번하게 일어나고 있다.

최근 자주 내리는 눈으로 인하여 도로나 교량 위에 눈이 녹았다 얼었다를 반복하면서 도로 곳곳에 생긴 포트홀이나 블랙아이스로 인하여 크고 작은 교통사고가 급증하고 있다. 특히 블랙아이스의 결빙도로는 진도 사람들의 생계 터전인 농촌과 어촌의 일터를 향해 겨울철 새벽에 일어나 운전하다 보면 교량 힌지부근이나 중앙부 처짐부분, 그늘진 도로 등에 쉽게 생기며 도로 표면에 얇게 형성된 얼음막으로 눈에 잘 띄지 않아 운전자가 인식하지 못하고 진입하다 차량이 미끄러지면서 교통사고가 발생하기 때문에 겨울철 운전은 절대적으로 안전 서행운전이 교통사고를 줄이는 길이므로 각별한 주의가 필요하다 하겠다.

　겨울철 교통사고를 예방하기 위해서는 작업을 마치고 몸이 춥다고 술을 한잔씩 걸치고 퇴근을 하면서 운전대를 잡는데 절대 금지해야 한다. 또한 운전을 하면서 도로를 숙지하고 어느 지역 어느 부분에 상습적으로 발생하는 블랙아이스 구간이 있는지 잘 알아두고 거기를 통과할 시에는 평소보다 50%이상 감속운행 하도록 해야 하며 땅꺼짐 포트홀도 마찬가지로 조심해야 한다.
　블랙아이스는 일반 도로보다 10배이상 미끄럽다 하고 눈이 쌓여있는 도로보다 5배 더 미끄럽다는 겨울철 교통사고 중 50%를 차지한다는 통계가 있다고 하니, 블랙아이스를 발견하고 감속하면 늦기 때문에 미연에 감속으로 운행 할 것을 당부하며 물론 안전거리 확보가 무엇보다도 중요하다고 하겠다.

　그리고 겨울철 운행을 안전하게 하기 위해서는 스노우타이어를 장착하거나 스노우체인을 준비하여 기상 여건에 따라 즉시 사용할 수 있도록 차량 내 탑재가 필요하다고 본다. 또한 타이어의 규격과 상태는 성능과 안정성에 영향을 미치기 때문에 될 수 있으면 겨울철에 타이어를 새 것으로 교체할 것을 권하면서 너무 저렴한 타이어는 피하는 것이 좋고 차량별 제조사 권장 규격 스노우타이어를 사용할 것을 권장한다. 그리고 동절기에 제일 중요한 것은 사전 차량 점검이라고 생각한다. 브레이크 상태, 각종 오일류, 부동액, 배터리, 와이퍼, 등화장치, 타이어 상태 등 전문정비업체를 통한 사전 정비와 수리가 이뤄져야 한다. 요즘은 타이어를 교체를 하면 정기적으로 점검과 동시에 공기압까지 완전히 무료로 해주기 때문에 타이어 전문업체에 가서 교체하는 것이 차량 관리하는데 훨씬 편리하다. 항상 당부하는 말이지만 차량 운행 중에는 전·후방 차량을 살피면서 양보 운전과 방어운전을 통해 교통사고 요인을 제거해야 하며, 차량 탑승자의 안전을 위해 전 좌석 안전띠 착용은 소중한 우리 가족을 지키는 가장 기본적인 필수 사항이라는 걸 잊지 말아야 한다.

국민과 함께하는 대통령, 안전한 대한민국을 바란다.

지금 우리 대한민국은 위기 중의 위기에 처해있다.

윤석열 정부가 지난 3년 동안 대통령 놀이를 하고 있으면서 재미를 느낀 윤석열은 아예 장기 집권의 욕심을 부려 비상계엄을 선포하였으나, 우리 국민의 저항으로 실패로 돌아가자, 지금까지도 거짓말과 변명으로만 일관하고 있다. 그러다 보니 우리나라는 이재명 당선자가 말했듯이 민생은 무너졌고, 경제는 바닥을 치는 위기에 도달해 있고, 정치는 한 발짝도 나가지 못하고 멈춰있었다.

이재명 대통령 당선자는 그 누구보다도 우리 국민의 삶과 국민이 바라고 원하는 것이 무엇인지 꿰뚫고 있으리라 생각하면서 이 위기의 시대에 국민의 삶을 지키고 대한민국을 다시 일으킬 준비가 되어있는 사람이 이재명 당선자라고 생각하는데 우리의 바람이 맞을 거로 생각한다.

지난 3년 동안 지옥을 왔다 갔다 하면서 겨우 살아나서 이겨내고 대통령까지 당선되었으니, 누구보다도 국민을 이해하는 마음이 두터울 거라 믿는다.

정말 멋진 대통령을 한번 기대하고 선택해 주었으니, 실망하지 않게 멋진 대통령이 되어주길 바란다. AI 인재들의 일자리가 넘쳐 나는 경제 강국으로 이끌어주시고, 국익 중심의 실용 외교, 글로벌 선도 최첨단 방위 산업, 스마트 강군이 지키는 든든한 외교·안보 강국으로 나아가면서, 세계인들이 울고 웃는 콘텐츠로 미래 산업을 창출하는 문화 강국을 만들고, 이해 충돌과 갈등을 합리적으로 조장하고, 세계의 모범이 되는 민주주의 강국으로 나아가면서, 아이들의 웃음, 청년의 푸름, 장년의 경험, 노년의 지혜가 어우러진 촘촘한 복지 강국으로 발전해 가면서, 대한민국 방방곡곡이 고르게 발전하고 도시와 농산 어촌이 함께 잘 사는 균형 발전 국가를 꼭 건설해 주시기를 간곡히 부탁 드린다.

우리나라 사람들은 근성이 성실하고 끈기와 인내로 버텨온 저력의 국가이기에 대통령만 잘하면서 이끌어 가면 우리 국민 잘 따라 줄 것이라 믿는다. 이 당선인의 1호 업무 지시는 '비상 경제 대응 태스크포스(TF)' 구성이 될 전망이다. 그는 지난달 25일 당선 즉시 비상 경제 대응 TF를 구성하겠다고 공언한 바 있다. 이달 2일에는 '대통령 취임 후 무엇을 첫 번째 업무로 지시할 것인지' 묻는 질문에 "지금 가장 심각한 문제는 민생 문제"라면서 "경제 상황 점검을 가장 먼저 지시해야 하지 않을까 싶다"고 말했다.

새로운 이재명 대통령은 하루빨리 내란 사태를 극복하고 아픈 국민의 마음을 안아주기 위해서는 무엇보다도 무지개를 보려면 비를 맞아 봐야 합니다. 그래야 그 빗속에서 아름다운 무지개를 볼 수 있습니다. 우리와 함께 빗속으로 뛰어 들어가 우산을 받쳐줄 사람이 곧 진정한 대통령입니다. 그런 대통령이 일도 잘하는 일꾼이라 생각합니다. 세계적인 경제 대통령으로 우뚝 서서 민생을 살리고 국론 통합하는 상생의 정치, 타협하고 국민과 소통하면서 국민을 하늘같이 섬길 줄 알고 국민과 함께하는 대통령, 안전한 대한민국을 이끌어갈 대통령이 되시길 바라봅니다.